Musterreden

Bassermann-Ratgeber

Christa Kilian (Hrsg.)

Musterreden

BASSERMANN

Zum gleichen Thema sind bei Bassermann bereits erschienen:
Bassermann-Ratgeber Erfolgreich Briefe schreiben
(3-8094-0054-8)
Bassermann-Ratgeber Rhetorik (3-8094-0114-5)
Zitate und Sprichwörter von A – Z (3-8094-0098-X)
Von derselben Herausgeberin ist bei Bassermann bereits erschienen:
Bauernweisheiten (3-8094-0154-4)

Die Deutsche Bibliothek – CIP-Einheitsaufnahme

Musterreden / hrsg. von Christa Kilian. – Niedernhausen/Ts. : Bassermann, 1996
(Bassermann-Ratgeber)
ISBN 3-8094-0220-6

ISBN 3 8094 0220 6

Umschlaggestaltung: Andreas Jacobsen
Titelbilder: oben: IFA-Bilderteam, Garet, Frankfurt
unten: ZEFA, Wartenberg, Düsseldorf
Layout: Horst Bachmann
Redaktion: Sylvia Winnewisser
Herstellung: Sabine Vogt

Satz: FROMM MediaDesign GmbH, Selters/Ts.
Gesamtkonzeption: Bassermann'sche Verlagsbuchhandlung,
D-65527 Niedernhausen/Ts.

817 2635 4453 6271

Inhaltsverzeichnis

Trauerreden

Zitate und Sprichwörter

Wie halte ich eine Rede?

Jeder kommt irgendwann einmal zu der Ehre – oder in die Verlegenheit –, eine Rede halten zu müssen. Und obwohl man schon so vielen Rednerinnen und Rednern hat zuhören müssen und jedesmal scheinbar genau wußte, wie man es hätte besser machen können, sitzt man nun vor einem leeren Blatt Papier und stöhnt. Und es ist gut, daß man da sitzt, denn damit fängt jede gute Rede an – mit gründlicher Vorbereitung. Wenn Sie sich dafür genügend Zeit nehmen und noch einige Ratschläge beherzigen, dann können Sie Ihrem Auftritt in Ruhe entgegensehen.

Der Inhalt der Rede

Sammeln Sie möglichst viele Informationen über Ihr Thema. Nach und nach formt sich dann bei Ihnen eine Idee, die das Gerüst der Rede werden könnte. Wenn Sie zum 50. Jubiläum eines Vereins die Festrede halten sollen, dann versuchen Sie, alles zu erfahren, was es über den Verein zu wissen gibt. Reden Sie mit Gründungsmitgliedern, schauen Sie in die Versammlungsprotokolle, besorgen Sie sich Fotomaterial von früheren Vereinsfesten usw. Vielleicht weist die Geschichte des Vereins Parallelen zu der Geschichte des Landes auf oder zu der Geschichte einer Wissenschaft. Vielleicht fällt Ihnen als erstem auf, daß jeweils alle 10 Jahre der Vereinsvorsitzende Meier hieß oder daß am Gründungstag, beim Richtfest des Vereinsheimes und beim 25. Jubiläum immer die Sonne schien und man sich deshalb auch für das 50. auf das gute Wetter verlassen könnte.

Wenn Sie auf einer Schulfeier die Abiturienten verabschieden sollen, dann wäre die Geschichte des Abiturs vielleicht ganz interessant, jedenfalls aber sollten Sie darüber Bescheid wissen, welche Berufsmöglichkeiten für die diesjährigen Abiturientinnen und Abiturienten bestehen. Selbstverständlich haben Sie auch vorher mit einigen von ihnen geredet und dabei einen Eindruck davon gewonnen, was diese jungen Menschen bewegt.

Das gleiche gilt für die Ansprachen im Familien- und Freundeskreis. Auch wenn die Feier „familiär" ist, sollten Sie doch der Hauptperson die Ehre erweisen und eine wohldurchdachte Rede präsentieren. Hier könnte ein geliebtes Hobby des Geehrten den Aufhänger für die Rede bieten. Vielleicht haben interessante Persönlichkeiten an dem gleichen Tag Geburtstag, oder Sie zitieren etwas aus den Werken eines von dem Ehrengast geliebten Schriftstellers.

Für berufliche Anlässe gilt: Hier sind der richtige Ton und Fingerspitzengefühl gefragt. Achten Sie darauf, daß Ihre Rede zwar vertraulich ist, aber Vertrauliches nicht preisgibt.

Die Länge der Rede

Ganz wichtig in der Wahl der Länge der Rede sind die äußeren Umstände. Sind Sie der einzige Redner? Was steht nach Ihrer Rede noch auf dem Festprogramm? Reden Sie vor dem Essen, oder wird inzwischen die Suppe kalt? Kein Mensch, und sei er oder sie noch so wohlmeinend und höflich, überhört den eigenen knurrenden Magen. Denken Sie bei der Ausarbeitung Ihrer Rede immer an Ihre Zuhörerinnen und Zuhörer. Man sagt zwar von einigen Menschen, diesen könnte man ewig zuhören. Aber sind Sie sicher, daß Sie dazugehören? Und ist es nicht meist so, daß man so etwas nur von solchen Menschen sagt, die sich knapp und pointiert zu Wort melden? „Eine gute Rede soll das Thema erschöpfen, nicht die Zuhörer", so definierte Winston Churchill die Ideallänge einer Rede.

Beobachten Sie sich selbst, wenn Sie einer der Zuhörer sind. Wie lange hören Sie aufmerksam zu? 3 Minuten, 10 Minuten, 25 Minuten? Und wie unterschieden sich die Redner jeweils? War es das Thema, das Sie besonders interessierte, oder die Art des Vortrags? Wann fingen Sie an, auf dem Stuhl herumzurücken oder intensiv Ihre Fingernägel zu studieren?

Um einzuschätzen, wie lange Ihre Rede dauert, machen Sie unbedingt eine Sprechprobe, und reden Sie sehr langsam. Tragen Sie Ihre Rede Ihrem Wohnzimmer vor, mit den Gesten – bitte sparsam verwenden, die Leute sollen Ihnen zuhören und nicht Ihre Hände betrachten – und den Pausen, die Sie sich beim Formulieren vorgestellt haben, und stoppen Sie die Zeit. Sie werden erstaunt sein, wie schnell zehn Minuten vorbei sind. Falls Ihnen Ihre Rede zu lang erscheint, kürzen Sie sie, aber versuchen Sie nicht, durch schnelleres Reden Zeit zu sparen. Fast jede Rede wird durch Kürzen besser!

Gutes, verständliches Deutsch

Verfallen Sie nicht der Versuchung, durch viele Fremdwörter und komplexe Satzstrukturen Ihrem Publikum imponieren zu wollen. Ihre Zuhörerinnen und Zuhörer können Ihren Gedanken am besten folgen, wenn Sie klar und einfach, in möglichst kurzen Sätzen dargebracht werden. Reden Sie für Ihr Publikum verständlich, aber versuchen Sie nicht, dessen Jargon zu imitieren, wenn er von dem Ihren abweicht. Nichts ist peinlicher, als wenn ein 50jähriger meint, „jugendlich" sprechen zu müssen, oder wenn sich ein Zugezogener bemüht, den einheimischen Dialekt zu imitieren.

Passen Sie auf Modewörter auf. Verwenden Sie bestimmte Begriffe nicht zu häufig? Wenn Sie sich echt freuen, die Rede halten zu dürfen, das Wetter an diesem Tag echt schön, der Verein echt klasse und das Fest echt lustig ist, glauben Sie, daß Ihr Publikum eine solche Rede „echt" gut fände?

Stehen Sie zu Ihrem Wort. Es heißt nicht „ich würde meinen", „man sagt" und „es wird gedankt", sondern „ich meine", „ich sage" und „ich danke"!

Der Vortrag – die Probe

„Allein der Vortrag macht des Redners Glück", schrieb Johann Wolfgang von Goethe in seinem Faust. Damit der Vortrag Sie glücklich macht, bereiten Sie sich darauf vor: Sie haben Ihre Rede auf Karteikarten oder DIN-A5-Blätter einseitig in Großschrift geschrieben. Dieses Format läßt sich am besten in der Hand halten. Größere Formate lenken die Aufmerksamkeit von Ihnen ab, bei kleineren laufen Sie Gefahr, den Text nicht schnell genug zu erfassen. Die wichtigen Stichwörter, die Sie durch Ihre Rede leiten, haben Sie farbig markiert, so daß Sie – sollten Sie einmal stocken – auf einen Blick sehen können, wie es weitergeht. Proben Sie Ihre Rede mit diesen Karten, und lernen Sie sie im Grunde auswendig. Das ermöglicht Ihnen später, Blickkontakt mit Ihrem Publikum zu halten und nur ab und zu auf Ihr Manuskript zu schauen.

Ihre Proben sollten möglichst wirklichkeitsgetreu sein, das heißt, wenn Sie ein Rednerpult haben werden, dann benutzen Sie während Ihrer Probe etwas Ähnliches. Überlegen Sie sich, ob Sie von jemandem vorgestellt werden oder ob Sie selbst – zum Beispiel durch An-ein-Glas-Klopfen – die Aufmerksamkeit auf sich lenken müssen. Stellen Sie sich vor, wie das Publikum langsam leise wird, und fangen Sie dann an, Ihre Rede zu sprechen – laut! Nur wenn Sie laut und langsam sprechend üben, werden Sie auf die spätere Situation vorbereitet sein. Auch die Gestik will überlegt sein. Wenn Sie gar zu sehr mit den Händen fuchteln, wird das Ihr Publikum ablenken und Ihre Nervosität verraten. Achten Sie bei Ihren Proben also darauf, daß Sie Gestik nur sparsam einsetzen. Geben Sie Ihren Ausführungen lieber dadurch Akzente, daß Sie Ihre Worte bewußt – durch Heben und Senken der Stimme und durch wohlgesetzte Pausen – betonen.

Der Vortrag – der Auftritt

Vor der Rede sollten Sie sich die Räumlichkeiten vor Ort ansehen. Wo können alle Sie sehen und vor allem hören? Zögern Sie nicht, zu Beginn Ihrer Rede zu fragen, ob Sie überall verstanden werden können, denn eine noch so gute Rede wird langweilig, wenn man sie nur bruchstückhaft hören kann. Falls Sie in Ihrer Rede anwesende Persönlichkeiten nennen wollen, müssen Sie vorher wissen, wo diese sitzen werden, damit Sie nicht später während Ihrer Rede unruhig im Raum nach diesen Gästen suchen müssen.

Zu guter Letzt holen Sie tief Luft und entspannen sich. Sie haben sich viel Mühe gegeben mit dem Entwerfen der Rede, Sie haben sie geübt, und nun tragen Sie sie engagiert und selbstbewußt vor.

Die Redebeispiele

In diesem Buch finden Sie viele Reden und Ansprachen zu allen möglichen Gelegenheiten. Sie sollen Ihnen als Anregung dienen für Ihren eigenen Vortrag. Selbstverständlich werden Sie, wenn Ihnen die Ideen einiger Beispiele gefallen, die Reden auf Ihren eigenen „Mund“ anpassen, so daß die Gedanken mit Ihren Worten und in Ihrer Satzstellung vorgetragen werden, so daß Ihr Publikum Sie in Ihrer Rede erkennt. Betrachten Sie diese Beispiele einerseits als eine Sammlung von Textbausteinen, die Sie nach Ihrem Gutdünken auswählen und zusammensetzen können.

Andererseits können Sie eine Rede auch so übernehmen, wie sie hier abgedruckt ist, wenn sie so gut zu Ihrem Anlaß und Ihrem Stil paßt, daß es kaum etwas zu verändern gibt.

Im Familien- und Freundeskreis

Im Familien- und Freundeskreis wird viel und gern gefeiert – Anlässe gibt es zur Genüge.
In diesem Umfeld kennen Sie den Menschen, über den, und die Personen, zu denen Sie reden, meist sehr genau. Das hat Vorteile, denn Sie wissen um die Vorlieben des Ehrengastes, Sie wissen, wieviel Ironie verstanden wird, und Sie können durch kleine unterhaltsame Anekdoten über gemeinsam Erlebtes Ihre Rede auflockern und gleichzeitig dem Geehrten Ihre Verbundenheit erweisen.
Sie haben ein geneigtes und – meist – vergnügtes Publikum. Zeigen Sie ihnen Ihren Respekt, indem Sie sich ebenso gründlich und ernsthaft auf Ihre Rede vorbereiten, wie Sie dies bei offizielleren Gelegenheiten tun würden.

Zur Geburt des ersten Kindes

Liebe Eltern!

Die Paten tragen vor

Wir wünschen euch und eurem Kinde
an Glück, soviel das Herz nur faßt.
Und ein Willkommensangebinde
sei Gruß dem neuen Erdengast.
Es soll ein braver Junge/braves Mädchen werden
und euch zur Freude gut gedeih'n.
Ihm/Ihr leuchte im Gestrüpp der Erden
des Lebens schönster Sonnenschein.
Euch Eltern aber sei beschieden,
was ihr nur wünscht für euch und ihn/sie.
Im kleinen Heim soll Lust und Frieden
bestehen als des Daseins Sinn!

Taufe, Kommunion, Konfirmation

Zur Taufe

Liebe Eltern!

Die Patin gratuliert

Wir sitzen in froher Runde und prosten uns an einer festlichen Tafel zu. Wir haben unsere Glückwünsche ausgesprochen und nehmen Anteil an diesem Glück, daß ein Mensch geboren, daß er getauft ist und zu unserer Gemeinschaft gehört. In diesen Stunden klingt eine Stimmung auf, wie sie uns selten zuteil wird, denn wir freuen uns mit euch, den glücklichen Eltern, über das schönste Geschenk, das Menschen gegeben werden kann: Mann und Frau sind Vater und Mutter geworden!

Ich erinnere mich gut, als ihr, liebe Eltern, uns das erste Mal besuchtet und euch mit unseren Kindern beschäftigtet. Ihr habt mit ihnen wie mit kleinen Freunden gespielt, selbstvergessen und voller Ideen, auf die unsere beiden Kleinen voller Freude eingingen. Wir haben schon damals gewußt, daß eure Kinder eine glückliche Kindheit haben werden. Euer Wunsch ist in Erfüllung gegangen, ihr habt ein eigenes Kind. Vorläufig liegt es wohlbeschützt in der Wiege und braucht sehr viel Liebe. Natürlich ist es das prächtigste Kind auf der Welt. Denn es ist euer Kind, und euer Kind ist die größte Kostbarkeit. Kostbarkeiten werden wohlbehütet und viel bewundert. Wir sind hier zum Bewundern und sind sicher, daß ihr euer Kind wohl behütet. Ihr werdet es dabei nicht immer leicht haben. Unsichtbar lauern Gefahren. Gebe Gott, daß euer Kind vor böser Krankheit und vor Unfällen bewahrt bleibe.

Wir Paten sind stolz. Erstens, weil man uns gebeten hat, eine so schöne und so wichtige Aufgabe zu übernehmen. Zweitens, weil wir uns darauf freuen, als Paten zu handeln. Wir wollen ja nicht nur gelegentlich einmal nachfragen oder ein Geschenk mitbringen. Dem jungen Menschen wollen wir als Mitglieder der christlichen Gemeinschaft Betreuer sein, den Eltern zur Seite stehen und dem Kind als gute Freunde begegnen. Die Patenschaft werden wir ernst und fröhlich zugleich ausüben. Ernst, weil wir dieses Amt ernst nehmen, fröhlich, weil wir uns darauf freuen, mit dem Kind spielen und lachen zu dürfen. Heute beginnt eine neue Zeitrechnung, ein neuer Weg führt in die Zukunft. Glück und Liebe sollen ihn ebnen. Ich bitte Sie alle, mit mir das Glas zu erheben und unser aller Wunsch auszusprechen, daß Kind und Eltern eine glückliche Zukunft beschert sein möge.

Zur Taufe eines Jungen

Liebe Eltern! Liebe Taufgesellschaft!

Der Pate spricht

Das Kind schläft. Er liegt in seinem Wiegenbett eingekuschelt, gut zugedeckt, wohlbehütet. Das Familienleben kreist um ihn. Sein erster kleiner Lebensraum ist die Wiege. Er wird die Decke betasten, er wird greifen lernen, seine Augen werden Farben unterscheiden. Und so wird sein Lebensraum allmählich größer. Seine Kräfte werden wachsen, er beginnt, mit den Beinen zu strampeln, den Kopf zu drehen, und bald darauf wird er auf seinen Beinen stehen können. Einige von uns kennen dies alles, viele haben es oft beobachtet. Vielleicht hat unser glückliches Ehepaar schon ein Buch angelegt mit dem Titel „Unser Kind", in dem es alle Einzelheiten seines Heranwachsens genau vermerken wird. Euer Kind, liebe … und lieber … (Namen der Eltern), wird euch viele Erlebnisse bescheren. Kein Tag wird ohne Entdeckungen sein. Aber so, wie ihr mit eurem Kind auf Entdeckungen ins Kinderland zieht, so wird euer … (Name des Kindes) ebenfalls auf Entdeckungen ausgehen.

Unser Geschenk soll ihm entdecken helfen. Wir geben ihm einen Raum, in dem er rutschen, kriechen, sich hochziehen, wo er mit Rasseln spielen kann. Vieles gibt es dort zu entdecken. Unser Geschenk soll ihn aber auch vor Abenteuern bewahren, die ihm schlecht bekommen würden: vor der heißen Herdplatte, vor der spitzen Tischkante, vor der Schere. Eine kleine eigene Wohnung für sich – ein Laufställchen

– soll … in der größeren Wohnung seiner Eltern haben. Er wird später aus ihr herauswachsen, wie seine heutige Wiege ihm bald zu klein sein wird. Aber bis dahin ist noch viel Zeit. Es möge eine wohlbehütete Zeit sein. Schlaf wohl, …, wir freuen uns auf jeden Tag, an dem wir dich wieder sehen werden. Du bist als kräftiges Baby zur Welt gekommen, und deine Stimme verrät uns heute schon, daß du alles, was du beginnst, kraftvoll tun wirst. Bleib gesund und werde ein großer, starker Junge, und mache deiner Mutter und deinem Vater Freude!

Zur Taufe

Liebe Verwandte und Freunde!

Ein Verwandter spricht

Wir haben uns heute in frohem und glücklichem Kreise versammelt, um teilzunehmen an der Freude der lieben Eltern des Täuflings.

Der junge Weltbürger, der heute durch die Taufe in den Schoß der Kirche aufgenommen wurde, hat ein Recht darauf, daß wir seiner ganz besonders gedenken. Wir wissen nicht, welche Gaben das Geschick dem Kinde in die Wiege gelegt hat. Wir wissen aber, daß der Segen der Eltern den Kindern Häuser baut. Wir kennen den guten Geist, der in diesem Hause herrscht, und dürfen darum zuversichtlich hoffen, daß der Lebensweg dieses Kindes sonnig sein und über lichte Höhen führen wird.

Zur Zwillingstaufe

Liebe Freunde!

Es ist immer ein großer Feiertag, wenn Eltern ein Kind taufen dürfen. Unsere … und … (Namen der Eltern) aber sind von dem Schicksal ganz besonders begünstigt. Ihnen hat der fleißige Storch gleich eine Doppelfreude bereitet. Welche Wonne muß es für sie sein, wenn die beiden kleinen Weltbürger ihr melodisches und kräftiges Duett anstimmen. Erinnern wir uns dessen, daß es in der Weltgeschichte viele berühmte Zwillinge gegeben hat: Romulus und Remus, Kastor und Pollux – um nur einige zu nennen. Wenn ich unseren lieben Zwillingen auch keinen großen Ruhm wünsche, der ja meist eine Bürde ist, so hoffe ich doch von Herzen, daß ihr ganzes Leben wie ein heller Sommertag sein möge. Mögen die beiden leuchten im Kreise der Familie und der Freunde wie das Sternbild der Zwillinge im Tierkreis. Unsere Zwillinge, ihre Eltern und die ganze Familie sollen leben! Hoch!

Zur Taufe mit einem Silberbecher

Das Trinken soll, ob groß, ob klein,
der Mensch niemals vergessen.
Drum werde in dem Becherlein
dein Trank dir zugemessen.
Das Dasein soll dir recht viel Glück
und alles Gute schenken.
Siehst du dann später einst zurück,
sollst du noch an uns denken.
Heute bist du klein, bald wirst du groß
und sprengst die Knospenhüllen.
Stets möge dir ein gutes Los
den Lebensbecher füllen!

Taufrede

Der Großvater spricht

Meine lieben Verwandten und Freunde!

Zunächst danke ich euch, auch im Namen meiner Frau und unserer Kinder, recht herzlich für euer Erscheinen und Mitwirken an der heutigen Feier.

Wir haben uns hier zusammengefunden, um die Taufe unserer kleinen … (Name des Taufkindes) zu feiern, nachdem vorhin der Täufling in den Kreis der christlichen Kirche aufgenommen wurde.

Die Gedanken, die dieses Fest in uns auslöst, sind Gedanken der Freude – der Freude darüber, daß der Wunsch unserer … und … (Namen der Eltern) nach einem Töchterchen in Erfüllung gegangen ist, und der Freude darüber, daß Mutter und Kind gesund sind. Die Geburt des ersten Kindes bedeutet doch eine noch festere Verkettung der Ehepartner, denn all ihr Sehnen und Hoffen vereinigt sich im Wohle des geliebten Kindes. Diese Vereinigung trägt unser kleiner Täufling sichtbar schon in seinem Namen: Von der mütterlichen Seite stammt der erste Teil des Namens, von der väterlichen der zweite. Daß sie auch alle guten Charaktereigenschaften beider Familien in sich vereinigen möge, ist unser großer Wunsch.

Schon Wilhelm Busch sagte: „Vater werden ist nicht schwer, Vater sein dagegen sehr". Nun, das wirst du, mein lieber … (Name des Vaters), noch zu spüren bekommen. Doch über die Vater- oder Elternsorgen wollen wir heute nicht sprechen. Für uns Großeltern, die wir nur noch die Freuden an dem Kinde haben, ist sie schon heute der Sonnenschein in unserem Alltag. Ich bin ja nicht abergläubisch, aber mein Großvater sagte immer: „Wenn es am Tage der Taufe recht lustig zugeht, so wird im ganzen Leben des Täuflings Freude, Herzlichkeit und Harmonie sein." Das wollen wir unserer Kleinen doch alle wünschen, und so bitte ich euch, liebe Gäste, diesen Tag recht fröhlich zu begehen, denn es kommt unserer … (Name des Kindes) zugute.

Für die vielen schönen Geschenke kann sich unsere kleine … ja noch nicht persönlich bedanken, so möchte ich es hiermit tun.

Laßt uns anstoßen auf … und ihre Eltern, auf daß sie eine so glückliche Familie bleiben!

Dankesrede an die Gäste

Ein Vater spricht

Meine lieben Gäste!

Vielen Dank, daß ihr alle zur Taufe unseres Sohnes (unserer Tochter) ... zu uns gekommen seid. Meine Frau (oder Vorname) und ich freuen uns aufrichtig, daß auch Sie, Herr Pfarrer ... (Pfarrer, der die Taufe vorgenommen hat), trotz Ihrer vielen Arbeit unsere Einladung nicht abgeschlagen haben. Wir wissen um die Vielzahl der Aufgaben, die Sie in unserer Gemeinde zu erfüllen haben, und glauben, daß Ihnen einige Zeit der Ruhe und des geselligen Beisammenseins bestimmt nicht schaden wird.

Als vorhin das Sakrament der heiligen Taufe an unserem Kinde vollzogen wurde, mußte ich für einen Augenblick an jene Menschen denken, die auch heute noch ohne Hoffnung und ohne das Wissen darum sind, daß unsere menschliche Schuld von einem auf sich genommen wurde, der uns zugleich ihre Vergebung mitteilte.

Vielleicht werdet ihr, liebe Gäste, über solche Überlegungen eines frischgebackenen Vaters amüsiert lächeln. Ich nehme es euch nicht übel. Aber vielleicht habt ihr auch Verständnis dafür, daß ich mir an so einem Tag darüber Gedanken mache, wie wunderbar doch alles in unserem Leben eingerichtet ist.

Es zählt zu den schönen Dingen unseres Lebens, daß sich Menschen aus einem bestimmten Anlaß zusammenfinden, um in gemeinsamer Runde fröhlich und vergnügt zu sein. Ganz besonders nett aber ist es, wenn man sich sagen kann, daß man selbst der Anlaß dazu ist. Genaugenommen verdanken wir dieses Beisammensein zwar der Tatsache, daß ein kleiner Erdenbürger getauft wurde, und unser ... (unsere ...) ist heute deshalb auch die Hauptperson. Aber ich als Vater habe auch einen gewissen Anteil daran.

Ich danke euch allen dafür, daß ihr unserer Einladung gefolgt seid und an der Taufe unseres Jüngsten (unserer Jüngsten) teilgenommen habt. Ich wünsche euch, auch im Namen von ... (Name der Mutter), noch recht vergnügte Stunden in unserem Kreise.

Rede an die Paten

Liebe Paten!

Die Großmutter spricht

Lassen Sie mich die Gelegenheit wahrnehmen, das Wort einmal an Sie zu richten. Zunächst jedoch danke ich Ihnen dafür, daß Sie der herzlichen Bitte gefolgt sind und die Patenschaft für ... (Name des Täuflings) übernommen haben. In Anbetracht der damit verbundenen Verantwortung mag die Aufgabe, die Sie mit der Übernahme der Patenschaft auf sich genommen haben, nicht immer ganz leicht sein. Sie haben damit vor der Kirche das Versprechen abgelegt, an der christlichen Erziehung unseres Enkelkindes mitzuarbeiten und gemeinsam mit den Eltern dafür Sorge zu tragen, daß es zu einem Menschen heranwächst, der sein Leben gemäß dem christlichen Glauben zu leben versteht. Gewiß wird niemand von Ihnen erwarten, daß Sie später den sonntäglichen Kirchgang überwachen. Man wird auch nicht verlangen können, daß Sie allabendlich dabei sind, wenn das Nachtgebet gesprochen wird. Hierfür sind die Eltern verantwortlich, denen selbstverständlich die Hauptverantwortung für die Erziehung, auch die christliche Erziehung, übertragen ist.

Der Sinn der Patenschaft liegt meines Erachtens darin, dazusein, zu beraten und zu helfen, wenn es nötig sein sollte. Denn es wird auch im Leben dieses Kindes, wie in unser aller Leben, Augenblicke geben, in denen die Eltern nicht allein mit den gegebenen Umständen fertig werden, in denen sie froh und dankbar sind, wenn sie andere Menschen zur Seite haben, die auf Grund der für das Kind übernommenen Mitverantwortung raten und helfen. Wir alle kennen Situationen, in denen wir vor Entscheidungen gestellt werden, die für unsere Kinder einmal von größter Bedeutung sein können. Sei es bei Fragen der Schulausbildung, sei es, wenn es um die Wahl des zukünftigen Berufes geht, oder überhaupt immer dann, wenn es sich um Fragen handelt, welche die Zukunft betreffen. Gerade dann zeigt es sich auch, wie ungeheuer wertvoll es ist, sich mit Menschen besprechen und beraten zu können, die an den Geschicken des Kindes regen Anteil nehmen und uneigennützig helfen, etwaige

Schwierigkeiten zu meistern und Hindernisse aus dem Wege zu räumen. In den eben geschilderten Lebenslagen ist es oftmals so, daß gerade dann die Eltern nicht den genügenden und unbedingt erforderlichen Abstand zu den Dingen haben, um objektiv entscheiden und handeln zu können. Gerade solch eine Handlungsweise ist jedoch im Interesse des Kindes notwendig.

Wir haben einen großen, manche sagen, den größten Teil unseres Lebens hinter uns gebracht. Das Kind aber hat das Leben mit all seinen Sonnen- und auch Schattenseiten noch vor sich, und wir Erwachsenen sind es ihm schuldig, es so zu lenken und zu leiten, daß es nicht unseren, sondern seinen eigenen Interessen gerecht wird. Wer selbst für junge Menschen Verantwortung trägt, der weiß, wie schwer es mitunter ist, die eigenen Wünsche und Vorstellungen zurückzustekken und seine Handlungsweise so einzurichten, daß sie tatsächlich das Beste für das Kind bedeutet. Das heißt nicht, daß man allen seinen Neigungen nachgeben darf. Das heißt auch nicht, ihm jeden Wunsch erfüllen zu müssen. Im Gegenteil, es bedeutet, daß Strenge und Milde, Vorsicht und Nachsicht sich die Waage halten müssen. Es bedeutet ein ununterbrochenes Abwägen und Sichentscheiden, damit man den Werdegang des jungen Menschen ruhigen Gewissens mitbestimmen kann. Diese Aufgabe ist, sofern sie von wirklicher Verantwortung getragen wird, bestimmt nicht immer leicht. Sie allein zu lösen ist jedoch in vielen Fällen geradezu unmöglich.

Darum möchte ich Sie, liebe Paten, heute herzlich darum bitten, den Eltern für die Zukunft Ihr Wissen und Ihre Erfahrungen zur Verfügung zu stellen, wenn es darum geht, diesem Kinde dabei zu helfen, daß es zu einem wertvollen Mitglied unserer menschlichen Gemeinschaft wird.

Ansprache zur Kommunion

Mein lieber … (meine liebe …, Name des Kindes)!
Meine lieben Gäste!

Der Vater spricht

Die erste heilige Kommunion! Das ist ein ganz besonderer Tag im Leben eines gläubigen Katholiken. An ihm wird der junge Mensch zum Mitglied in der Kirche Christi. Die heilige Kommunion gibt jedem einzelnen Menschen die Gewißheit, daß er an dem in Christus erschienenen Leben und an der Gemeinschaft aller, die Christus angehören, vollen Anteil hat. Wer den Leib Christi empfangen hat, wird mit seinen Brüdern und Schwestern in diesem Leib zusammengeschlossen. Im 1. Korintherbrief, Kapitel 10, Vers 16, heißt es: „Wie es ein Brot ist, das gebrochen und ausgeteilt wird, so bilden auch wir trotz unserer Vielheit nur einen Leib, denn wir genießen alle ein und dasselbe Brot." Wer zur Kommunion gegangen ist, gehört dem himmlischen Vater und seinen christlichen Brüdern und Schwestern, und zwar mit seinem ganzen Sein.

In der Kommunion kommt das Opfer, das Christus in seiner Liebe der Menschheit dargebracht hat, auf geheimnisvolle Weise denen zugute, die bereit sind, sich das erlösende Wirken Jesu Christi gefallen zu lassen. Dabei läßt sich das Geheimnis der Gegenwart unseres Herrn bei der Kommunion mit dem Verstande nicht ergründen. Wenn Christi Opfertod in der getrennten Darstellung seines Leibes durch die Brotgestalt und seines Blutes durch die Weingestalt nur sinnbildlich dargestellt wird, so gewinnt der Gläubige durch den Empfang der verwandelten Speise an diesem Opfer Anteil. Die Gegenwärtigkeit des Opfers Christi hat dadurch eine besondere Wirkung und Wirklichkeit, daß durch die Wandlungsworte des Priesters Brot und Wein wirklich in den lebendigen Christus verwandelt werden. Diese wunderbare Gnadenbezeugung unseres Herrn Jesus Christus bedeutet für dich, mein Junge (meine … Name des Kommunionkindes), von heute an eine große Verpflichtung und Verantwortung. Nachdem du seinen Leib und sein Blut empfangen hast, bist du ein Teil von ihm. Ich wünsche dir, daß Gott, Jesus Christus, der Heilige Geist und die Heilige Jungfrau dir immer beistehen werden, damit du deiner großen Aufgabe jederzeit gerecht werden kannst.

Zur Kommunion

Mein lieber ... (meine liebe ..., Name des Kindes)!
Liebe ... (Name der Eltern)!
Meine sehr verehrten Gäste!

Der Pate gratuliert

Dieser Tag ist für dich, mein lieber Kommunikant (meine liebe Kommunikantin), von ganz außerordentlicher Bedeutung. Schon die Art, wie deine Eltern den Tisch gedeckt und geschmückt haben, schon die Kleidung und Geschenke der Gäste zeigen dir deutlich, daß es sich um einen ganz besonderen Tag handelt. Heute hat sich etwas ereignet, das im Leben jedes Katholiken nur einmal vorkommt. Du bist zum ersten Male zur Kommunion gegangen. Zusammen mit vielen anderen hast du etwas erlebt, worin sich die Güte und Barmherzigkeit Jesu Christi so deutlich zeigt wie sonst kaum irgendwo. Du hast Leib und Blut des Herrn zu dir genommen, und er hat dich damit zu einem vollwertigen Mitglied der heiligen Kirche erhoben.

Sicherlich kannst du die wahre und letzte Bedeutung dieses Tages noch nicht begreifen. Erst später wird dir klarwerden, wie wichtig er in deinem Leben war und ist. Eines aber verstehst du schon heute: daß diese Gnade Gottes den Menschen ihm gegenüber verpflichtet. Du kannst nach diesem Tage deiner ersten heiligen Kommunion nicht so tun, als ob es ihn nie gegeben hätte. Im Gegenteil. Du wirst dich überall daran erinnern müssen, ganz gleich, ob es in der Schule, zu Hause, auf der Straße oder sonstwo ist. Als Mitglied unserer Kirche bist du an ihre Ordnung und an ihre Heilslehre gebunden. Sie verlangt von dir den Gehorsam, den sie als stellvertretende Instanz Jesu Christi von dir verlangen darf. Du hast dich mit dem heutigen Tag, an dem du zu einem Mitglied in der Kirche Christi geworden bist, verpflichtet, ihr diesen Gehorsam entgegenzubringen. Hoffentlich wirst du dich immer daran erinnern. Denke auch immer daran, daß man die Menschen zwar belügen, betrügen und ihnen den Gehorsam verweigern kann, nicht aber Gott. Er kennt dich genau, er kennt deine Seele und weiß, was für ein Mensch du bist. Das Heil dieser Seele und das ewige Leben werden einmal davon abhängen, ob dieser Tag, ob diese deine erste heilige Kommunion in deinem Leben wirklich die Bedeutung erhalten haben, die ihnen zukommt. Deine Eltern und wir alle werden dir immer gerne helfen, wenn es nötig sein sollte. Aber auch wir sind nur Menschen, und letztlich hängt es von dir allein ab, ob du zu einem wirklichen Anhänger unseres Herrn Jesus Christus wirst.

Zur Kommunion

Liebes Patenkind! Liebe Gäste!

Die Patin spricht

Nicht nur für ein Kommunionkind ist dieser Tag ein wichtiges Ereignis. Auch die Paten, für die ich hier ein paar Worte sprechen möchte, haben zusammen mit ihrem Schützling bis hierhin ein ganz wichtiges Teilziel erreicht.

Wir haben uns bei der Taufe verpflichtet, und stellvertretend auch für das Taufkind gelobt, zusammen mit den Eltern um eine christliche Erziehung bemüht zu sein. Uns einzusetzen für ein Leben in christlicher Verantwortung, für die Einhaltung der Regeln und Pflichten, die die Kirche der Gemeinschaft ihrer Gläubigen abverlangt.

Heute, liebe (lieber) … (Name des Kindes), haben deine Paten dich glücklich und stolz zur Feier deiner ersten heiligen Kommunion in die Kirche begleitet. Wir haben mit dir erleben dürfen, wie dir zum ersten Male in der Gemeinschaft unserer Kirche die Gnade und Barmherzigkeit Christi zuteil wurden. Damit ist ein Teil unseres Gelöbnisses zu deiner Taufe erfüllt. Nun kommt der schwierigere Teil unserer Aufgabe. Mit zunehmendem Alter werden deine Fragen kritischer gestellt und unsere Antworten noch kritischer beurteilt werden. Das ist auch gut so. Was wir dir heute versprechen wollen, ist, daß wir dir stets mit Rat und Hilfe zur Verfügung stehen, wenn du uns brauchst. Und daß wir auch dann nicht kneifen wollen, wenn es einmal unbequem werden sollte.

Liebe (lieber) ..., wir haben uns als deine Paten immer bemüht, dir in dem ersten wichtigen Abschnitt deines Lebens gute Freunde und treue Weggefährten zu sein. Heute haben wir gemeinsam ein erstes bedeutendes Ziel erreicht. Mit deiner ersten heiligen Kommunion ist die Zahl derer, die mit dir auf dem gleichen Weg gehen, viel größer geworden. Das soll dir von heute an größere Sicherheit geben.

Deine Paten wünschen dir viel Glück auf deinem Weg und Gottes Segen für die Zukunft.

Zur Konfirmation der Tochter

Liebe Konfirmandin!
Liebe Verwandte und Freunde unseres Hauses!

Die Mutter spricht

Zunächst danke ich euch allen für euer Kommen und Mitwirken. Es freut uns, daß ihr hier seid, um den Ehrentag unserer ältesten Tochter mit uns zu feiern. Du, liebe ... (Name der Konfirmandin), hast dich heute vor dem Altar zu deinem Glauben bekannt und stehst damit an einem bedeutungsvollen Punkt in deinem Leben. Bis heute haben deine Eltern und Paten die Pflicht gehabt, für dich einzustehen. Nun sollst du selbst deinen Weg gehen. Das soll nicht heißen, daß du dir nicht auch nach wie vor bei uns jeden Rat holen darfst, aber entscheiden – in Glaubensdingen – mußt du nun selbst.

Rein äußerlich wird sich in deinem Leben nicht viel ändern, denn du gehst nach wie vor in die Schule und bleibst im Kreise deiner Familie. Wir wissen alle auch noch nicht, wohin dich dein beruflicher Weg einmal führen wird. Doch freuen wir uns, daß sich jetzt schon dein besonderes Interesse für Mathematik, Physik und Astronomie offenbart, so daß man wohl sagen kann, es wird dich später zu den naturwissenschaftlichen Gebieten ziehen. Aber noch etwas Zeit hat es ja, bis Du Dich endgültig entscheiden mußt.

Liebe …, erhalte dir dein fröhliches Gemüt, denn es hilft dir, mit den Schwierigkeiten des Lebens besser fertig zu werden.

Der heutige Tag ist dein Ehrentag, und wir wollen ihn – bei allem Ernst, den er erfordert – fröhlich verbringen.

Ich bitte euch, meine lieben Gäste, dazu beizutragen, daß der heutige Tag unserer Konfirmandin noch lange als besonders schöner Tag in Erinnerung bleiben möge, und möchte euch bitten, das Glas zu erheben auf eine glückliche, erfolgreiche Zukunft unserer lieben …

Zur Konfirmation der Zwillinge

Meine lieben Konfirmanden (Konfirmandinnen)!
Liebe Gäste!

Rede des Vaters

Ich erinnere mich noch sehr genau an jenen Augenblick, als uns der Frauenarzt mitteilte, daß wir Zwillinge zu erwarten hätten. Ich weiß zwar nicht, was wir in diesem Moment für ein Gesicht gemacht haben, aber ich glaube, es war nicht sehr geistreich, denn wir waren in der Tat sehr überrascht.

Seit diesem Tag sind nun … Jahre vergangen. Zugegeben, es war nicht immer ganz leicht, alle die Kinder betreffenden Dinge mal zwei zu nehmen, aber es wurde schnell selbstverständlich. Und es erschien mir schon bald unvorstellbar, daß ich jemals nur „einfacher" Vater hätte sein können. Heute, muß ich sagen, ist es mir wieder so recht zum Bewußtsein gekommen, welch ein schönes Geschenk Zwillinge eigentlich sind.

Die Konfirmation ist ein Tag im Leben des jungen Menschen, an dem er nicht nur den Bund der heiligen Taufe bewußt und aus eigener Entscheidung wiederholt und bekräftigt, sondern gleichzeitig einen Lebensabschnitt abschließt und eintritt in das Stadium des Heranwachsenden. Das bedeutet nicht einen anderen Namen für die im Grunde gleiche Sache, es bedeutet weitaus mehr. Es beginnt, wie es so schön heißt, der „Ernst des Lebens".

Aus euch Jungen (Mädchen) werden im Laufe der nächsten Jahre langsam Männer (Frauen), nicht nur äußerlich, sondern eurem ganzen Wesen nach. Während eurer Kindheit haben wir Eltern für euch die Verantwortung getragen und zuweilen auch Entscheidungen getroffen, da ihr noch nicht viel vom Leben gewußt habt und darauf angewiesen wart, daß wir euch mit unseren Erfahrungen zur Seite standen. Dies wird und kann sich gewiß auch nicht von heute auf morgen ändern.

Doch bedeutet dieser Tag der Konfirmation eure erste wirklich selbständige Entscheidung. Und damit wird es von nun an nicht mehr aufhören. Ob die Wahl des Berufes, die Wahl eures späteren Wohnortes, die Wahl eures Ehepartners, immer werdet ihr in eigener Verantwortung entscheiden müssen. Und oft werdet ihr feststellen müssen, daß man nicht immer auf Anhieb die richtigen Entscheidungen trifft. Gewiß, ihr seid mit dem heutigen Tag noch lange nicht volljährig, das heißt, ihr habt noch keine staatsbürgerlichen Rechte und Pflichten, aber ihr werdet von nun an darauf vorbereitet. Denn selbstverständlich sind wir, eure Eltern und Paten, immer noch für euch da und bieten Rat und Unterstützung, denken für euch mit, aber die Augenblicke werden sich häufen, in denen wir zu euch sagen: „Das mußt du selbst wissen und entscheiden." Und ihr werdet bald merken, daß es Spaß macht, sein Leben selbst in die Hand zu nehmen und nach eigenem Gutdünken einzurichten und zu führen. Dann wird jene Entwicklung abgeschlossen sein, die mit dem heutigen Tag beginnt. Dann werdet ihr Männer (Frauen) geworden sein, denen man Achtung und Vertrauen entgegenbringt.

Ihr habt euer Leben gemeinsam begonnen, ihr seid miteinander zu gesunden und kräftigen jungen Menschen herangewachsen, auf die wir, eure Eltern und Paten, stolz sind. Ich hoffe, daß ihr auch euren weiteren Lebensweg gemeinsam gehen werdet. Gewiß wird eines Tages der Augenblick kommen, an dem jeder von euch seinem Beruf nachgehen wird, an dem er sich den Menschen gewählt haben wird, mit dem er sein Leben teilen möchte, an dem eure Wege sich äußerlich also trennen werden. Aber gerade dann dürft ihr nicht vergessen, daß jeder von euch eine besondere Verantwortung für den anderen trägt, daß er ihm mit Rat und Tat zur Seite stehen sollte, wenn der ihn braucht.

Wir hoffen, daß ihr euch während eures weiteren Lebens stets daran erinnert.

Zur Konfirmation

Mein lieber … (Name des Konfirmanden)!
Liebe Eltern, Verwandte und Freunde!

Der Onkel spricht

Heute morgen durften wir in der Christuskirche miterleben, wie du, lieber …, dich vor dem Altar zu deinem Glauben bekannt hast. Und wir haben zum ersten Male mit dir zusammen das Fest des heiligen Abendmahles gefeiert.

Dieses Bekenntnis zum christlichen Glauben vor der gesamten Kirchengemeinde war dein eigener freier Entschluß. Einen solchen Entschluß zu fassen und ihn auch öffentlich zu bekräftigen ist heute gar nicht mehr so einfach. Ich weiß nämlich aus vielen Gesprächen, daß Jungen und Mädchen in deinem Alter häufig davor zurückschrecken, öffentlich Zeugnis abzulegen von ihrem Glauben.

Da mag es verschiedene Ursachen geben, über die wir hier nicht urteilen wollen. Vielleicht ist es auch Folge einer Zeit, in der Geld, Einfluß, Fortschritt und Wachstumsraten von vielen wichtiger eingestuft werden als Überzeugung und Glauben. Du hast dir aber aus freien Stücken den unbequemeren, den schwierigeren Weg ausgesucht. Und ich wünsche dir heute, daß dein künftiges Leben dir immer bestätigen wird, daß es auch der richtige war.

Mit dieser Entscheidung und dem Bekenntnis dazu ist in dem Buch deines Lebens eine neue Seite zu einem bedeutenden Kapitel aufgeschlagen worden. Und da fällt mir ein Vers von Melchior Vulpius ein, der in der Schlichtheit seiner Sprache und gleichzeitig in der Stärke seiner Ausdruckskraft dir so viel mehr und besser sagen kann, als ich es je ausdrükken könnte:

Nun schreib ins Buch des Lebens,
Herr, ihre Namen ein,
Und laß sie nicht vergebens
Dir zugeführet sein.

Ach, präge jedem Kinde
Dein Wort recht tief ins Herz,
Daß es, bewahrt vor Sünde,
Dir dien' in Freud' und Schmerz.

Du, der du selbst das Leben,
Der Weg, die Wahrheit bist,
Uns allen sollst du geben
Dein Heil, Herr Jesu Christ.

(Melchior Vulpius: Buch des Lebens, 1609)

Lieber …, der heutige Tag ist dein Ehrentag. Dir zu Ehren, in Achtung und Respekt vor deinem Mut, dich frei für deinen Glauben zu entscheiden und öffentlich zu bekennen, möchte ich euch alle bitten, das erste Glas zu leeren auf eine glückliche und erfolgreiche Zukunft unseres …

Sehr zum Wohle!

Verlobung

Zur Verlobung

Meine lieben Gäste!

Ein Elternteil spricht

Unser frohes Beisammensein hat einen ganz besonderen Grund. Wir freuen uns von Herzen mit unserem lieben Brautpaar, das heute so glücklich ist. Wir selbst brauchen dem Paar also kein Glück mehr zu wünschen, wir wollen jedoch der Hoffnung Ausdruck geben, daß es von unbegrenzter Dauer sein möge. Die freundlichen Liebesgötter, die heute ihre unsichtbaren Bande um unsere … und unseren … (Namen des Brautpaares) schlingen, werden, davon sind wir alle überzeugt, diese Bande unlöslich knüpfen und werden später, als ebenso freundliche Ehegötter, immer um die beiden sein. Mir fällt ein Schillerwort ein, das für dieses Paar gesprochen scheint: „Nie hat zwei schön're Herzen die Natur gebildet füreinander – die Welt nie eine Wahl so glücklich noch gepriesen." Reicht euch die Hände, liebe Verlobte, so wie ihr nun immer Hand in Hand gehen werdet! Und ihr, liebe Freunde, erhebt mit mir das Glas auf unsere … und unseren …!

Liebe …, lieber … (Namen des Brautpaares)!
Verehrte Gäste!

Ein Freund des Bräutigams oder eine Freundin der Braut spricht

Ich betrachte es als meine Freundespflicht, dem lieben, jungen Paar einige Worte mitzugeben, denn mich verbindet eine echte Freundschaft mit dem Bräutigam (mit der Braut). Wir haben viele gemeinsame Erinnerungen, viele Wünsche und Hoffnungen hatten wir gemeinsam. Freundschaft ist aber nie ganz uneigennützig. Das jedenfalls wurde mir klar, als ich von der Verlobung erfuhr und plötzlich dachte: „Was wird nun aus unserer Freundschaft, wo … (Name der Braut/des Bräutigams) in sein/ihr Leben getreten ist?“ Mittlerweile schäme ich mich für diesen Gedanken, denn ich weiß jetzt, daß ich meinen lieben Freund (Freundin) nicht verloren habe, sondern in … (Name der Braut/des Bräutigams) eine Freundin/einen Freund dazugewonnen habe! Es ist mein großer Wunsch, daß die beiden so glücklich werden mögen, wie sie es verdienen, und daß ich als Freund Zeuge und Gefährte dieses Glückes sein darf.

Ich leere mein Glas auf euer Wohl, liebe Freunde.

Erwiderung auf eine Ansprache

Liebes Brautpaar! Liebe Gäste!

Vater (Mutter) der Braut (des Bräutigams) spricht

Ich glaube, ich darf für uns alle sprechen und sagen, wie tief die lieben Worte von … (Name) zu Herzen gegangen sind und daß sie genau das ausdrücken, was wir alle heute empfinden. So habe ich der Rede also auch nichts hinzuzufügen. Es ist mir jedoch ein inniges Bedürfnis, herzlich und aufrichtig zu danken für die guten und treffenden Worte, die mein Vorredner für uns, die Eltern, sowie für unser Brautpaar gefunden hat.

Das junge Paar und alle Gäste mögen mit mir ihre Gläser erheben, um sie auf eine glückliche Zukunft der Verlobten und unser aller Wohl zu leeren.

Liebe Gäste!

Rede des Brautvaters

Ich heiße Sie alle recht herzlich willkommen und freue mich, daß Sie heute gekommen sind, um mit uns die Verlobung unserer Tochter … zu feiern. Dieses Fest bedeutet für uns alle eine große Freude. Freude darüber, daß du, liebe …, einen Lebensgefährten gefunden hast, mit dem du gemeinsam Freud und Leid teilen willst.

Zugegeben, etwas traurig sind wir schon, denn wir verlieren unsere einzige Tochter. Doch wir sehen ein, daß du nun „genug von uns hast“ und dir dein eigenes Leben aufbauen willst. Vor allem aber freuen wir uns, daß wir einen Sohn dazubekommen. Wir haben dich, lieber ... (Name des zukünftigen Schwiegersohnes), in den zwei Jahren eurer und damit unserer Bekanntschaft schätzen gelernt. Wir kennen deine guten Eigenschaften und auch deine Familie. Die neuen verwandtschaftlichen Beziehungen zu ihr machen uns zuversichtlich, daß unsere Tochter die richtige Wahl getroffen hat. In diesem Bewußtsein hoffen wir, bald eine große Familie zu sein, für die gilt: Einer für alle, alle für einen.

Nach dem Motto: Schön und freudig ist die Gegenwart, ungewiß die Zukunft wünschen wir unserem Brautpaar eine glückliche und frohe Zukunft, ein leichtes und schönes Leben zu zweit und beste Gesundheit. Daß alle diese Wünsche in Erfüllung gehen, darauf bitte ich Sie, liebe Gäste, sich zu erheben, die Gläser zu ergreifen und auf unser liebes Brautpaar anzustoßen: Auf euch!

Ansprache an die Eltern des Bräutigams

Liebe Frau ... (Mutter des Bräutigams)!
Lieber Herr ... (Vater des Bräutigams)!

Die Eltern der Braut sprechen

Sie werden sich sicherlich noch daran erinnern, daß man uns an jenem Tage, als wir uns selbst verlobt haben, mit leicht erhobenem Zeigefinger darauf hinwies, daß die Verlobungszeit eine Zeit der Prüfung und des Prüfens sei. Jene Stelle aus Schillers „Lied von der Glocke“, an der es heißt:

> *„Drum prüfe, wer sich ewig bindet,*
> *ob sich das Herz zum Herzen findet!“*

war ebenso in Mode wie die scherzhafte Abwandlung „ob sich nicht noch was Bess’res findet“. Zwischen damals und heute liegen viele Jahre, in denen wir häufig genug Gelegenheit hatten, unsere Entscheidung zu prüfen und, das darf ich wohl sagen, immer wieder gutzuheißen. In all diesen Jahren hat sich jedoch nicht nur unsere Auffassung von allen möglichen Dingen des Lebens gewandelt, sondern auch die Meinung, die die Jugend von ihnen hat. Ohne darüber urteilen zu wollen, ob es eine gute und dauerhafte Erscheinung oder aber das Gegenteil ist, müssen wir feststellen, daß man die Zeit der Verlobung in der Regel nicht mehr ganz so ernst nimmt, wie wir sie auf Grund unserer Erziehung nehmen mußten. Ob wir es wirklich getan haben, bleibe dahingestellt, denn ich halte es nicht für richtig, die eigene Jugend immer als ein Vorbild hinzustellen und so zu tun, als ob in ihr alles richtig und in Ordnung gewesen sei. Auch bei uns war die augenblickliche Verliebtheit letztlich das ausschlaggebende Moment, und ich finde, diese Verliebtheit sollte nicht so schlecht dabei wegkommen, wie das in den Reden vieler Leute der Fall ist. Wie könnte eine wirkliche Liebe ohne sie auskommen? Wie könnte sie überhaupt zustande kommen, wenn es keine Verliebtheit gäbe?

Jetzt, wo sich unsere eigenen Kinder das Versprechen gegeben haben, einen gemeinsamen Lebensweg einzuschlagen, dürfte es wohl an der Zeit sein, daß wir Eltern uns etwas aus ihrem Leben zurückziehen, um ihnen die Möglichkeit zu geben, allein die Dinge herauszufinden, die für solch ein Leben zu zweit wichtig und erforderlich sind. Wir haben während der Jahre ihrer Kindheit und Jugend versucht, ihnen dafür ein Gefühl zu vermitteln, und können von nun an eigentlich nur noch hoffen, daß wir dieses Ziel erreicht haben. Das soll gewiß nicht heißen, daß wir es von jetzt an ablehnen, ihnen zu raten und zu helfen, wenn es erforderlich sein sollte. Aber wir können eigentlich kaum noch mehr tun, als sie zu bitten, aufmerksam und mit offenen Augen einander zu betrachten, damit sie sich weiter kennen- und verstehen lernen. Wenn sie das erreicht haben, werden sie eine gute Voraussetzung mit in die Ehe bringen. Wir kennen Ihren Sohn nun schon lange genug, um zu wissen, daß unsere Tochter bei ihm in guten Händen ist. Wir haben ihn als einen Menschen kennengelernt, der weiß, was er will, und der das Ziel, das er vor Augen hat, mit Kraft und Energie verfolgt. Wir freuen uns aufrichtig, daß diese beiden jungen Menschen zueinander gefunden haben, und wir wünschen ihnen und uns, daß es ihnen gelingen möge, ihr gemeinsames Leben zu ihrer eigenen Zufriedenheit zu verwirklichen.

An das Brautpaar

Liebes Brautpaar!

Die Tante spricht

Es drängt mich, dem freudigen Anlaß, der uns hier an der gastlichen Tafel zusammengeführt hat, einige Worte zu widmen. Wir freuen uns mit den jungen Leuten und ihren Eltern, daß diese Verlobung eine Zuneigung besiegelt und den Willen des jungen Paares kundtut, einen gemeinsamen Hausstand zu gründen. Die Verlobungsringe, die beide sich heute angesteckt haben, sollen mehr als bloße Schmuckstükke sein. Sie sind Sinnbilder! So wie der Ring gleichsam in sich selbst mündet, also keinen Anfang und kein Ende hat, soll auch die Liebe, die beide miteinander verbindet, sich stets selbst genug sein und wie das Gold dauerhaft und unangreifbar sein. Gewiß, der gemeinsame Lebensweg ist nicht immer von strahlender Sonne beschienen. Es kommt der Alltag mit seinen kleinen Ärgernissen. Kummer, Sorgen und Krankheit bleiben leider keinem Menschen erspart. Doch ich wünsche dem Brautpaar, daß ihre Liebe aus diesen Prüfungen gestärkt hervorgeht und sie mehr denn je die Bedeutung des Wortes „Gemeinsamkeit“ zu schätzen lernen. Wir kennen alle den Spruch „Geteiltes Leid ist halbes Leid; geteilte Freud’ ist doppelte Freud’“. Darin liegt der Wert eines jeden menschlichen Bündnisses, daß nicht mehr einer allein die Freuden und Leiden des Daseins tragen muß, sondern daß zwei Menschen, die zueinander gehören, sich dies teilen können. Ich darf also etwas pathetisch sagen, daß unser Brautpaar unendlich reich ist, weil es den unermeßlichen Schatz des Zueinandergehörens besitzt.

Reichtum sollte man jedoch nicht einfach als etwas Selbstverständliches hinnehmen. Man sollte dankbar sein für seinen Besitz und ihn hüten, um ihn immer noch zu vermehren und zu vergrößern. Und dankbar sein sollte man ein klein wenig auch jenen, die den Grundstock zu diesem Vermögen gelegt haben. In diesem Falle also gebührt der Dank ebenso den Eltern des Brautpaares.

Ich erhebe mein Glas, um auf das Wohl unseres lieben Brautpaares und das seiner Eltern zu trinken.

Hochzeit

Hochzeitsansprache

Liebes Brautpaar! Meine lieben Gäste!

Der Brautvater spricht

Als meine Frau und ich uns vor … Jahren das Jawort gaben, hatten wir wohl beide keine rechte Vorstellung davon, was das Leben alles an Überraschungen bieten kann, wie es Pläne über den Haufen zu werfen und den Menschen vor eine Situation zu stellen vermag, die er sich noch kurz zuvor nicht einmal auszumalen vermochte. Wir sind gewiß nicht weniger unwissend in die Ehe gegangen als ihr, mein liebes, junges Paar, und wir mußten schon bald die Erfahrung machen, daß unsere Ahnung vom Leben noch viel zu gering war, um es erfolgreich bestehen zu können. Also ging es darum, zu lernen und immer wieder zu lernen, und heute, viele Jahre später, hat sich noch immer nichts daran geändert. Der Vorgang der Lebenserfahrung und Lebenserfassung ist niemals abgeschlossen. Da er sich auf die sich ständig wandelnde Realität unseres Daseins bezieht, ist er ebenfalls ununterbrochen dieser Wandlung unterworfen. Kein Tag ist wie der vorhergegangene oder wie der nächstfolgende, jeder ist einmalig, und jeder bietet einmalige Gelegenheiten, das Leben begreifen zu lernen. Wer mit offenen Augen durch diese Welt geht, der wird eine unüberschaubare Menge immer wieder neuer Dinge zu sehen bekommen, die er alle zu jenem geistigen Bauwerk zusammenfügen muß, das man Bewußtsein nennt. Und dann, wenn es am Ende seiner Tage fertig zu sein scheint, muß er zu guter Letzt feststellen, daß es niemals damit zu Ende kommen kann.

Ihr, mein liebes Brautpaar, könnt auch schon auf eine Reihe dieser Bewußtseins- und Lebenserfahrungen zurückblicken. Und dennoch müßt ihr auf einer anderen Ebene noch einmal von vorne anfangen. Ihr müßt umdenken und umlernen, denn ihr seid von nun an nicht mehr allein, sondern eine enge menschliche Gemeinschaft, in der jeder vom anderen abhängig ist. Während bislang eure Eltern die Verantwortung für euch meist noch mit übernommen haben, müßt ihr sie von heute an selbst tragen. Keiner wird sich jemals aus irgendeiner Situation damit herausreden können, daß er sagt, er habe sich von einer Ehe ganz andere Vorstellungen gemacht. Die Ehe ist keineswegs ein Laboratorium für halbfertige Wissenshungrige, sie ist vielmehr ein ernstes und ernst zu nehmendes Arbeitsfeld für denjenigen, der es versteht, Verantwortung zu tragen. Wer dies nicht versteht, der sollte die Finger davon lassen und nicht sich und den anderen unnötiges Leid bringen. Von euch beiden, meine lieben Jungvermählten, erwartet man mit Recht, daß ihr euren Schritt wohl überlegt habt. Eure Eltern haben euch immer wieder auf die tausendfältigen Schwierigkeiten des Lebens hinzuweisen versucht und keine Gelegenheit ausgelassen, euch auf ein Leben zu zweit vorzubereiten. Sie haben es getan, indem sie euch schon früh lehrten, was es heißt, Verantwortung zu tragen und für einen anderen Menschen sorgen zu müssen.

Wir Älteren werden euch gerne beim Start ins neue Leben helfen, wenn ihr es wollt. Wir wissen nämlich, daß man nur dann mit dem, was man geschaffen hat, wirklich zufrieden sein kann, wenn man es selbst erreicht hat. Diese Zufriedenheit, die mehr wert ist als aller falsch verstandener Elternstolz, wünschen wir euch von ganzem Herzen.

Ansprache des Vaters des Bräutigams

Liebes Brautpaar! Meine lieben Gäste!

Wir kennen sicherlich alle jenen Vers Goethes, in dem es heißt:

„Willst du immer weiter schweifen?
Sieh, das Gute liegt so nah.
Lerne nur das Glück ergreifen,
denn das Glück ist immer da.“

Es mag auf den ersten Blick eine etwas kühne Behauptung sein, das Glück sei immer da. Haben wir nicht alle im Laufe unseres Lebens schon oft die Erfahrung machen müssen, daß das Unglück zumindest nicht weniger selten ist als das Glück? Haben wir nicht schon oftmals beinahe verzweifelt nach dem Glück gesucht, ohne es zu finden? Und hat es uns nicht häufig gerade dann verlassen, wenn wir glaubten, es fest in unseren Händen zu halten? Aber der Dichter wird sich doch bestimmt etwas dabei gedacht haben, wenn er vom Glück sagt, es sei jederzeit gegenwärtig, und der Mensch brauche nur danach zu greifen. Wenn das tatsächlich so ist, dann muß unsere Einstellung zum Glück falsch sein. Dann kann die Tatsache, daß es uns so oft enttäuscht hat, nur darauf beruhen, daß wir nicht verstehen, es zu finden, daß wir an ihm vorübergehen, ohne es zu erkennen, und ihm vielleicht unmittelbar gegenüberstehen, ohne es zu wissen.

Vielleicht warten wir allzusehr darauf, daß das Glück ohne unser eigenes Zutun von sich aus an uns herantritt und sich uns anbietet. Aber dürfen wir das? Können wir wirklich erwarten, daß es uns in den Schoß fällt wie eine reife Frucht? Oder müssen wir uns nicht vielmehr darum bemühen, wie man sich im Leben normalerweise um alles bemühen muß, was es reicher und wertvoller machen kann?

Ich glaube, hier liegen gleichzeitig unser Fehler und das Geheimnis des Glückes. Wir erkennen es in den meisten Fällen einfach nicht. Wir lassen uns zu sehr von den Schattenseiten unseres Lebens beeinflussen, um noch einen Blick für das Lichte und Klare zu haben. Wir tragen eine Brille, deren Gläser im Laufe unseres Lebens immer dunkler werden und die uns dadurch immer mehr nur seine finsteren Seiten zeigt, während sie unseren Blick gegen das Licht abstumpft und unempfindlich macht. Dann können wir natürlich vergeblich nach dem Glück suchen. Dann kann es uns sogar die Hand entgegenstrecken, ohne daß wir es bemerken.

Ihr aber, die ihr heute am Anfang eures gemeinsamen Lebens steht, die ihr noch einen klaren und ungetrübten Blick für Liebe und Glück besitzt, ihr müßtet wissen, wo ihr sie zu suchen habt. Für euch müßte es ein leichtes sein, das

Glück ergreifen zu lernen, wie es Goethe sagt. Für euch darf es keinen Zweifel daran geben, daß das Glück immer da ist. Das ist etwas, was ihr uns Älteren unzweifelhaft voraushabt. Der heutige Tag ist ein Beweis dafür, daß ihr euer Glück gefunden habt und daß ihr bereit seid, es festzuhalten. Nun begeht nicht den Fehler, aus einem nichtigen Anlaß eines Tages an der Richtigkeit eurer Entscheidung zu zweifeln. Denn das Glück verträgt keinen Zweifel an seiner Kraft. Es duldet nicht, daß man ihm einmal vertraut und das andere Mal an ihm irre wird. Aber gerade hier ist die Gefahr besonders groß. Allzuschnell und allzuleicht stellt man sich die Frage, ob man sich denn noch darauf verlassen könne oder ob es ein für allemal damit vorbei sei. Und wenn dann tatsächlich der Fall eintritt, daß man es verloren hat, dann läßt die Reue darüber, daß man ihm zuwenig vertraut hat, nicht mehr lange auf sich warten. „Denn das Glück ist immer da." Es liegt in einem einzigen Wort, in einer Geste, es findet sich in einer zärtlichen Bewegung und sogar im Schweigen. Wohin ihr auch schauen werdet, immer wird es euch in seinen unzähligen Verwandlungen erscheinen, und ihr braucht es nur zu nehmen. Aber gerade darin, daß es im Grunde so einfach ist, es zu finden, liegt die große Gefahr, daß man an ihm vorübergeht. Wenn die Rosen zu Tausenden auf dem Markt angeboten werden, übersieht man schnell ihren Reiz und die Mühe, die sie erfordern. Erst wenn sie selten geworden sind, sehnt man sie herbei. Nicht anders ist es mit dem Glück, und nicht anders ist es mit der Liebe. Theodor Fontane hat es einmal so wunderbar und so einfach formuliert, daß ich euch seine Worte – die sicherlich für Männerherzen ebenso gelten – als letztes mit auf den Weg geben möchte: „Die Liebe lebt von liebenswürdigen Kleinigkeiten, und wer sich eines Frauenherzens dauernd versichern will, der muß immer neu darum werben, der muß die Reihe der Aufmerksamkeiten allstündlich wie einen Rosenkranz abbeten. Und ist er fertig damit, so muß er von neuem anfangen."

Ein Hochzeitsgast gratuliert

Liebe Freunde!

Seit nun über zwei Jahrzehnten gehe ich in diesem gastlichen Hause als ältester Freund ein und aus, und deshalb drängt es mich heute und hier, ein paar Worte zu sagen.

Nun hat es sich wieder einmal begeben, daß ein „Er“ eine „Sie“ fand, daß aus beiden eine Gemeinsamkeit werden will, aus der wiederum – wir hoffen und wünschen es jedenfalls herzlich – manch zarter Sproß entspringen möge.

Die Tochter des Hauses kenne ich von Kindesbeinen an, und sie ist mir so lieb und ans Herz gewachsen, als ob es meine eigene wäre. Ich kann mit den Brauteltern empfinden, wie schwer es ihnen auf der einen Seite werden mag, ihr Kind nicht mehr im Hause zu haben, und wie glücklich sie auf der anderen Seite sind, nun auch ihre Tochter den Weg gehen zu sehen, den sie selbst gegangen sind. Der junge Ehemann ist uns auch seit längerer Zeit vertraut, und wir haben ihn als tüchtigen und aufrechten Menschen kennengelernt. Wir wissen, daß er ein froher und aufgeschlossener junger Mann ist, der seine Sache gut versteht, und wir wünschen ihm, daß auch weiter alles gelingt, was er anpackt, so daß er seine junge Ehefrau und die künftigen Kinder nicht nur durch seine liebenswerte Art, sondern auch durch seinen wirtschaftlichen Erfolg zu einem harmonischen Dasein führt.

Geht euren Weg und seid glücklich, und alle eure Freunde werden neidlos danebenstehen und daran teilhaben.

Der Bräutigam dankt

Meine lieben Gäste!

Ich danke euch, daß ihr gekommen seid, um diesen schönsten Tag in unserem Leben mit uns zu feiern. Ihr habt uns dadurch nicht nur eure Treue und Anhänglichkeit bewiesen, ihr habt auch nach besten Kräften dazu beigetragen, die festliche Stimmung zu erhöhen. Gedichte, Festreden, die

Hochzeitszeitung, ja, sogar richtige Theaterstücke habt ihr euch für uns ausgedacht, um sie uns meisterhaft vorzuspielen. Der Sinn dieser Feier liegt ja nicht nur darin, daß der heutige Tag angemessen gefeiert wird. Nein, er soll unauslöschlich und als kostbare Erinnerung in unserem Gedächtnis lebendig bleiben!

Ihr, meine lieben Gäste, habt dafür gesorgt, daß diese Erinnerung bunt und fröhlich sein wird. Und dafür danken wir euch von ganzem Herzen. Ebenso aufrichtig und herzlich danken wir den lieben Eltern, die uns dieses Fest so feierlich und schön gestaltet haben. Da ihr alle uns so viele Beweise eurer Liebe, Treue und Verbundenheit erbracht habt, fragen wir uns: „Wie können wir euch das alles danken?“ Nun, wir hoffen von Herzen, daß wir uns alle bald in unserem neuen Heim zusammenfinden werden, damit wir als Gastgeber einen ganz kleinen Teil jener Dankbarkeit abtragen können, die wir euch allen gegenüber empfinden.

Zur Hochzeit der Schwester

Liebes Brautpaar! Liebe Brauteltern!
Liebe Verwandte und Freunde!

Der Bruder spricht

Obwohl ich wohl einer der Jüngsten hier bin, möchte ich heute ein paar Worte an euch richten. Der heutige Tag ist ein Freudentag für uns alle, und entsprechend ist auch die Stimmung: fröhlich und lustig. Es ist aber auch ein Tag, der nicht nur dein zukünftiges Leben, liebe … (Name der Braut), ändern wird, sondern auch unser Familienleben. Bisher hatte ich immer jemanden, mit dem ich alle meine kleinen Sorgen besprechen konnte. Du hattest auch immer Zeit für mich, wenn es einmal mit der Mathematik oder den Sprachen nicht so ganz klappen wollte. Nun wohnst du nicht mehr hier. Du wohnst zwar, Gott sei Dank, nicht allzuweit von uns entfernt, aber dennoch: Du hast jetzt deine eigene Welt, die dich sicher auch ganz ausfüllen wird. Du hast aber dafür gesorgt, daß unsere Familie größer geworden ist, so daß ich ja nun den langersehnten großen Bruder doch noch bekommen habe. Ich möchte schließen mit einem kleinen Gedicht. Es gilt wohl für uns alle, besonders aber für euch:

„Ins neue Jahr mit frischem Mut
als neuer Mensch zu neuen Dingen,
laßt alte Sorgen, sie tun nicht gut,
es gilt, die neuen zu bezwingen.
Und wenn einmal die Sorge drückt
und lustlos steht das Barometer,
so denkt daran: es gibt ein Glück
heut, morgen oder später.“

In diesem Sinne wünsche ich euch, liebe ..., lieber ... (Namen des Brautpaares), ein langes Leben voller Glück und Sonnenschein!

Hochzeitsansprache an die Verwandtschaft

Liebe Verwandte unseres Brautpaares!

Ein Familienmitglied spricht

Es liegt in der Natur der Sache, daß die sogenannte „liebe Verwandtschaft“ bei solch einem Fest meist etwas zu kurz kommt. Das bezieht sich nicht auf Essen und Trinken, denn da nehmen wir uns schon, was uns aufgetischt wird. Es bezieht sich vielmehr darauf, daß wir von der Ehre, als Onkel, Tante, Cousin, Cousine oder sonst irgendwie mit dem Brautpaar verwandt zu sein, insofern recht wenig haben, als niemand das Wort an uns richtet. Es braucht niemand zu befürchten, daß wir deshalb mit beleidigten Mienen davonziehen, dazu gefällt es uns viel zu gut, und dazu halten wir bei solcher Gelegenheit viel zu gern jenes berühmte Schwätzchen, das für uns Ältere meist die willkommene Gelegenheit bietet, Neuigkeiten auszutauschen. Also, wir bleiben. Aber gerade deshalb wollen wir es nicht versäumen, uns in das richtige Licht zu rücken und auf unser angestammtes Recht zu pochen, uns gerade dann auf irgendeine Weise in Erinnerung zu bringen, wenn man am allerwenigsten damit rechnet.

Der geheime Rat der vereinigten Verwandtschaft von Braut und Bräutigam hat mich als eines ihrer, wie man sagt, redegewandtesten Mitglieder damit beauftragt. Also an die Arbeit: Ehe, was ist das? Als ich vor wenigen Tagen mein Zitatenlexikon durchgeblättert habe, fand ich die verschiedensten, ja, sogar widersprüchlichsten Erklärungen dieses Begriffes, was mit einiger Sicherheit darauf schließen läßt, daß es im Grunde niemand so recht weiß. So schreibt Herr Goethe in seinen „Wahlverwandtschaften" (schon wieder Verwandtschaft!) beispielsweise: „Die Ehe ist der Anfang und der Gipfel aller Kultur. Sie macht den Rohen mild, und der Gebildetste hat keine bessere Gelegenheit, seine Milde zu beweisen."

Im selben Werk schreibt derselbe Dichter aber an einer anderen Stelle: „Im Ehestand muß man sich manchmal streiten, denn dadurch erfährt man was voneinander." Trotz langer Überlegungen ist es mir bis zu diesem Augenblick nicht gelungen, diesen Widerspruch zu lösen. Ich habe in den vielen Jahren meiner eigenen Ehe immer nur erfahren müssen, daß man weder bei meiner lieben Frau noch bei mir von Milde sprechen konnte, wenn ein Streit ausgebrochen war. Im Gegenteil, es herrschte dann gewöhnlich eine Strenge, die mich jedesmal an ein anderes Wort unseres Dichterfürsten erinnerte, das er im Jahre 1819, also lange, bevor ich anfing, meine eigenen Erfahrungen zu sammeln, dem Kanzler von Müller sagte: „Die Liebe ist etwas Ideelles und die Ehe etwas Reelles. Und nie verwechselt man ungestraft das Ideelle mit dem Reellen." Hier konnte ich ihm wenigstens folgen und kann es noch heute. Ich bin sogar in der selten glücklichen Lage, diesem Manne recht geben zu können, denn Liebe und Ehe scheinen, wenn man sie richtig betrachtet, mitunter sogar Gegensätze zu sein. Glauben Sie bitte nicht, daß ich unserem jungen Paare einen Schrecken einjagen will. Liebe ist Liebe und bleibt Liebe, aber Ehe bleibt auch Ehe, und sie bleibt es auch dann noch, wenn man es gerne einmal vergessen möchte. Das sagt uns Michel de Montaigne in seinem Werk „Gedanken" („pensees") sehr deutlich: „Mit den Ehen ist es wie mit den Vogelbauern, die Vögel, die nicht darin sind, wollen mit aller Gewalt hinein, und die, welche darin sind, wieder heraus.“ Aber leider, oder sagen wir besser glücklicherweise ist das gar nicht so leicht. Wenngleich manche auch heftig darum bemüht sind, nach dem Vogelbauer-Prinzip zu leben, sie können es niemals zur allgemeinen Regel erheben. Denn wir normalen Sterblichen wehren uns mit Recht dagegen, daß man die Ehe zu einem Rummelplatz der Launen macht. Wir wollen uns das Gefühl dafür erhalten, daß eine einmal eingegangene Verpflichtung eben eine Verpflichtung ist, auch dann, wenn sich Schwierigkeiten auftun, die man vorher nicht zu überblicken vermochte.

Wir alle hoffen, daß auch ihr jenen Tag erleben werdet, an dem ihr aus dem sicheren Gefühl eines gemeinsam bewältigten Lebens mit jener leichten Abgeklärtheit über die Fragen der Liebe und der Ehe sprechen könnt, wie ich es jetzt tue. Aber sammelt eure eigenen Erfahrungen! Glaubt mir bitte kein Wort! Ich kann irren. Und im übrigen gehöre ich jener Gruppe von Menschen an, die aus Prinzip immer nur zu den Dingen raten, von denen sie selbst nicht überzeugt sind. Vergeßt nicht: ein würdiger Vertreter eurer lieben Verwandtschaft!

Nachwort! Ich hoffe, daß ihr am Ende eures gemeinsamen Lebens die Weltliteratur um ein Ehezitat bereichern könnt. Wenn es euch nicht gelingt, dann schreibt in euer Tagebuch: „Unser Wissen ist Stückwerk.“ 1. Korintherbrief, Kapitel 13, Vers 9.

Ansprache an die Gäste

Meine lieben Gäste!

Der Bräutigam spricht

Laßt mich euch zunächst einmal dafür danken, daß ihr uns an diesem Tag auf unserem Weg zum Traualtar begleitet habt. Wenngleich wir viele von euch durch die wohl verständliche Aufregung nicht gesehen haben, so hatten … (Name der Braut) und ich doch beide das Gefühl, in jenem Augenblick, als wir den Bund fürs Leben eingegangen sind, euer aller guten Wünsche bei uns zu wissen. Wir freuen uns aufrichtig, euch dafür Dank sagen zu können, und wir glauben euch gern, daß diese eure Wünsche uns unser Leben lang begleiten werden.

Bei euch allen wird dieser Tag wieder in Vergessenheit geraten oder zumindest etwas von seiner augenblicklichen Bedeutung einbüßen.

Das ist wohl der Lauf der Welt und unseres Lebens, daß wir vergessen können und wohl oft genug auch vergessen müssen. Es wird für kaum einen von euch die erste Hochzeitsfeier sein, die er erlebt, und sicherlich auch nicht die letzte. Aber für uns, für die dieser Tag der erste eines gemeinsamen Lebens ist, wird er unvergeßlich bleiben. Und mit ihm werden uns alle diejenigen in Erinnerung bleiben, die ihn gemeinsam mit uns verbracht haben. Ein Fest, welches es auch immer sein mag, erhält sein besonderes Gepräge und den nur ihm eigenen Rahmen durch die Gäste, die an ihm teilnehmen. Aus diesem Grunde freuen wir uns, daß ihr unserem Hochzeitstag durch eure Anwesenheit ein besonders festliches Gepräge gebt und ihm damit jene Bedeutung verleiht, die ihm in unserem Leben wohl auch zukommt.

Dieser Tatsache habt ihr, liebe Gäste, nicht nur durch eure Anwesenheit, sondern auch durch die Art eurer uns überreichten Geschenke in liebevoller Weise Rechnung getragen. Sowohl ... (Name der Braut) als auch ich haben nicht erwartet, daß ihr uns dermaßen reich mit all den Dingen bedenken würdet, die zur Gründung eines Hausstandes nötig und wichtig sind.

Laßt uns diesen Dank an euch dadurch abstatten, daß wir uns bemühen, euch noch einen vergnügten und fröhlichen Tag zu bereiten, an den ihr gerne zurückdenkt. Zuletzt danke ich noch all denjenigen, die im Rahmen dieser Feier zu uns gesprochen haben. Wir werden uns ihre Worte bestimmt zu Herzen nehmen.

Ansprache an das Brautpaar

Mein liebes Brautpaar!

Ein Gast spricht

Die Dichterin Marie von Ebner-Eschenbach schreibt in ihren Aphorismen: „Soweit die Erde Himmel sein kann, so weit ist sie es in einer glücklichen Ehe.“ Dieser Satz benutzt das alte Bild vom „Himmel auf Erden“, mit dem nichts anderes ausgedrückt werden soll, als daß es sich um so etwas wie das heruntergeholte Paradies handele. Wenn wir der biblischen Überlieferung Glauben schenken dürfen, so war dieses Paradies ein Ort, an dem der Mensch ohne jede Sorge leben durfte, wo es keine Gefahr, keine Krankheit, keinen Hunger und keinen Durst gab, wo alles vorhanden war, was er für ein glückliches Leben benötigte. Er lebte mit der Natur in vollkommenem Einklang, es bestand nie die geringste Feindschaft zwischen ihm und seiner Umwelt. Dann aß er vom Baume der Erkenntnis, und von Stund' an verwandelte sich das Paradies in jene Welt, in der wir alle heute leben. Wir alle, das heißt auch Sie, mein liebes Brautpaar. Wenngleich diese Welt mit all ihren hunderttausend großen und kleinen Sorgen, mit ihren Gefahren und ihrer vielfältigen Not im Augenblick bestimmt nicht der Raum ist, in dem Sie sich zu Hause fühlen. Sie fühlen sich geborgen in Ihrer Liebe, die Sie zueinandergeführt hat und der Sie diese Führung auch weiterhin überlassen wollen. Dieses Vertrauen in die Macht der menschlichen Zuneigung ist nicht nur Ursache für Ihren Entschluß, Ihr Leben von nun an gemeinsam zu leben, es ist auch gleichzeitig die Voraussetzung dafür, daß Sie jene Erfahrung machen dürfen, die Ihnen die Dichterin prophezeit: die Erfahrung einer glücklichen Ehe. Wenn Sie zwei Menschen, von denen Sie wissen, daß sie solch eine glückliche Ehe führen, darüber befragen, wie sie es denn angefangen haben und immer wieder anfangen, in Harmonie miteinander zu leben, so werden Sie feststellen können, daß sie in den weitaus meisten Fällen um eine Antwort verlegen sind. Vielleicht werden sie Ihnen davon erzählen, daß sie an sich und ihrer Ehe gearbeitet und darum gerungen haben, den anderen verstehen zu lernen. Sie werden über gemeinsam erlittene Schicksalsschläge berichten, die sie enger zueinandergeführt haben, und sie werden Ihnen frohe und glückliche Stunden aufzählen, bei denen allein schon die Erinnerung an das gemeinsame Erleben das Gefühl für ihre Zusammengehörigkeit erneuerte. All diese Dinge sind nicht aus der Luft gegriffen, im Gegenteil, sie gehören tatsächlich zu den vielen Steinen, aus denen eine Ehe gebaut wird und die sie tragen. Aber es fehlt etwas. Um im Bild zu bleiben, es fehlt der Mörtel, der alles zusammenhält. Und darüber werden Sie nicht viel erfahren können. Nicht, weil man Ihnen nicht raten möchte oder es ablehnen würde, die eigene Erfahrung weiterzugeben, sondern einfach deshalb, weil es sich nicht aussprechen läßt. Die Liebe zwischen Mann und Frau gehört zu jenen Dingen, die sich unserer Logik entziehen, die wir mit unserem Verstande nicht zu durchdringen vermögen und die gerade dann zum vollkommenen Geheimnis werden, wenn wir versuchen, dahinterzukommen. Lassen Sie mich noch einmal ein Dichterwort zitieren, das ganz deutlich macht, wie groß dieses Geheimnis wirklich ist. Friedrich Halm schreibt in seinem „Sohn der Wildnis“:

„Mein Herz, ich will dich fragen:
was ist denn Liebe? Sag!
Zwei Seelen und ein Gedanke,
Zwei Herzen und ein Schlag!“

Er, der Dichter, sagt in einem Bild, worin sich die Liebe zeigt, aber erklären kann auch er sie nicht.

Mein liebes Brautpaar, für Sie beginnt mit dem heutigen Tag etwas völlig Neues, etwas, das Sie nicht kennen und dessen Ausgang niemand von Ihnen voraussagen kann. Vergessen Sie aber niemals, daß Ihnen „der Himmel auf Erden“ nicht in den Schoß fallen wird, sondern daß Sie ihn sich in mühevoller Arbeit herunterholen müssen. Wenn es einmal so scheinen mag, als ob es Ihnen nicht gelingen würde, dann denken Sie an jene Kraft, die Sie zusammengeführt hat. Vielleicht, daß sie Ihnen gerade dann, wenn Sie mit Ihrer Erkenntnis und Ihrem Wissen nicht mehr weiterkommen, helfend unter die Arme greift. Auch Liebe ist, wenn sie dauerhaft sein soll, nichts, was man vernachlässigen darf. Sie ist zähe Arbeit und große Aufgabe. Aber sie ist jener geheimnisvolle Schatz, der um so größer wird, je mehr man von ihm gibt.

Ich wünsche Ihnen, daß Sie am Ende Ihres gemeinsamen Lebens jenen Satz der Marie von Ebner-Eschenbach bestätigen können. Ich möchte fast glauben, daß Sie einen Blick ins Paradies tun dürfen, wenn Sie sich immer dessen bewußt sind, daß die Ehe ohne Liebe nicht auskommt, wenn sie nicht zu einer Lüge werden soll.

Danke.

Rede an die Eltern des Brautpaares

Ein Gast spricht

Liebe Eltern unseres Brautpaares!

Sicherlich geht in Ihnen an diesem Tage mehr vor, als wir Außenstehende uns vorstellen können. Auf der einen Seite sind Sie Zeugen davon, wie Ihre Kinder nun ihren eigenen Weg einschlagen und sich daher ganz natürlich aus Ihrem Leben etwas weiter entfernen werden. Auf der anderen Seite dürfen Sie erleben, daß sie diesen Weg glücklich und in der berechtigten Hoffnung einschlagen, daß es der richtige ist. Das bedeutet, an diesem Tag verbinden sich Freude und Zufriedenheit mit jenem seltsamen Schmerz, der immer dann eintritt, wenn man als Vater oder Mutter erfahren muß, wie die Kinder mehr und mehr ihre eigenen Wege gehen. Obwohl man über viele Jahre hinaus Zeuge ihrer zunehmenden Selbständigkeit ist, obwohl man vom ersten Tag ihres Lebens an weiß, daß der Augenblick der Trennung einmal kommen wird, ist es dennoch keine ganz leichte Stunde, wenn sie sich nun tatsächlich vollzieht. Gerade eine Mutter scheint in ihrem Herzen dem Gefühl keinen Raum geben zu wollen, daß ihr Kind eines Tages nicht mehr, wie früher, ihrer ständigen Hilfe bedarf, sondern, daß es sich an einen anderen Menschen wendet, den es sich selbst frei gewählt hat. Obwohl sie weiß, daß sie niemals etwas daran wird ändern können, und obgleich sie sich dessen bewußt ist, daß es zu den selbstverständlichen Erscheinungen im menschlichen Leben gehört, weist sie den Gedanken daran immer wieder von sich. Niemand wird ihr deswegen einen Vorwurf machen, eher darf man darin ein Zeichen für das enge und herzliche Verhältnis sehen, das sie mit ihrem Kind verbindet.

Der Vater denkt in der Regel etwas anders. Bei ihm siegt schnell die Einsicht in den natürlichen Lauf unserer Welt, dem er sich nicht widersetzen kann. Das soll gewiß nicht heißen, daß bei ihm die Bindung an sein Kind weniger stark ist. Aber er ist auch hier, wie so oft, wenn es um Fragen des Gefühls geht, derjenige, der eine Situation nüchterner sieht.

Dennoch ist der Augenblick, in dem der mittlerweile erwachsene Sohn oder die erwachsene Tochter die Ehe eingeht, auch für ihn oder sie ein bedeutsameres Ereignis, als er oder sie vielleicht zugeben will. Denn auch er hat vielleicht noch bis vor wenigen Wochen oder Monaten in erster Linie das Kind in ihnen gesehen, dem er mit Rat und Tat zur Seite stand. Auf einmal ist alles ganz anders. Es ändert sich mit dem Jawort vor dem Altar. Was gestern noch ein Kind war, ist heute ein erwachsener, selbständiger Mensch, der eine Entscheidung getroffen hat, die für sein weiteres Leben von allergrößter Bedeutung sein wird. Und diese Entscheidung zeigt den Eltern klar und unmißverständlich, daß ihr Kind von jetzt ab einem neuen Lebenskreis angehören wird, den es selbst bestimmt. Aber dennoch wird normalerweise nicht der Schmerz der Trennung die Oberhand behalten, sondern die Freude darüber, das Kind glücklich und zufrieden zu sehen. Und deswegen ist dieser Tag auch für Sie, liebe Eltern unseres Brautpaares, ein Tag wirklicher Freude. Denn eines wird und kann sich niemals ändern: Ihre Kinder werden immer Ihre Kinder bleiben. Sie werden es auch dann bleiben, wenn sie in einer anderen Stadt, vielleicht sogar in einem anderen Land wohnen. Das Band zwischen ihnen und ihren Eltern ist stark. Sie haben es in vielen Jahren eng und haltbar geknüpft, und es wird sich nie mehr lösen lassen.

So betreten diese jungen Menschen ihren neuen Lebensweg unter einem doppelten Schutz: hier ihre Liebe und ihr Vertrauen zueinander, dort ihre Liebe und ihr Vertrauen zu ihren Eltern. Auf der einen Seite die Kraft, die ihnen ihre herzliche Zuneigung verleiht, auf der anderen Seite jene, die sie aus der ewigen Bindung zu ihren Eltern schöpfen dürfen.

Lassen Sie mich Ihnen, liebe Eltern, zu diesem Tage recht herzlich gratulieren. Ich wünsche Ihnen jene Zufriedenheit, die der Überzeugung entspringt, daß die Liebe dieser beiden Menschen ein sicheres Unterpfand dafür ist, daß ihr Leben glücklich und erfolgreich werden wird.

Rede an die Großeltern des Brautpaares

Liebe Großeltern unserer Jungvermählten!

Ein Gast spricht

Ich weiß nicht, wie lange es her ist, daß Sie vor den Altar traten und auf die Frage des Pfarrers jenes Ja sprachen, das bis auf den heutigen Tag das entscheidendste Wort in Ihrem Leben geblieben ist. Ich weiß auch nicht, was Sie an dem Tage empfunden haben, als Ihre Kinder vor Sie hintraten und Sie baten, ihnen Ihren Segen für den gemeinsamen Lebensweg mit dem Partner zu geben. Ebensowenig weiß ich, was heute in Ihren Herzen vorgeht, wo Sie erleben dürfen, daß nun Ihre Enkelkinder ihr Schicksal in die eigenen Hände nehmen. Sie, die Sie von uns allen die größte Lebenserfahrung besitzen und die Sie in Ihrem langen Leben schon viele schöne und vielleicht auch manche schweren Stunden erlebt haben, werden vielleicht alles mit etwas anderen Augen sehen. Sie haben Liebe und Glück in ihrer schönsten Form erlebt, und Sie haben sicherlich auch mitunter spüren müssen, daß das Leben dennoch Augenblicke bereitet, in denen man an der tatsächlichen Kraft dieser Dinge zweifeln konnte.

Sicherlich denken Sie gerade heute an vieles zurück, das sich in jener Zeit ereignete, als Sie ein jungvermähltes Paar waren. Und es ist nur allzu natürlich, wenn Sie jetzt den Wunsch verspüren, Ihren Enkelkindern zu raten, sie vor diesem und jenem zu warnen und auf anderes hinzuweisen. Aber vielleicht darf ich Sie bitten, dabei nicht zu vergessen, daß im Leben letztlich nur das Gültigkeit besitzt, was man selbst an Erfahrungen gesammelt hat, um was man gekämpft und was man sich an Erkenntnissen erarbeitet hat. Erfahrung kann nur bedingt weitergegeben werden. Sie muß im Grundsätzlichen immer wieder aufs neue gemacht werden. Gerade der junge Mensch unserer Tage besitzt eine ausgeprägte Skepsis gegenüber all jenen Dingen, die die Älteren im guten Glauben an die Richtigkeit und Allgemeingültigkeit unserer Lebenserfahrung an ihn weitergeben wollen. Er steht auf dem Standpunkt, daß vieles von dem, was wir glauben und von dessen Richtigkeit wir überzeugt sind, seine Gültigkeit in dieser veränderten Welt verloren hat. Und ich glaube, daß er diese Auffassung keineswegs immer zu Unrecht vertritt. Während all der Jahre, die zwischen Ihrem Hochzeitstag, verehrte Großeltern, und dieser Stunde heute vergangen sind, hat sich sicherlich mehr geändert, als selbst wir Jüngeren mitunter glauben wollen. Das soll keineswegs heißen, daß sich alles geändert hat, aber die Lebensauffassung ist eine ganz andere geworden. Und dieses junge Paar wird sich sein Leben in einer Zeit einrichten müssen, die mit Ihren und auch unseren Maßstäben nur noch sehr schwer zu messen ist.

Hinter Ihnen liegt ein erfülltes Leben, dessen Sie sich sicherlich mit Freude erinnern. Vor Ihnen liegen, das wünsche ich Ihnen von ganzem Herzen, noch viele Jahre des gesunden Beisammenseins, der gemeinsamen Freude und des gegenseitigen Verstehens und Vertrauens. In diesem heutigen Tag sehen Sie mit Recht einen besonderen Augenblick in Ihrem Leben, denn es wurde eine Tür aufgestoßen, die den Weg in die Zukunft Ihrer Familien freigibt. Daß diese Zukunft für Sie alle die Erfüllung Ihrer Wünsche bringen möge, ist mein aufrichtiger Wunsch.

Ich beglückwünsche Sie, liebe Großeltern unseres Brautpaares, zu diesem Tag sehr herzlich. Ich bin sicher, daß jener Augenblick, als Sie vor vielen Jahren den eigentlichen Grundstein auch für das Leben Ihrer Enkel gelegt haben, ein wahrhaft gesegneter Augenblick war.

Hochzeitsjubiläen

Zur silbernen Hochzeit

Ein Gast spricht

Ein Vierteljahrhundert ist ein langer Zeitraum! In der Geschichte der Völker haben sich während einer so langen Reihe von Jahren gewaltige Veränderungen vollzogen.

Wenn die Gedanken unseres lieben Silberpaares heute zurückwandern und hier und dort Rast machen an der langen, gemeinsam zurückgelegten Wegstrecke, so werden sie sicher dankbar sein für das Glück der Gemeinsamkeit, das ihnen beschieden war. Die Höhen und Tiefen, die sie durchwanderten, standen unter dem freundlichen und trauten Stern der Zweisamkeit, unter einem Stern, der auch noch das tiefste Dunkel mild erhellte. Heute vor 25 Jahren erbatet ihr den Segen des Himmels für euren Lebensbund, und der Himmel hat euch seinen Segen nicht versagt. Auch das mitunter Schwere hat sich als Segen erwiesen, denn es hat das Gefühl der Zusammengehörigkeit in euch immer stärker werden lassen. Das Schönste aber, das ein gütiges Geschick euch bescherte, sind eure Kinder. In ihnen verkörpert sich das Glück der vergangenen Jahre, auf ihnen ruht die Hoffnung der Zukunft.

Ich spreche gewiß im Sinne aller Anwesenden, wenn ich euch zurufe: Möge euch das Leben weiter in reichem Maße das zuteil werden lassen, was euer Herz erfreut und was euch und eurer Familie zum Segen gereicht!

Tischrede zur silbernen Hochzeit

Liebes Jubelpaar! Liebe Gäste!

Wenn das Haus … (Name des Silberpaares) Gäste einlädt, kommt sowieso jeder gern. Heute nun gibt es einen Anlaß, der uns die angenehme Pflicht doppelt gerne erfüllen läßt. Lieber ..., liebe ..., es fällt uns recht schwer zu glauben, daß wir in euch ein Jubelpaar mit 25 Ehejahren sehen sollen. Das aber spricht wohl dafür, daß ihr die Zeit, die ihr nun gemeinsam auf diesem Erdenstern wandelt, doch in recht vernünftiger Weise verbracht haben müßt. Wie könnte man sonst so glatte und zufriedene, fast strahlende Gesichter erblicken, wie könnte man sonst so wohlgeratene Kinder hier am Tische sehen? Man muß sagen: Es ist euch alles gut gelungen. Aber auch das stimmt sicherlich: Es ist euch nicht in den Schoß gefallen. Ihr würdet heute nicht dort stehen, wo ihr tatsächlich steht, wenn hier nicht ein gemeinsames Leben von vorbildlicher Zusammengehörigkeit vorgelebt worden wäre.

All eure Sorgen, all euren Kummer, alle Freuden haben viele aus unserer Runde miterlebt. Ihr aber seid immer die gleichen geblieben, unveränderlich in eurer Zuverlässigkeit, in der Fürsorge für eure Kinder und in der Hilfsbereitschaft für eure Freunde. Keiner hat jemals dieses Haus verlassen ohne guten Rat, wenn er ihn suchte, und ohne Hilfe, wenn er sie brauchte. Was soll es da wundernehmen, daß ihr selbst zufrieden und in euch gefestigt dem Leben gegenübersteht? Es ist eigentlich kein Wunsch, der euch gilt, sondern eher ein egoistisches Verlangen: Lebt weiter so, beglückt eure Freunde, beglückt eure Kinder, und laßt uns teilhaben an diesem harmonischen Zusammenleben, laßt uns unseren kleinen Beitrag leisten durch unsere Freundschaft, die uns mit euch auch weiterhin verbinden soll.

Meine Freunde! Meine Kinder und Angehörigen!

Der Silberbräutigam dankt

Es ist so, wie unser lieber ... (Name des Vorredners) in seiner schönen Rede zum Ausdruck brachte. Meine liebe ... (Name der Ehefrau) und ich haben heute ernste und dankbare Rückschau gehalten. Vieles haben wir erstrebt, einiges erreichten wir, manches mißlang. Zu meiner Freude darf ich sagen, daß es uns auch gelungen ist, uns im Laufe der langen Jahre liebe Freunde zu erhalten und neue Freunde dazuzugewinnen. Ich komme mir heute sehr reich und beneidenswert vor in diesem trauten Kreise der guten Freunde meiner Familie, die teilnehmen an unserem Ehrentag. Ich bitte euch, liebe Freunde, mir, ... (Name der Ehefrau) und meiner ganzen Familie euer Wohlwollen, eure Treue und eure warme Teilnahme an allem, was uns angeht, zu bewahren. Ich erlaube mir, mit den Meinen auf das besondere Wohl der Freunde meines Hauses zu trinken. Unsere lieben Freunde und verehrten Gäste leben hoch!

Zur goldenen Hochzeit

Liebes „goldenes Paar"!

Rede des Sohnes

Eine goldene Hochzeit ist ein schöner und würdiger Anlaß für einen Rückblick auf 50 gemeinsame, glückliche Ehejahre.

Was ihr uns Kindern gewesen – und noch heute seid –, wißt ihr. Wenngleich wir es auch nicht oft in Worten ausgedrückt haben, so spürt ihr doch, daß wir alle – Kinder und Enkelkinder – uns immer zu euch hingezogen fühlen – und das nicht nur an Festtagen. Wir beide, lieber Vater, sind ja auch schon lange Jahre im geschäftlichen Leben zusammen, und ich glaube, daß wir sehr gut zusammenarbeiten.

Die harmonische Verbindung deiner langen Erfahrung, deiner Weisheit und der Toleranz, die daraus erwachsen ist, ist sicher ein gutes Gegengewicht zu dem Elan, mit dem ein junger Mensch wie ich zunächst die Welt verbessern möchte. Das ist es, was ich heute besser verstehe und wodurch unser gemeinsames Schaffen Freude und Erfolg bringt.

Du, liebe Mutter, bist uns seit unserer Kindheit ein gutes Vorbild. Deine Aktivität ist bewunderungswürdig. Manche Dreißigjährige könnte sich daran ein Beispiel nehmen. Unsere Wünsche für die Zukunft, liebe Eltern: Bewahrt euch eure körperliche und geistige Frische, bleibt gesund und behaltet euren Frohsinn, dann werdet ihr jung bleiben und noch lange unter uns weilen können.

Wir hoffen und wünschen, daß unser liebes Elternpaar auch die „Diamantene" gesund und fröhlich feiern wird.

Geburtstage

Allgemeine Gratulation

Liebes Geburtstagskind! Liebe Gäste!

Heute vor ... Jahren bist du auf die Welt gekommen. Das war ein wahrer Glückstag für dich, wie sich im Laufe der Zeit mehr und mehr erwies. Wenn du nachdenklich zurückschaust auf deinen Lebensweg, wirst du mir beipflichten, denke ich. Gewiß, da war auch allerlei Hartes und Mißliches, aber das wurde hundertmal aufgewogen von allem Guten und Schönen. Wir alle sind in froher und gehobener Stimmung, weil wir uns über dein „Da-Sein" freuen dürfen und weil wir für würdig befunden wurden, einen Festtag mit dir zu feiern. Wir wollen hoffen, daß das neue Lebensjahr ebenso sonnig sein wird, wie alle verflossenen es waren.

Das Geburtstagskind dankt

Ich bin sehr gerührt über eure lieben Gaben und über die guten Worte und Wünsche, die ihr mir heute dargebracht habt. Soviel Liebe würde mich unbescheiden machen, wüßte ich nicht, daß ich all das Schöne gar nicht – zumindest nur zur Hälfte – verdient habe und alles nicht meiner Person, sondern eurer Hilfe verdanke. Ich will mein neues Lebensjahr mit dem guten Vorsatz beginnen, mich eurer Liebe wert zu erweisen. Bleibt meine treuen Freunde, steht mir zur Seite wie bisher, dann wird – mit eurem Beistand – gewiß etwas aus diesen guten Vorsätzen. Meinen lieben, guten Freunden sei gedankt; sie leben hoch!

Der 18. Geburtstag des Sohnes

Lieber ... (Name des Sohnes)!

Ansprache des Vaters

Daß dir dein Vater einen kleinen Vortrag hält, das bist du ja von früher her gewöhnt, wenn einmal ein ernstes Wort wegen zerbrochener Fensterscheiben oder mäßiger Zensuren in den Schularbeiten gesagt werden mußte. Da hast du dort auf dem Stuhl in der Ecke gesessen. Inzwischen hast du schon lange keine Fensterscheiben mehr zerbrochen. Damals reichtest du mir etwa bis zur Hüfte, später bis zur Schulter, und heute bist du mir über den Kopf gewachsen. Von heute an, lieber Junge, brauchtest du eigentlich auf deine Eltern nicht mehr zu hören. Du kannst dein Leben selbst bestimmen und könntest es in die eigenen Hände nehmen. Deine Mutter und ich sind davon überzeugt, daß du etwas Ordentliches aus deinem Leben machen wirst. Wir sind sicher, daß du dir alle Entscheidungen wohl überlegst und daß du den Mut hast, dir eine Zukunft aufzubauen, und nicht vor Schwierigkeiten zurückschreckst. Du bist jetzt mündig. Wir haben dir von früh auf viel Selbständigkeit gegeben. Du hast gelernt, auf eigenen Füßen zu stehen. Nun ist es auch offiziell so weit. So wollen wir denn, lieber Junge, auf deine Zukunft trinken.

Zum 18. Geburtstag der Tochter

Meine liebe Tochter!

Die Mutter gratuliert

Als dein Vater und ich dir als kleinem Mädchen eine Puppenstube zum Geburtstag geschenkt haben, haben wir uns gefragt: Wie lange wird dieses Spielzeug wohl ordentlich beisammenbleiben? Nun, du hast von Anfang an diese Stube gepflegt und in Ordnung gehalten. So hast du uns schon von klein auf gezeigt, daß du Pflichten und Verantwortung übernehmen willst. Wir konnten uns auf dich verlassen. Heute bist du mündig geworden. Das ist ein wichtiger Tag in deinem Leben; das ist ein einschneidendes Datum. Rein juristisch betrachtet bist du ab heute für dich selbst verantwortlich. Unser Rat steht dir aber auch weiterhin zur Verfügung. Vater und ich wollen dir heute auch sagen, daß wir stolz auf dich sind. Du hast immer deinen eigenen Weg gesucht und gefunden. Stubenhockerei war jedenfalls nichts für dich. Bei dem Stolz darüber, daß du nun endgültig in den Kreis der Erwachsenen eintrittst, beklemmt es uns ein wenig, daß du uns irgendwann einmal verlassen und einen eigenen Hausstand gründen wirst. Feiern wir also heute Abschied von deiner Kindheit. Wir wünschen dir Glück und Zufriedenheit in allem, was du dir vornimmst!

Zum dreißigsten Geburtstag

Lieber ... (Name des Geburtstagskindes)!

Die Partnerin spricht

Heute feiern wir deinen dreißigsten Geburtstag, also nicht irgendeinen, sondern einen runden, und von allen runden sicher einen der bedeutungsvolleren. Um es in der Sprache deines so überaus geliebten Fußballs zu sagen: Am dreißigsten wird zur Halbzeit gepfiffen. Es bleibt eine kleine Verschnaufpause, um sich die erste Halbzeit noch einmal vor Augen zu führen. Ziel erreicht oder nicht, Taktik richtig oder falsch, mit eigenen Leuten gut zusammengespielt, den Gegner unterschätzt, Spielplan eingehalten, wie oft ins Abseits gelaufen, Tore erzielt oder Eigentore geschossen, zuviel Kraft in falschen Spielzug investiert und so weiter, und so weiter. Und dann müssen die Überlegungen während dieser Halbzeit-Verschnaufpausen schnell umgesetzt werden, um gut gerüstet in die zweite Halbzeit starten zu können. Diese Halbzeit ist aber auch für uns, deine Mannschaftsangehörigen und Mitspieler, eine gute Gelegenheit, dir bei der Spielanalyse zu helfen.

Insgesamt betrachtet war es bislang kein schlechtes Spiel, auch wenn der Sieg noch lange nicht gesichert ist. Vom Start weg lief es soweit ganz gut, die herausgearbeiteten Chancen wurden im wesentlichen gut verwertet, die Kondition reichte aus, und der Teamgeist half, die gegnerischen Attacken abzuwehren. Ein ansprechendes Spiel in der ersten Halbzeit mit einer ansprechenden mannschaftlichen Geschlossenheit. Der erreichte Torvorsprung müßte, wenn man ihn geschickt verteidigt und nicht übermütig wird, eigentlich ausreichen, um auch die zweite Halbzeit unbeschadet zu überstehen. Nun heißt es, beizeiten die Kräfte einzuteilen und für die zweite Hälfte gut auf die Kondition zu achten. Ja, es wäre vielleicht auch gut, sich mit dem Gedanken vertraut zu machen, daß man nicht unbedingt mit den jüngeren Leistungsträgern konkurrieren muß, sondern lieber Spielwitz und gewonnene Erfahrung in der etwas ruhigeren Gangart der Alt-Herren-Mannschaft optimal einsetzt. Auch wenn ich natürlich weiß, daß man mit dreißig noch lange nicht zum alten Eisen gehört.

Nun ist mir meine gesamte Geburtstagsrede zum Fußballkolleg geraten. Deine Familie will dich zu deinem Dreißigsten ermahnen, ein wenig mit deinen Kräften hauszuhalten, damit auch für die nächsten dreißig noch genügend Kraft und Freude übrigbleibt. Sie will dir sagen, daß sie auch weiterhin bemüht sein wird, mit großer mannschaftlicher Geschlossenheit dafür zu sorgen, daß der erreichte Platz auch langfristig gesichert wird. Und schließlich wollen wir natürlich, was nun um ein Haar tatsächlich völlig vergessen worden wäre, dir von ganzem Herzen alles Liebe und Gute zu deinem Geburtstag wünschen. Viel Glück, jede Menge Erfolg und vor allem Gesundheit!

Zum dreißigsten Geburtstag

Liebe … (Name des Geburtstagskindes)!

Der Partner spricht

Wir alle gratulieren dir heute ganz herzlich zu deinem dreißigsten Geburtstag. Ich habe mir sagen lassen, der dreißigste Geburtstag einer Frau sei noch unverfänglich genug, um auch in der Öffentlichkeit genannt zu werden. Von diesen dreißig Jahren haben wir beide allein schon fast neun Jahre, mit den Kindern zusammen schon sechs Jahre gemeinsam verbracht. Insgesamt betrachtet war dies eine gute Zeit. Irgendwie ist es uns immer wieder gelungen, anstehende Fragen beizeiten so zu besprechen, daß sie gar nicht erst zum großen Problem werden konnten. Da gab es wahrlich eine ganze Menge Fragen zu beantworten, wie in jeder jungen Partnerschaft, die immer wieder ernste Bewährungsproben zu bestehen hat. Und wenn ich es heute noch einmal recht überdenke, so sehe ich, daß die Rolle einer Frau in diesen Aufbaujahren ja gewiß die schwerere ist. Zumal dann, wenn mit der gemeinsamen Entscheidung für ein Kind auch gleichzeitig, zumindest für eine Übergangszeit, die Entscheidung gegen eine berufliche Weiterentwicklung der Frau gefallen ist. Einen Beruf einzutauschen – zudem noch einen, den man gerne und engagiert ausgeübt hat – gegen die neue Aufgabe als Mutter und Hausfrau bedarf schon einer großen inneren Überzeugung, damit am Schluß nicht nur Frust für alle Beteiligten übrigbleibt.

In unserer Familie ist von einem solchen Frust nichts zu spüren, im Gegenteil. Und dieses ist zum allergrößten Teil dein Verdienst, liebe .... Deiner guten Laune kann halt nichts widerstehen, und das will ganz sicher etwas heißen bei den unterschiedlichen Temperamenten in dieser Familie. Irgendwie kriegst du uns immer wieder alle unter einen Hut. Und genau dies wollen die Kinder mit diesem Bild ausdrücken, an dem sie tagelang gearbeitet haben. Das war gar nicht so einfach, denn du solltest davon natürlich nichts wissen, das Bild sollte ja eine Geburtstagsüberraschung werden. Also, das in der Mitte auf dem Thron, das bist du. Die Leute drumherum sind dein Mann, deine Kinder, die Großeltern, die Tanten, Onkel, Freunde, Bekannte und Nachbarn. Sie haben alle Blumen und Geschenke in der Hand und gratulieren zum dreißigsten Geburtstag. Und wenn du jetzt ganz genau auf das Bild guckst, dann hängt ein kleines Kettchen mit einem großen Anhänger um deinen Hals. Das gibt es auch in echt, nämlich hier in diesem Kästchen. Wir hoffen, daß es dir Freude bereitet. Es soll dich immer an deinen dreißigsten Geburtstag erinnern und an uns alle, die dich lieben.

Zum dreißigsten Geburtstag des Sohnes

Lieber … (Name des Sohnes)!

Ein Vater spricht

Deine Mutter und ich gratulieren dir von ganzem Herzen zu deinem dreißigsten Geburtstag. Es ist ja schon dein dritter runder Zehner, und glaube mir, schon ein prima Gefühl, wenn man als Eltern noch gesund und munter runde Geburtstagsjubiläen mit den Kindern und Enkeln feiern kann. Vor nicht allzu langer Zeit haben wir unser komplettes halbes Jahrhundert gefeiert – das hört sich eigentlich fürchterlich alt an, findet ihr nicht auch? Heute sind wir in die Rolle der Gratulanten geschlüpft. Was wünscht man seinem dreißigjährigen Sohn zum Geburtstag neben den üblichen guten Wünschen für Glück, Gesundheit und Erfolg? Vielleicht ein bißchen mehr Ruhe und Entspannung, damit du nach den Strapazen des Alltags auch die schönen Seiten des Lebens genießen kannst? Vielleicht ein bißchen mehr Zeit für all die vielen kleinen, angeblich so nebensächlichen Dinge, die man immer vor sich herschiebt, mit der Ausrede, die größeren und angeblich wichtigen hätten selbstverständlich Vorrang, und wenn man diese erst mal erledigt hätte, dann „könne man ja immer noch einmal …“. Glaube mir, das „Immer noch einmal“ bekommt mit zunehmendem Alter die unangenehme Angewohnheit, sich unmerklich, aber auch unwiderruflich zum „Niemals“ umzuwandeln. Vielleicht sollten wir dir aber auch ein bißchen mehr Abstand und Humor wünschen, damit du vieles nicht mehr ganz so ernst nimmst, dich selbst nicht ausgeschlossen, und damit du aus dieser völlig anderen Perspektive mit mehr Gelassenheit an die Dinge herangehen kannst. Am besten wäre es, du bekämst von allem ein bißchen und dazu noch ein kleines Quentchen Egoismus. Aber in dem Sinne gemeint, daß man die eigenen Bedürfnisse, Wünsche und Träume nicht ständig anderen, wie auch immer gearteten Sach- und Personenzwängen unterordnet. Dies alles wünschen dir deine Eltern zu deinem dreißigsten Geburtstag. Und damit diese guten Wünsche und Anregungen auch den heutigen Tag überdauern, haben wir dir nicht nur eine Torte mitgebracht.

Mit dieser Geburtstagstorte hat es nämlich auch seine Bewandtnis. Eugen Roth hat es mit einem kleinen Gedicht so unvergeßlich und meisterhaft ausgedrückt:

Ein Mensch kriegt eine schöne Torte.
Drauf steh'n in Zuckerguß die Worte:
„Zum heutigen Geburtstag Glück!"
Der Mensch ißt selber nicht ein Stück,
Doch muß er in gewaltigen Keilen
Das Wunderwerk ringsum verteilen.
Das „Glück", das „heu", der „tag" verschwindet,
Und als er nachts die Torte findet,
Da ist der Text nur mehr ganz kurz.
Er lautet nämlich nur noch „burts".
Der Mensch, zur Freude jäh entschlossen,
Hat diesen Rest vergnügt genossen.

Die Torte und das Gedicht von Eugen Roth sollen dir helfen, stets die Freude „jäh entschlossen" und „vergnügt" zu genießen. Diesen Wunsch legen wir zusammen mit dieser wunderschönen Torte auf den Geburtstagstisch. Herzlichen Glückwunsch, lieber …, zu deinem dreißigsten Geburtstag.

Zum dreißigsten Geburtstag

Liebes Geburtstagskind!

Ein Freund spricht

Nun gehörst du also auch zu jenen, denen man nicht mehr trauen kann, denn wie heißt es im Slogan der Sechziger-Generation: „Traue keinem über Dreißig!" Hast du dir eigentlich schon einmal überlegt, warum das so ist? Ich möchte dir gewissermaßen als rhetorisches Geburtstagsgeschenk einen Erklärungsversuch für diesen Slogan übergeben. Vielleicht kannst du für dich selbst und selbstverständlich auch für deine Umgebung daraus eine nützliche Lehre ziehen. Also, ich stelle mir das so vor:

Zunächst sagen die Erwachsenen den Kindern, was für sie wichtig ist, und die Kinder glauben das. Doch während sie heranwachsen, verstärken sich die Zweifel der Kinder und Jugendlichen, ob das, was die Erwachsenen für wichtig halten, auch richtig ist. Einige Jahre später wissen die jungen Erwachsenen, daß das, was die älteren Erwachsenen einst für richtig hielten, nicht richtig ist. Doch so um die Dreißig herum ist dann der Zeitpunkt gekommen, wo die jüngeren Erwachsenen älter werden und nun auch wissen, daß das, was die jüngeren Erwachsenen von den älteren Erwachsenen wissen, vielleicht nicht ganz richtig, wahrscheinlich aber auch nicht ganz falsch ist. Und damit beginnt dann das sogenannte gefährliche Alter. Denn ständig steht man als Dreißiger unter Rechtfertigungszwang. Gegenüber den älteren Erwachsenen, gegenüber den jüngeren Erwachsenen, gegenüber den Kindern. Am Schluß weiß man selbst nicht mehr so genau, ob das, was wichtig war, auch richtig ist oder das, was richtig ist, auch wichtig war oder beides oder wie ...

Dieses Dilemma hat die sogenannte Sechziger-Generation ganz richtig zu Ende gedacht, denn sie hat sich am Schluß ja eigentlich selbst nicht mehr so recht über den Weg getraut. Nun, ich wünsche dir, daß dir dieses Dilemma weitgehend erspart bleibt, daß du weißt, was für dich wichtig ist, und daß das, was du als solches erkennst, auch richtig für dich ist!

Du siehst also, daß das mit dem Dreißigsten wirklich nicht so einfach ist. Aber, um zum Aufhänger meines Erklärungsversuchs zurückzukehren: Natürlich trauen wir dir, auch wenn du jetzt über dreißig bist. Und wir sind überzeugt, daß wir uns als langjährige Freunde wie bisher auch auf diesem Wege begegnen, wann immer es wichtig und richtig ist. Von uns allen für die nächsten Etappen die besten Wünsche.

Zum vierzigsten Geburtstag

Liebe ... (Name des Geburtstagskindes)! Liebe Gäste!

Der Partner spricht

Als wir heute morgen im allerengsten Familienkreis unserem Geburtstagskind zum Vierzigsten gratulierten und ihm ankündigten, daß heute abend auf der Geburtstagsparty natürlich auch eine Ansprache nicht fehlen werde, bekam ich als zusätzlichen Geburtstagswunsch mit auf den Weg: Wenn es schon sein muß, dann mach's wenigstens kurz. Zum Vierzigsten muß es einfach sein, liebe ..., denn was wäre dieses Fest ohne Kommentar desjenigen, der sich fast ein Jahr lang den Kopf darüber zerbrochen hat, was zur Feier dieses Tages nicht nur an schönen Geschenken, sondern auch an guten und lieben Worten, Wünschen und Ratschlägen mitzubringen wäre. Schließlich soll das Geburtstagskind ja wohlversorgt und aufgemöbelt in das neue Lebensjahr entlassen werden. Aber wunschgemäß will ich es kurz halten.

Mit vierzig Jahren, so heißt es, habe man den Zenit des Lebens erreicht. Viele haben wohl auch ein wenig Angst davor, sich diesem Gipfel zu nähern. Das sind jene Enddreißiger, die ihren Zustand bis zum abrupten Übergang zum Fünfzigsten zu halten versuchen! Die Angst vor dem Gipfel ist aber doch nur die völlig unbegründete Befürchtung vor dem: „Von nun an geht's bergab". Alles Unfug! Denn wenn man nach langem mühevollem Aufstieg einen Gipfel erreicht hat, nimmt man sich zunächst einmal genügend Zeit, sich ausgiebig auszuruhen und ein wenig Ausschau zu halten. Die ganze Seilschaft feiert zusammen das erreichte Ziel, so wie wir das heute auch tun wollen. Dann schaut man sich in Ruhe einmal um, wie die Wegstrecke weiter verläuft. Und siehe da, kein steiler Abstieg liegt vor einem, sondern ein herrlicher Höhenwanderweg mit wunderschönen Ausblicken nach vorne und zurück, mit besserer Weitsicht als beim Aufstieg und mit weniger Zeitdruck. Man kann jetzt ruhig durchatmen und sich gestärkt und wohlgemut auf die nächste Etappe begeben. Das, finde ich, ist doch ein prima Gefühl, zumal, wenn man so vertraute und verläßliche Weggefährten hat. Der große Kreis deiner Gäste am heutigen Tag, liebe ..., will dir zeigen, daß wir genauso fröhlich und zuversichtlich die nächste Etappe zusammen beginnen wollen, wie wir die vorangegangene beendet haben. Selbstverständlich können wir als bergerfahrene alte Hasen unsere Wegstrecken besser planen als die jungen Gipfelstürmer. Also nicht nur steil bergan und danach eben-

Dreisprachiger Bildband mit rund 700 brillianten Farbfotos.
Informatives Buch zu den neuen und alten Bundesländern, enthält eine praktische Übersichtskarte.

DM 19,95
öS 149,–
sFr. 19.95

Schönes Deutschland
Germany - Allemagne
Von R. Kiedrowski und G. Koshofer
260 S., gebunden, durchgehend vierfarbig, ca. 680 Fotos, 1 Übersichtskarte
ISBN: 3-8094-**0184**-6

Stand der Preise 1.6.1995 – Preisänderungen vorbehalten

Von E. Krüger
528 S., kartoniert.
Rätselfreunden bietet dieser neue Band der beliebten bassermann-Rätselbuchreihe wieder Kopfnüsse in Hülle und Fülle.
DM 10,–; öS 79,–; sFr. 10.–
ISBN: 3-8094-**0125**-0

Von E. Krüger
528 S., kartoniert.
DM 10,–; öS 79,–; sFr. 10.–
ISBN: 3-8094-**0171**-4

Von E. Krüger
528 S., kartoniert.
Viele neue Kreuzworträtsel für unterhaltsame Stunden.
Mit Lösungsteil.
DM 10,–; öS 79,–; sFr. 10.–
ISBN: 3-8094-**0209**-5

Von E. Krüger
170 S., kartoniert.
DM 3,95; öS 29,–; sFr. 3,95
ISBN: 3-8094-**0155**-2

Von E. Krüger
170 S., kartoniert.
DM 3,95; öS 29,–; sFr. 3,95
ISBN: 3-8094-**0159**-5

Von E. Krüger
370 S., kartoniert.
DM 10,–; öS 79,–; sFr. 10.–
ISBN: 3-8094-**0202**-8

608 S., gebunden.
Ein topaktuelles neues Rätsellexikon, das sämtlichen politischen Veränderungen der vergangenen Jahre Rechnung trägt.
DM 15,–; öS 119,–; sFr. 15.–
ISBN: 3-8094-**0176**-5

Von H. Schiefelbein
682 S., gebunden.
Über 150.000 alphabetisch geordnete Begriffe.
DM 10,–; öS 79,–; sFr. 10.–
ISBN: 3-8094-**0016**-5

Von E. Krüger
300 S., kartoniert.
Die beliebtesten Rätselarten in Großschrift.
DM 10,–; öS 79,–; sFr. 10.–
ISBN: 3-8094-**0070**-X

Von E. Krüger
300 S., kartoniert.
Die beliebtesten Rätselarten sind auch bei diesem zweiten Band in großer Schrift angelegt.
DM 10,–; öS 79,–; sFr. 10.–
ISBN: 3-8094-**0096**-3

Hrsg. S. Carlsson, H. Wirths
432 S., 448 Farbfotos, geb.
Ein Grundlagen- und ein Rezeptteil für Einsteiger und Hobbyköchinnen und -köche.
DM 19,95; öS 159,–; sFr. 19.95
ISBN: 3-8094-**0160**-9

392 S., über 600 Fotos, gebunden.
DM 10,–; öS 79,–; sFr. 10.–
ISBN: 3-8094-**0197**-8

(*unverbindliche Preisempfehlung) ISBN-Bestandteil 3-8094-

Von F. Faist
256 S., 215 Farbfotos, durchgehend vierfbg., geb.
Dieses Buch präsentiert eine Sammlung der schönsten und beliebtesten Rezepte für die gutbürgerliche Alltagsküche.
DM 19,95; öS 159,–; sFr. 19.95
ISBN: 3-8094-**0122**-6

Hrsg. S. Koch
192 S., 182 Farbf. gebunden.
Für festliche Anlässe ebenso geeignet wie für die tägliche Familienküche.
DM 15,–; öS 119,–; sFr. 15.–
ISBN: 3-8094-**0117**-X

Hrsg. Isa Fuchs
192 S., 134 Fotos, durchgehend vierfarbig, gebunden.
DM 15,–; öS 115,–; sFr. 15.–
ISBN: 3-8094-**0181**-1

Hrsg. Isabella Diatta
192 S., 177 Fotos, durchgehend vierfarbig, gebunden.
DM 15,–; öS 115,–; sFr. 15.–
ISBN: 3-8094-**0175**-7

Hrsg. R. Rudatis
192 S., 305 Farbf. gebunden.
Suppen, Fleisch- und Fischgerichte sowie Süßspeisen der verschiedenen Regionen Italiens.
DM 15,–; öS 119,–; sFr. 15.–
ISBN: 3-8094-**0110**-2

Hrsg. Ho Chee-Ming
192 S., 150 Farbfotos, geb.
Dieses Buch enthält eine ausführliche Einführung in die Küchen Asiens.
DM 15,–; öS 119,–; sFr. 15.–
ISBN: 3-8094-**0134**-X

Von M. Bustorf-Hirsch u. M. Hirsch, 216 S., durchgehend zweifarbig, zahlreiche Zeichnungen, gebunden.
Alles Wissenswerte rund um den Biogarten in einem Band.
DM 12,95; öS 99,–; sFr. 12.95
ISBN: 3-8094-**0108**-0

Hrsg. E. Wiesner
192 S., 136 Fotos, durchgehend vierfarbig, gebunden.
Rezeptideen in Hülle und Fülle, auch für deftige Fleisch-, Wurst- und Geflügelsalate.
DM 15,–; öS 119,–; sFr. 15.–
ISBN: 3-8094-**0126**-9

Hrsg. Erich Menden, Waltraute Aign, 120 S., 443 Fotos, durchgehend vierfarbig, gebunden.
DM 10,–; öS 79,–; sFr. 10.–
ISBN: 3-8094-**0178**-1

Hrsg. Heinz Arnold
160 S., 200 Fotos und Zeichnungen, gebunden.
DM 15,–; öS 115,–; sFr. 15.–
ISBN: 3-8094-**0199**-4

Hrsg. Kurt Schmidli
192 S., 220 Fotos, durchgehend vierfarbig, gebunden.
DM 15,–; öS 115,–; sFr. 15.–
ISBN: 3-8094-**0147**-1

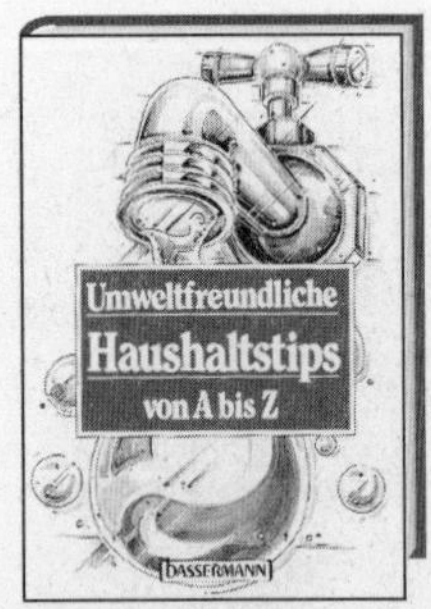

Hrsg. E. Düsseldorfer
300 S., ca. 26 Vignetten, geb.
Erprobte Empfehlungen, wie man Pannen im Haushalt umweltschonend bewältigen kann.
DM 10,–; öS 79,–; sFr. 10.–
ISBN: 3-8094-**0097**-1

Stand der Preise 1.6.1995 – Preisänderungen vorbehalten

Von G. Leibold
575 S., 246 Abb., 20 Schaubilder, gebunden.
Alles über die menschliche Anatomie und Psyche in einem Band!
DM 19,95; öS 159,–; sFr. 19.95
ISBN: 3-8094-**0040**-8

Hrsg. C. Fowkes
Übersetzung Inge Uffelmann, 156 S., geb., 105 Vierfarbillustrationen, 15 Farbfotos.
DM 29,95; öS 229,–; sFr. 29.95
ISBN: 3-8094-**0186**-2

Von Dr. G. Wilson, 192 S., 260 Farbabb., gebunden.
Dieses Buch bietet seinen Leserinnen und Lesern einen faszinierenden Einblick in die menschliche Sexualität.
DM 19,95; öS 159,–; sFr. 19.95
ISBN: 3-8094-**0140**-4

Von Nitya Lacroix, 128 S., 158 Fotos, durchgehend vierfarbig, gebunden.
DM 19,95; öS 149,–; sFr. 19.95
ISBN: 3-8094-**0177**-3

Von Gertrud Teusen
304 S., 170 Fotos, 93 Zeichnungen, gebunden.
DM 19,95; öS 149,–; sFr. 19.95
ISBN: 3-8094-**0158**-7

Von Ines Schill
304 S., gebunden.
DM 10,–; öS 79,–; sFr. 10.–
ISBN: 3-8094-**0166**-8

Von A. Baumgarten
404 S., 20 Vignetten gebunden.
Hochinteressante Hintergründe der Traumdeutung. Mit einem Lexikon der wichtigsten Traumsymbole.
DM 16,80; öS 139,–; sFr. 16.80
ISBN: 3-8094-**0076**-9

Von Stephen Skinner
160 S., 172 Farbfotos, 60 s/w-Fotos, durchgehend vierfarbig, gebunden.
DM 19,95; öS 149,–; sFr. 19.95
ISBN: 3-8094-**0180**-3

Von E. Sauer
300 S., zahlreiche Abb., geb.
Leicht verständliche und spannend werden hier Sachinformationen über die geheimen Kräfte des Unbewußten beschrieben.
DM 10,–; öS 79,–; sFr. 10.–
ISBN: 3-8094-**0151**-X

Von J. Moore
140 S., zahlreiche Abb., geb.
Dieses Buch vereint die Möglichkeit, ein Tagebuch zu führen mit interessanten Informationen rund um jedes Sternzeichen.
DM 15,–; öS 119,–; sFr. 15.–
ISBN: 3-8094-**0149**-8

Von E. Sauer
300 S., 200 Zeichnungen und Vignetten, gebunden.
Ein amüsant geschriebener Ratgeber für alle, die mehr über Astrologie wissen möchten!
DM 10,–; öS 79,–; sFr. 10.–
ISBN: 3-8094-**0106**-4

(*unverbindliche Preisempfehlung) ISBN-Bestandteil 3-8094-

BESTELLSCHEIN Bitte liefern Sie mir zu Ihren Bedingungen **durch die Buchhandlung:**

Anzahl	ISBN-Bestandteil: 3-8094- Best.-Nr.	Titel	Einzelpreis	Gesamtpreis
	3-8094-␣␣␣␣-␣			
	3-8094-␣␣␣␣-␣			
	3-8094-␣␣␣␣-␣			
	3-8094-␣␣␣␣-␣			
	3-8094-␣␣␣␣-␣			
	3-8094-␣␣␣␣-␣			
	3-8094-␣␣␣␣-␣			

Preise ohne Gewähr. Es gilt der jeweils beim Kauf gültige Preis.
Liefermöglichkeiten vorbehalten.

Porto	
Summe	

Name

Straße

PLZ/Ort

Datum/Unterschrift (Bei Jugendlichen der gesetzliche Vertreter)

DASSERMANN

Friedrich Bassermann'sche
Verlagsbuchhandlung
Nachf. Postfach 1120
D-65521 Niedernhausen/Ts.

Die preiswerten Bücher von Bassermann erhalten Sie überall, wo es Bücher gibt.
Preisstand: 1 Juli 1995, Änderungen vorbehalten.

BESTELLSCHEIN Bitte liefern Sie mir zu Ihren Bedingungen **durch die Buchhandlung:**

Anzahl	ISBN-Bestandteil: 3-8094- Best.-Nr.	Titel	Einzelpreis	Gesamtpreis
	3-8094-␣␣␣␣-␣			
	3-8094-␣␣␣␣-␣			
	3-8094-␣␣␣␣-␣			
	3-8094-␣␣␣␣-␣			
	3-8094-␣␣␣␣-␣			
	3-8094-␣␣␣␣-␣			
	3-8094-␣␣␣␣-␣			

Preise ohne Gewähr. Es gilt der jeweils beim Kauf gültige Preis.
Liefermöglichkeiten vorbehalten.

Porto	
Summe	

Name

Straße

PLZ/Ort

Datum/Unterschrift (Bei Jugendlichen der gesetzliche Vertreter)

DASSERMANN

Friedrich Bassermann'sche
Verlagsbuchhandlung
Nachf. Postfach 1120
D-65521 Niedernhausen/Ts.

so steil wieder hinunter, sondern gemächlich auf und gemächlich ab, notfalls auch mit Umwegen von Gipfel zu Gipfel, bis die Wanderung irgendwann einmal zu Ende geht.

Und damit du auch wohlgerüstet mit uns zur nächsten Etappe aufbrechen kannst, haben wir dir diese neuen Wanderschuhe besorgt. Aber die müssen natürlich erst noch eingelaufen werden. Und so gehört zu diesen Wanderschuhen noch ein Wochenende auf der Wiesbadener Hütte in der Silvretta, weil sich gerade von dort aus die Höhenwanderung zwischen den Gipfeln mit neuen Stiefeln besonders gut üben läßt. Wir gratulieren dir alle von Herzen zu deinem Geburtstag und freuen uns mit dir auf die nächste gemeinsame Etappe.

Zum vierzigsten Geburtstag

Lieber ... (Name des Geburtstagskindes)!

Die Partnerin spricht

Heute sind alle hier zusammengekommen, um dir von Herzen Glück und Segen zu wünschen zu deinem vierzigsten Geburtstag: die Familie, die Freunde und Nachbarn, die Vertreter vom Musikverein, vom Kegelclub und der Wandergruppe des Sportvereins. Wenn deine Frau in diesem Kreis der Gratulanten als erste das Wort ergreift, dann soll das endgültig mit dem langlebigen Vorurteil Schluß machen, wir, die Frauen, hätten in unserer Familie immer das letzte Wort. Alles nur Gerüchte, wie man jetzt sieht und vor allem hört.

Was gibt man seinem Ehemann bei seinem Vierzigsten mit auf den Weg, habe ich mich gefragt. Es müßte etwas sein, was sein Hobby unterstützt, zur Gesundheit beiträgt und gleichzeitig das Familienleben fördert. Schon erraten? Deine Tochter und ich schenken dir zum Geburtstag dieses Bestimmungsbuch für seltene Pflanzen in Wald und Feld. Darauf gekommen sind wir, als wir auf der letzten Wanderung Anfang Mai durch die Wutachflühen so seltene Exemplare wie den Alpenzwergbuchs, den rötlichen Schuppenwurz und den Aronstab fanden. Die waren ja nun wahrhaftig nicht leicht zu bestimmen, geschweige denn waren die lateinischen Bezeichnungen zu behalten. Wer weiß schon, daß sich hinter dem Arum maculatum der Aronstab und hinter der Lathraea squamaria der Schuppenwurz verbergen. Jedesmal schaust du ungläubig, wenn wir – endlich nach Hause gekommen – in mühevoller Sucharbeit in den dicken Bestimmungsbüchern die unterwegs entdeckten Pflanzen ausfindig gemacht zu haben glauben.

Aber das wird ja jetzt alles ganz anders, denn das neue Bestimmungsbuch ist leicht und handlich und kann deshalb zur ständigen Wanderausstattung gehören – und wie ich dich kenne, wird es das auch –, wenn es nicht, wie zum Beispiel der Fotoapparat, gerade dann wieder zu Hause liegengeblieben ist, wenn man es vor Ort am dringendsten bräuchte. Wir hoffen, daß dir das Buch Freude macht und dich ermuntert, das Schwergewicht deiner Hobbies auf die Botanik zu verlagern. Denn unser Geschenk zu deinem vierzigsten Geburtstag hat neben seinem offensichtlichen Sinn natürlich auch einen Hintersinn. Deine beiden Frauen, die alte und die junge, wünschen dir zu deinem Geburtstag alles Liebe. Bleib so, wie du bist, damit wir auch in Zukunft stolz auf dich sein können. Herzlichen Glückwunsch und auf dein Wohl.

Zum vierzigsten Geburtstag

Liebe Gäste!

Dankrede des Jubilars

40 ist im Leben eines Mannes ein besonderes Datum. Es gibt dazu zwei Theorien: Entweder ist der Mann mit 40 in den besten Jahren, oder er ist, wie Rauschenbach es als Buchtitel sagt, „völlig fix und 40". Ich liege gefühlsmäßig irgendwo zwischen diesen beiden Extremen, mit leichter Tendenz zu den „besten Jahren".

Was aber ist nun der „40ste" konkret? Lassen wir uns überraschen, oder, wie Beckenbauer sagen würde, „schau'n mer mal".

40, da steht in vorderster Front die 4. Etwa die vier Jahreszeiten, von denen mir der Frühling natürlich am sympathischsten ist. Oder die 4 Himmelsrichtungen. Früher, in der Sturm-und-drang-Zeit, habe ich die voll ausgenutzt. Jeden Morgen bin ich aus einer anderen Richtung ins Büro gekommen. Seit der Hochzeit mit ... ist das anders: Ich weiß jetzt, wo ich daheim bin. Interessant ist auch das Vier-Mächte-Abkommen. Früher galt das für Berlin, da hieß es drei gegen einen. Heute hat sich das für Berlin erledigt. Nur bei mir zu Hause ist es immer noch in Kraft. Na gut, was haben wir noch? Richtig: das 4. Gebot. Bei den Katholiken bedeutet es: Du sollst Vater und Mutter ehren. Bei den Protestanten hingegen bedeutet das 4. Gebot: Du sollst den Sabbath heiligen. Das kommt mir als Beamten sehr entgegen, und ich bedaure, daß die Woche immer nur einen Samstag und einen Sonntag hat. Passend ist auch das vierblättrige Kleeblatt. Es ist als Glücksbringer begehrt, nur leider selten zu finden. Wir hier, ..., ..., ... (Name der Ehefrau und der zwei Kinder) und ich, haben das Glück, ein solches vierblättriges Kleeblatt zu bilden.

Ihr seht, liebe Freunde, die 4 als Leitzahl der 40 hat es ganz schön in sich. Und auch die 40 hat was: Zum Beispiel ist die 40-Stunden-Woche inzwischen abgeschafft – seit einigen Jahren sogar für mich. Jedenfalls beruflich! Oder nehmen wir die 40 Märtyrer, von denen die Überlieferung sagt, daß sie vor gut anderthalbtausend Jahren den christlichen Heldentod gestorben sind – an manchen Tagen kann ich das richtig nachvollziehen. Oder betrachten wir zum Schluß das Märchen von Ali Baba und den 40 Räubern. Es paßt bestens auf den heutigen Tag: Ich bin derjenige mit dem Sesam-öffne-Dich, und ihr spielt die 40 Räuber, die sich jetzt über Essen und Getränke hermachen, bis auch die letzten Häppchen vernichtet sind.

Ich freue mich, euch hier zu haben, danke für die tollen Präsente und hoffe auf mindestens 4 bis 40 schöne Stunden mit euch allen.

Zum fünfzigsten Geburtstag des Vaters

Lieber Papa, liebe Gäste!

Der Sohn spricht

Die ganze Familie gratuliert dir herzlich zum Fünfzigsten. Wir wünschen dir Glück und Gesundheit und weiterhin viel Elan und Gelassenheit. Möge dir die Fähigkeit erhalten bleiben, dich selbst und alle anderen nicht allzu wichtig zu nehmen. Vor allem aber wünschen wir dir, daß Streß und Ärger im Büro endlich weniger werden und dir mehr Zeit und Ruhe bleiben, dich um die Familie, die Freunde und deine Hobbies kümmern zu können. Und schließlich wünschen wir dir, daß von all deinen Wünschen an das nächste Lebensjahrzehnt, den großen und den kleinen, möglichst viele in Erfüllung gehen. Aber da braucht man bei Widder-Geborenen (Geburtstag 21. März bis 20. April) ja ohnehin keine allzu großen Sorgen zu haben. Denn den Widdern sagt man nach, daß sie ihr Schicksal am liebsten selbst in die Hand nehmen, gemäß dem Motto: „Wer wagt, gewinnt“. Und so steht dem Ehrgeiz und dem Erfolg eines Widders meist nur er selbst im Wege, wenn er nämlich zuviel wagt oder sich zuviel auflädt. Was also wünscht man einem Widder zum fünfzigsten Geburtstag? Hohes Risiko und damit ebenso hohe Gewinnchancen? Oder wünscht man Einsicht und Durchhaltevermögen, um mit weniger Risiko einen dafür um so andauernderen Erfolg zu erreichen, auch wenn es dann etwas länger dauert? Ich weiß, ich weiß – Geduld ist eines Widders stärkste Seite nicht, und deshalb wünsche ich dir die Energie, die Durchhaltekraft und vor allem die Gelassenheit, die du brauchst, um die gesteckten Ziele zu erreichen. Und ich wünsche dir das Glück, das man braucht, um große Chancen möglichst ohne hohes Risiko umsetzen zu können. Drittens die Kunst und die Zeit, immer richtig abwägen zu können, wann man sich selbst und anderen zuviel auflädt und dadurch sich oder andere überfordert. Und schließlich: Weiterhin soviel Impulsivität und Aktivität wie bisher, dann wird es uns allen ganz gewiß nie langweilig miteinander werden. Deine Frau, deine Kinder und deine guten Freunde sind heute hier zusammengekommen, um mit dir gemeinsam die ersten Schritte ins neue Jahrzehnt zu gehen. Wir wünschen dir von Herzen, daß die nächsten Jahre ähnlich glücklich, erlebnisreich und erfolgversprechend werden wie die hinter uns liegenden. Kurzum, wir alle wünschen dir auch weiterhin eine schöne Zeit und die Kraft, sie aktiv zu gestalten und zu leben. Prosit!

Zum sechzigsten Geburtstag des Vaters

Mein lieber Papa!

Die Tochter spricht

Heute haben sich alle dir zu Ehren versammelt. Um dir von ganzem Herzen Glück und Segen zu wünschen zu deinem sechzigsten Geburtstag. Um dir und uns zu wünschen, daß wir in Frieden und Gesundheit noch viele Jahre zusammen werden erleben dürfen. Alle diese guten Wünsche legen dir deine Frau, deine drei Kinder, deine sieben Enkelinnen und Enkel und die vielen Freunde, Nachbarn und Bekannten heute auf den Geburtstagstisch, neben all diese schönen Geschenke, die dir zeigen sollen, mit wieviel Liebe, Zuneigung und Dankbarkeit dein heutiger Ehrentag gefeiert werden soll.

Der sechzigste Geburtstag ist in vielerlei Hinsicht ein bedeutungsvolles Datum. Zuallererst natürlich für das Geburtstagskind selbst. Man nähert sich mit Riesenschritten dem Tag, an dem man endlich Abschied nehmen kann von den Mühen und Anstrengungen des Erwerbslebens; wo man sich ein wenig stolz und zufrieden zurücklehnen kann und auf das Geschaffene schaut. Wo man gerne in einer ruhigen, besinnlichen Stunde Bilanz zieht für sich und alle die, für die man weiterhin Verantwortung zu tragen hat.

Zu deinem sechzigsten Geburtstag wollen wir diese Bilanz für dich ziehen. Wir möchten dir sagen, daß du allen Grund hast, zufrieden zurückzuschauen. Und wir möchten dir sagen, daß du keinen Grund hast, skeptisch nach vorne zu blicken. Dein Haus ist gut bestellt. Das sieht man ja schon daran, daß es heute förmlich überquillt von der Schar der Gratulanten, die gekommen sind, um mit dir diesen Tag gebührend zu feiern. Und daß sie alle gerne gekommen sind, könnte man, wenn man es ohnehin nicht wüßte, ganz einfach an den frohen Gesichtern sehen. In dieser fröhlichen, herzlichen Atmosphäre haben lange Reden keinen Platz. Auf deinen sechzigsten Geburtstag und noch viele gute Jahre – Prost!

Zum sechzigsten Geburtstag

Lieber … (Name des Geburtstagskindes)! Liebe Freunde! Verehrte Gäste!

Ein Bruder spricht

Die Pflichten unter den Geschwistern sind stets ungleich verteilt. Härter trifft es immer die älteren. Zuerst versuchen die Eltern, an ihnen ihre Erziehungsvorstellungen durchzusetzen. Alles, was da nicht klappt, was sich nach mehreren Anläufen als falsch und überflüssig erwiesen hat, bleibt den jüngeren erspart. Darüber hinaus aber haben die älteren Geschwister immer die Verantwortung für die Jüngeren. Ich hör's noch wie heute: „Kannst du denn nicht wenigstens darauf aufpassen, daß … nicht immer in den Matsch fällt?" Ältere Geschwister haben's schwer, von ganz jung bis zum reifen Alter. Die Jüngeren hängen ihnen wie ein Klotz am Bein: „Paß mal auf den Kleinen auf!" „Warum nimmst du den Kleinen nicht zum Spielen mit?" „Wenn du mit deiner Freundin schon ins Kino gehst, kannst du den Kleinen doch auch mitnehmen. Er stört doch nicht, oder?" Dieses „oder" war das vertrackteste Wort für den älteren Bruder. Natürlich hat „der Kleine" immer gestört, beim Spielen mit den Freunden, bei den Hausaufgaben, beim Rendezvous. Aber als älterer Bruder ist man ja abgerichtet worden, nichts zu sagen, den Matsch wieder abzuwaschen, die Rechenaufgaben nachzusehen, im Kino sich dann doch mit dem Film statt mit der ersten Freundin zu beschäftigen.

Aber irgendwann muß das alles einmal heraus. Und ich meine, daß der sechzigste Geburtstag eigentlich ein Tag ist, wo man alle diese Beschwerden endlich loswerden kann, ohne den jüngeren Geschwistern dabei noch auf die Zehen zu treten, denn nach einer so langen Zeit aufopfernder Zuneigung und Pflege zuerst durch die Eltern und dann durch die älteren Geschwister müßten auch die jüngeren Geschwister – vor allem aber die empfindlichen jüngeren Brüder – für die Alltagswahrheiten gerüstet sein.

Wenn unsere Eltern diesen schönen Tag noch hätten mit uns feiern können, dann hätten sie jetzt bestimmt zu mir gesagt: „Mußt du denn schon wieder so hart mit dem Jungen umspringen?“ Aber du weißt ja, wie's gemeint ist, lieber ...! Genauso wie die gute, lange Zeit, die wir zusammen verleben durften. Wir alle wünschen dir zu deinem heutigen sechzigsten Geburtstag alles Liebe und Gute, eine stabile Gesundheit und vor allem, daß dich niemals dein Humor im Stich läßt, der dir auch heute geholfen haben dürfte, die Geburtstagsrede deines älteren Bruders zu ertragen.

Lieber ..., Glück und Segen für die nächsten Jahrzehnte.

Zum sechzigsten Geburtstag

Ein Freund spricht

Liebe ... (Name des Geburtstagskindes)!

Deine Freunde wollen dir zum heutigen Geburtstag die herzlichsten Glückwünsche überbringen. Wir freuen uns, daß deine Gesundheit wieder soweit hergestellt ist, daß wir in vertrauter Runde hier zusammen feiern können. Denn dieses Jahr fing ja nicht so gut an für dich. Zuerst die Durchblutungsstörungen im rechten Bein und dann die verflixten Gallensteine. Zwei Eingriffe in einem Jahr sind nicht so ohne, und deshalb heißt unser erster und wichtigster Geburtstagswunsch an diesem Tag: Möge das nächste Jahrzehnt dich verschonen von allen körperlichen Beschwerden, von den großen und kleinen! Und daran schließt sich unser zweiter Wunsch an, der Wunsch nämlich, daß der Wettergott uns immer dann gnädig gesinnt sein möge, wenn wir zu unserer jetzt schon traditionellen Samstagswanderung aufbrechen.

Unser dritter Wunsch hängt mit dem Inhalt dieses Kartons zusammen. Er enthält, vielleicht hast du es ja schon erraten, als gemeinsames Geschenk von uns allen die Trachtenjacke, die du dir schon so lange für die Wanderungen gewünscht hast. Wir hoffen natürlich, daß dir diese Jacke auch wirklich gefällt. Und wir hoffen, daß sie dir noch viele Jahre gute Dienste leisten wird. Schließlich gibt es noch einen allerletzten Wunsch all deiner Freunde zu deinem heutigen Geburtstagsfest: Wir wünschen dir und uns, daß wir viele schöne Stunden zusammen in dieser vertrauten Runde verbringen und alle besonderen Feste gemeinsam feiern können. Und daß wir immer ganz bewußt und dankbar diese gemeinsame Zeit nutzen.

Zum Geburtstag einer älteren Freundin

Liebe ... (Name der Freundin)!

Dein heutiger Geburtstag führt einen großen Freundeskreis zusammen, und alle sind wir frohen Herzens gekommen.

Unsere Freundschaft, liebe ..., besteht nun schon seit vielen Jahren, und ich möchte dir heute einmal sagen, wie froh ich darüber bin. Du warst mir – wie auch sicher vielen deiner übrigen Freunde – immer ein Vorbild. Ich habe viel von dir gelernt. Über manche Schwierigkeiten hast du mir hinweggeholfen, und zwar weniger durch gute Ratschläge als vielmehr durch deine einfühlsame und verständnisvolle Art und deine stets aufrechte und unerschrockene Haltung. Deine Verwandten und Freunde werden mir bestätigen, daß du dieses Vorbild allen Menschen bietest, die mit dir zusammenkommen, und jeder ist bemüht, es dir gleichzutun, aber nur selten gelingt es uns. Und dennoch will keiner deinen positiven Einfluß missen. So ist auch verständlich, daß deine Freunde und Verwandten mit großer Liebe und Hochachtung an dir hängen. Und wer dein Freund ist, soll auch unser Freund sein.

Ein Geburtstag bringt neben der Freude, ein weiteres Jahr gesund und erfolgreich hinter sich gebracht zu haben, meist auch den kleinen Wermutstropfen mit sich, ein Jahr älter geworden zu sein. Bei dir allerdings hat man das Gefühl, du hättest nicht nur die Uhr angehalten, sondern sie zurückgedreht. Deine körperliche und geistige Aktivität ist bewundernswert, und manche Dreißigjährige könnte sich ein Beispiel daran nehmen. Deine vielseitigen Interessen gewähr leisten, daß du überall mitreden kannst.

Den vielen Glückwünschen, die dir heute schon überbracht worden sind, füge ich den Wunsch hinzu: Mögest du dir deine jugendliche Frische noch lange bewahren und in bester Gesundheit unsere liebevolle Freundin und geschätzte Beraterin bleiben.

Zum 65. Geburtstag

Ein Freund und Geschäftspartner spricht

Liebes Geburtstagskind!
Liebe Verwandte und Freunde dieses Hauses!

> *Wie wunderschön ist Gottes Erde*
> *und wert, darauf vergnügt zu sein.*
> *Drum will ich, bis ich Asche werde,*
> *mich dieser schönen Erde freun.*"

65 Jahre auf dieser schönen Erde zu sein, das ist schon Grund genug, den heutigen Tag festlich zu begehen. Ich will auf einen langen Rückblick verzichten, denn ich bin der Meinung, wir sind alle mit der Gegenwart genug beschäftigt.

Trotzdem sind solche Meilensteine, wie der 65. Geburtstag einer ist, immer ein Anlaß, sich selbst Rechenschaft abzulegen, wie wir ja auch im Geschäft unsere Bilanzen nicht allein für das so sehr geschätzte Finanzamt, sondern auch für unsere künftige Planung anfertigen. Und ich glaube, lieber ..., die Bilanz deines bisherigen Lebens zeigt ein durchaus erfreuliches Ergebnis.

Im Familienleben Harmonie, die Kinder haben sich entwickelt, wie es nicht besser sein könnte, die vielen kleinen Sorgen, die sie uns immer machen, sind längst vergessen (und schon die übernächste Generation wächst zu unserer großen Freude heran).

Geschäftliche Erfolge sind uns infolge deiner Tüchtigkeit und Initiative, vielleicht auch aufgrund unserer langjährigen „Berufsehe", immer treu geblieben und wurden zur Grundlage dafür, daß du dir ein Leben schaffen konntest, das deinen Wünschen und Neigungen entspricht. Einen Freundes- und Verwandtenkreis habt ihr euch schaffen können, und jeder fühlt sich bei euch wohl, wie auch ihr überall gern gesehene Gäste seid.

Besonders dankbar mußt du wohl dem Schicksal dafür sein, daß es dir und … eine so gute Gesundheit beschieden hat. Wenn man dich so ansieht, möchte man kaum glauben, daß du schon die 65 erreicht hast. Du hast ja aber auch ein Hobby, das dich jung erhält: Die Jagd, das Herumstreifen in Wald und Feld, die Verbundenheit mit der Natur, die Bewegung in frischer Luft, das alles hält dich jung und frisch und füllt die Kräfte wieder auf, die der Alltag fordert.

Wir alle wünschen dir weiterhin beste Gesundheit, alles andere kommt dann von selbst.

Zum 90. Geburtstag der Mutter

Liebe Mutter! Liebe Gäste!

Der Sohn spricht

Im Namen unserer lieben Mutter danke ich euch für euer Erscheinen und heiße euch recht herzlich willkommen.

Es war der besondere Wunsch unseres Geburtstagskindes, an ihrem heutigen Ehrentage wieder einmal alle ihre Lieben um sich zu haben, und so freut es uns besonders, daß auch unsere Berliner es einrichten konnten, mit uns zu feiern.

Liebe Mutter! Der 90. Geburtstag ist ein so seltenes Ereignis im Menschenleben, daß er wirklich gebührend gefeiert werden muß.

Daß du diesen Tag in einer solchen geistigen und körperlichen Frische erleben darfst, macht uns alle – und besonders deine Kinder – froh und glücklich.

Dabei warst du in diesen 90 Jahren keinesfalls auf Rosen gebettet. Die Härte, mit der dich das Leben anpackte, hat dich stark und widerstandsfähig gemacht, so daß du noch heute in der Lage bist, viele tägliche Pflichten selbst zu erledigen. Deine geistige Regsamkeit und dein Humor lassen dich an allem Anteil nehmen. Das ist erstaunlich, denn uns selbst fällt es manchmal schwer, Verständnis zu finden für den rasanten Fortschritt der Technik in unserem Land.

Schon mit neun Jahren mußtest du dir durch Gänse- und Kühehüten dein Brot beim Bauern selbst verdienen. Es war sicherlich ein hartes Brot, sonst wärest du nicht schon mit 14 Jahren nach Hamburg gekommen, um hier im Dienste verschiedener Häuser fleißig zu arbeiten, bis du dann unseren Vater kennenlerntest und bald für ihn eine eigene Familie und später für vier Kinder schaffen konntest.

Du warst uns immer eine zärtliche Mutter. Du wußtest uns die Augen zu öffnen für alles Schöne in der Natur und warst uns ein Vorbild an Fleiß, Sparsamkeit und Pflichterfüllung. Du hast viel entbehren müssen, um uns das Leben so schön wie möglich zu gestalten. Damals haben wir es als selbstverständlich empfunden, aber schon lange wissen wir um deine Aufopferungen und danken dir dafür. Besonders weiß ich, daß ich es dir zu verdanken habe, daß ich nach meiner Lehrzeit noch weiter zur Schule gehen durfte, was meinem Leben einen ganz anderen Verlauf gegeben hat.

So wünschen wir, daß du uns noch recht lange erhalten bleibst, daß du gesund bleibst und dir deine Rüstigkeit und deinen Frohsinn bewahrst.

So wollen wir alle auf dein Wohl anstoßen.

Zum Geburtstag der Großmutter

Liebe Oma!

Ansprache des Enkels

Innerhalb der ... (Zahl) Geburtstage, die wir Jahr für Jahr in unserem Familienkreise feiern, nimmt der deine eine ganz besondere Stellung ein. An diesem Tage versammelt sich die ganze Familie, um dich, die Ehefrau, Mutter, Großmutter und Tante, zu ehren, um gemeinsam mit dir ein paar schöne Stunden zu verbringen und um bei dieser Gelegenheit den Kontakt untereinander zu pflegen, weil sonst meist keine Gelegenheit dazu vorhanden ist. Aber es gibt noch einen weiteren Grund, warum gerade dein Geburtstag für uns alle eine besondere Bedeutung hat. Die jüngeren, also Vater und Mutter (Mama und Papa, Vati und Mutti), Onkel ... und Tante ..., und erst recht die noch jüngeren, also wir Enkel, spüren an diesem Tag ganz besonders deutlich, wie sehr deine ruhige, stille Art ein Zeichen für die große, erlebnisreiche Strecke Weges ist, die du in deinem Leben zurückgelegt hast. Wer über so viele Jahr hinaus, wie du es getan hast, Tag für Tag mitten im Kampf um das Glück seiner Familie gestanden hat, wer dabei den Lärm und das bedrohliche Geschrei der Welt immer und immer wieder hören mußte, der wird sich eines Tages danach sehnen, sich irgendwohin zurückziehen und seinen eigenen Gedanken nachhängen zu können. Diese Gedanken, liebe Oma, diese beglückende Ruhe, die von ihnen ausgeht, können nur die Folge davon sein, daß du in deinem langen und reichen Leben einen Schatz an Erfahrungen gesammelt hast, der dir heute verbietet, das Treiben von uns Jüngeren und weniger Erfahrenen so ernst und wichtig zu nehmen, wie wir es selbst tun. Du hast erleben müssen, wie Dinge von heute auf morgen ihren Wert verloren, wie Menschen innerhalb kürzester Zeit von den höchsten Höhen hinab in unbekannte Tiefen gestürzt wurden, wie sogar das Leben selbst binnen weniger Sekunden aufhörte zu sein. Jeder Tag, beinahe jede Minute hat dich jener Erkenntnis nähergebracht, daß unser Hetzen und Jagen, unsere Aufregung und unsere Angst um die materiellen Güter des Lebens, daß die Sorge, unser Glück mit einem Male aufgeben zu müssen, im Grunde niemals verhindern können, daß eines Tages ohnehin alles seine Bedeutung verliert. Wir alle kennen jenen seltsamen Ausdruck in deinen Augen, wenn wir so tun, als ob wir die Welt erobern könnten. Dein Blick verrät dann immer Erstaunen, Zweifel und Verständnis gleichzeitig. Gerade das Verständnis für die Probleme von uns Jüngeren aber ist es, das du dir nicht nur erhalten hast, sondern das sich von Jahr zu Jahr zu mehren scheint.

Auch das ist wohl die Frucht eines Lebens, das mit offenen Augen und mit immer aufnahmebereitem Herzen gelebt wurde. Laß mich dir zum Abschluß ein Gedicht von Hugo von Hofmannsthal vorlesen, in dem er über diese Dinge spricht:

Was ist die Welt? Ein ewiges Gedicht,
Daraus der Geist der Gottheit
strahlt und glüht,
Daraus der Wein der Weisheit schäumt und sprüht,
Daraus der Laut der Liebe zu uns spricht.

Und jedes Menschen wechselndes Gemüt,
Ein Strahl ist's, der aus dieser Sonne bricht,
Ein Vers, der sich an tausend andre flicht,
Der unbemerkt verhallt, verlischt, verblüht.

Und doch auch eine Welt für sich allein,
Voll süß-geheimer, nie vernommener Töne,
Begabt mit eigner, unentweihter Schöne,
Und keines andern Nachhall, Widerschein.
Und wenn du gar zu lesen drin verstündest,
Ein Buch, das du im Leben nicht ergründest.«

Du, liebe Oma, hast die Seiten dieses Buches umgeblättert und darin gelesen. Ergründet hast du es nicht, aber du kennst es besser als wir. Hilf uns deshalb, wenn du siehst, daß wir allein nicht weiterkommen.

Ein Altersjubilar hält eine Rede an seine Gäste

Verehrte Gäste!

Ich möchte euch allen zunächst ganz, ganz herzlich für euer Kommen danken, für die vielen netten Geschenke und die guten Wünsche zu meinem Geburtstag. Mein besonderer Gruß gilt der Vertreterin der Stadt, die im Auftrag des Bürgermeisters Glückwunsch und Weinpräsent überbracht hat.

Wenn man erst einmal 80 Jahre alt geworden ist, dann richten sich in einer solchen Stunde die Gedanken eher zurück. Nach vorne bleibt einem ja nicht mehr viel Zeit, auch wenn ich mich glücklicherweise – von den üblichen Wehwehchen einmal abgesehen – einer guten Gesundheit erfreue. Vielleicht ist das eine der Segnungen des Alters, daß man sich gelassener mit der Zukunft auseinandersetzen kann als ein junger Mensch. Nach einem so langen Leben hat man ja die Probleme der Vergangenheit erfolgreich bewältigt, und daran gemessen verlieren die Sorgen über die Zukunft ein wenig an Gewicht.

Meine Generation hat die Schrecken zweier Kriege miterleben müssen. Der erste Weltkrieg prägte meine frühe Kindheit. Beim zweiten mußte ich als Soldat so lange mitziehen, bis ich in Rußland schwer verwundet wurde. Da war nach dem langen Aufenthalt im Lazarett für mich zwar der Kampf an der Front zu Ende, aber ein anderer begann. Als Schwerbeschädigter war es nicht leicht, Familie und Beruf aufzubauen. Ohne die Hilfe und Unterstützung meiner lieben Frau wäre dies alles nicht gelungen.

So ist der heutige Tag ganz sicher der richtige Zeitpunkt, um dir, liebe … (Name der Ehefrau), Dank zu sagen für die vielen guten Jahre miteinander.

Laßt uns den heutigen Tag zusammen feiern in Dankbarkeit für die Vergangenheit. Und laßt uns wünschen, daß uns allen die Zukunft Erträgliches bringt, bis wir irgendwann abberufen werden. Und weil die wenige Zeit, die bleibt, zu kostbar ist, um sie mit vielen Reden zu verplempern, will ich jetzt schließen und Prost sagen. Auf unser Wohl!

Schule und Ausbildung

Zum Hauptschulabschluß

Lieber … (Name des Sohnes)!

Der Vater gratuliert

Heute hast du es geschafft. Dein letzter Schultag und ein Abgangszeugnis, das sich sehen lassen kann. Dies muß gefeiert werden, und deshalb sitzen wir heute abend hier auch in gemütlicher Runde zusammen.

Eine abgeschlossene Schulbildung ist immer die Voraussetzung für einen guten Beruf. Nun wissen wir alle, daß die schwierige Lage auf dem Arbeitsmarkt dazu geführt hat, daß viele Betriebe die Anforderungen an ihre Lehrlinge und Mitarbeiter verschärft haben. Wo früher ein Hauptschulabschluß reichte, wird heute die Mittlere Reife verlangt. Wo früher die Mittlere Reife verlangt wurde, braucht man heute schon das Abitur. Und wo dieses früher ausreichte, braucht man heute schon ein Studium.

Aber all das garantiert immer noch keinem, daß er überhaupt einen Arbeitsplatz erhält oder ihn auf Dauer behalten kann. Da ist die Initiative des einzelnen gefragt. Wichtig ist, daß man weiß, was man will, und das dann auch konsequent ansteuert. Und das ist dir, lieber …, bis zum heutigen Tag ja auch gut gelungen. Du hast dir schon als kleiner Junge den Maurerberuf ausgesucht. Ein Beruf, der in unserer Familie schon fast Tradition hat. Und du wußtest, daß Voraussetzung für eine gute Lehrstelle auch ein guter Schulabschluß sein würde.

Und nun hat beides geklappt. Die Firma … hat dir ja schon einen Lehrvertrag zugeschickt. Darauf kannst du stolz sein, denn gute Lehrstellen gibt's heute auch nicht mehr wie Sand am Meer.

Deshalb haben wir jetzt eigentlich zwei Gründe zum Feiern: der gute Abschluß und der gute Start ins Berufsleben. Zu beidem möchten wir dir heute abend ganz herzlich gratulieren und anstoßen auf deine erfolgreiche Zukunft.

Zum Realschulabschluß

Liebe … (Name der Absolventin)!

Die Patentante gratuliert

Jetzt kannst du endlich aufatmen. Den hart erarbeiteten Realschulabschluß in der Tasche, ein paar Wochen Ruhe und Ausspannung vor dir und die Aussicht, die Lehrstelle in der Kreissparkasse zu bekommen – das sind doch ein paar handfeste Gründe, zufrieden und optimistisch in die Zukunft zu schauen. Meinst du das nicht auch? Ich jedenfalls glaube, daß du heute auf dem Wege zum gewünschten Beruf eine der schwierigsten Etappen erfolgreich hinter dich gebracht hast. Dazu waren Fleiß und Energie nötig. Vielleicht auch ein bißchen Glück, aber ohne dieses geht ja überhaupt nichts im Leben. Außerdem, so sagt wenigstens das Sprichwort, hilft es immer dem Tüchtigen.

Du hast heute ein ganz wichtiges Dokument in die Hand bekommen. Das Zeugnis darüber, daß du erfolgreich eine qualifizierte Schulausbildung abgeschlossen hast, die dich befähigt, eine kaufmännische Spezialausbildung zu beginnen. Daß du sie auch durchhältst und erfolgreich abschließen wirst, daran habe ich überhaupt keinen Zweifel.

Dieser Schulabschluß ist Voraussetzung für die nun folgende Ausbildungszeit. Diese wiederum, erfolgreich abgeschlossen, wird ein solider Grundstock sein für deine künftige berufliche Existenz. Stück für Stück mußt du deine Qualifikation erweitern und sichern, denn die Konkurrenz in deinem Berufsfeld ist ja nicht klein.

Und sprechen wir es ruhig aus: Man mag es zu Recht beklagen und verurteilen, aber es läßt sich nicht leugnen – Frauen im Beruf müssen eben immer ein klein wenig besser und fixer sein, wenn sie die gleichen Chancen haben wollen wie die männliche Konkurrenz. Wie sehr dies in das Bewußtsein eingerückt ist, beweist allein der Spruch, in dem es heißt, im Beruf „seinen Mann zu stehen“.

Du wirst also, liebe …, um beim Klischee zu bleiben, auch als Frau im Beruf deinen Mann stehen müssen, um dich letztendlich durchsetzen zu können. Daß es dir in der Schule gelungen ist, als Jahrgangsbeste abzuschneiden, sollte dir auch in der nun folgenden Ausbildungszeit genügend Selbstvertrauen geben. Bis zu dieser Aufgabe bleiben dir ja glücklicherweise ein paar Wochen Atempause. Nutze sie gut, um abzuschalten und aufzutanken. Es wird auf lange Zeit die letzte Gelegenheit sein, die Freiheit ohne vorgegebene, abgezählte Urlaubstage zu genießen. Viel Spaß und viel Glück beim Start ins Berufsleben!

Zum bestandenen Abitur

Die Großmutter gratuliert

Mein lieber ... (Name des Abiturienten/der Abiturientin)!

Zum bestandenen Abitur möchten Großvater und ich dir von ganzem Herzen gratulieren. Wir sind stolz und glücklich, daß du die schweren Prüfungen alle mit Erfolg bestanden hast.

Heute muß ich ehrlich gestehen, daß ich manchmal dieses ganze neuartige System nur noch schwer verstanden habe. Im Laufe der Zeit habe ich mich zwar daran gewöhnt, daß die gute alte Oberstufe nun Sekundarstufe II oder Kollegstufe heißt. Ich habe mich daran gewöhnt, daß es keine normalen Fächer mehr gibt, sondern Leistungskurse und Grundkurse. Ich fand es aber kaum noch verständlich, daß es keinen normalen Stundenplan mehr gibt. Und schließlich, daß es statt der guten alten sechs Noten von „sehr gut" bis „ungenügend" nun plötzlich Punktzahlen von „Null" bis „Fünfzehn" gibt, die – so sagt man – viel genauer und gerechter die Leistungen eines Schülers bewerten sollen.

Mag sein, daß wir schon etwas altmodisch sind und deshalb die früheren klaren Regelungen und Aussagen bevorzugen, allein schon deshalb, weil sie übersichtlicher und verständlicher waren. Leichter ist das alles aber dadurch sicher nicht geworden. Denn wenn schon bei der Auswahl der Kurse und der Lehrer darauf geachtet werden muß, daß das abschließende Punktekonto einen möglichst hohen Stand aufweist, um überhaupt einen Studienplatz zu ergattern, dann hat das nur noch wenig mit unserem alten, ehrwürdigen Gymnasium zu tun.

Aber irgendwie hast du dich durch dieses Labyrinth nun erfolgreich durchgekämpft und dein Abitur bestanden. Vergessen wir heute also alle Kursverzeichnisse, Leistungsfächer, Makro-Lernziele und Teilpunkte ... und wie diese neuen Bezeichnungen noch alle heißen mögen. Wichtig ist, daß du dir damit die Voraussetzung geschaffen hast, studieren zu können.

Wir wissen, daß es nicht einfach ist, am gewünschten Ort den gewünschten Studienplatz zu erhalten. Zumal dann, wenn im angestrebten Fach die Zahl der Studienplätze bei weitem nicht ausreicht, um alle Bewerber zufriedenzustellen. Aber du sollst dich auf deinem Weg nicht irremachen lassen. Nutze die Zeit bis zum Studienbeginn intensiv. Vielleicht gelingt es dir, bevor du die weitere theoretische Ausbildung fortsetzen kannst, ein wenig praktische Erfahrung zu sammeln. Ein Praktikum in einem Betrieb wäre ja gerade für einen angehenden Betriebswirtschaftler eine hervorragende Vorbereitung und Ergänzung.

Zunächst aber sollst du dich ein wenig von den Strapazen der Prüfungszeit erholen. Du hast uns erzählt, daß ihr mit der Clique eine Radtour unternehmen wollt. Großvater und ich wollen zu den Reisekosten mit diesem Schein ein wenig beisteuern. Herzliche Gratulation zum bestandenen Abitur, lieber ..., und auch weiterhin viel Erfolg.

Rede anläßlich des bestandenen 1. juristischen Staatsexamens

Meine liebe ... (Name der Tochter)! Liebe Gäste!

Der Vater spricht

Der heutige Tag deines bestandenen Staatsexamens ist für dich, liebe ..., von entscheidender Bedeutung. Er zeigt, daß du in überdurchschnittlich kurzer Zeit mit einem guten Resultat durch das Examen gingst. Nun warten die Jahre als Referendarin auf dich, und du wirst dich danach entscheiden müssen, ob du in den Staatsdienst gehst oder den Weg der freien Juristerei wählen willst. Ich bin sehr glücklich darüber, daß du die Wahl zwischen diesen beiden Wegen noch nicht getroffen hast, denn die Referendarjahre, in denen du zum erstenmal mit der juristischen Praxis konfrontiert wirst, werden dir neue Erkenntnisse vermitteln, die du mit deinen eigenen Anlagen in Einklang bringen mußt. Das scheint mir der rechte Weg, in diesem so ehrenwerten und verantwortungsvollen Beruf das Bestmögliche zu leisten. So wie wir dich kennen, hast du das Jurastudium nicht aus der Überlegung heraus begonnen, eines Tages eine pensionsgesicherte Beamtin zu sein. Laß mich deshalb heute sagen – ich spreche zugleich im Namen deiner Mutter, deiner Geschwister und wohl auch der Gäste: Bleibe klar in deinen Entscheidungen und Anschauungen, dann kann nichts schiefgehen. Wir wünschen dir für die Zukunft alles Gute.

Zum bestandenen Ingenieurs-Diplom

Mein lieber … (Name des Sohnes)! Liebe Gäste!

Die Mutter gratuliert

So sonderlich froh waren weder dein Vater noch ich, als du dir plötzlich in den Kopf gesetzt hattest, Bergwerksingenieur zu werden. Wir dachten daran, daß du zunächst einmal eine harte Lehre unter Tage würdest durchstehen müssen, bevor dir der Weg zum Studium offenstehen würde. Wir dachten auch daran, wie lange es dauern wird, bis Du in Deinem Beruf arbeiten können wirst.

Du hast unsere anfänglichen Sorgen schnell zerstreut. Sorgen um deine Zukunft hatten wir schon nach kurzer Zeit nicht mehr. Was mich damals, wenn man so will, bedrückt hat, war die einfach nicht mehr sauber zu bekommende, ruß- und kohlengeschwärzte Unterwäsche!

Nun hast du es geschafft. Du hast nicht nur deinen Hauerbrief in der Tasche, der dich in einem der schwersten Berufe, die es gibt, als hervorragende Kraft ausweist, sondern hast auch das Studium auf der Bergakademie hinter dir, bist Bergreferendar geworden und hast deine Prüfung als Diplom-Ingenieur bestanden.

Lieber …, ich bin stolz auf dich. Für die Zukunft wünschen wir, deine Mutter und Geschwister, dir von Herzen alles Gute!

Anläßlich des Doktor-Examens

Meine liebe … (Name der Tochter)! Liebe Gäste!

Rede des Vaters

Heute ist ein entscheidender Tag für dich, du hast dein großes Ziel erreicht, und deshalb hoffe ich – vielleicht gesellschaftlich nicht ganz korrekt –, daß die Gäste Verständnis dafür haben, daß ich dich zuerst angesprochen habe. Vielleicht liegt darin auch etwas Vaterstolz.

Als gestern abend dein Telegramm kam mit dem lakonischen Text: „Es ist geschafft. …“, haben wir, deine Mutter und ich, lange nicht einschlafen können und immer wieder an die sieben Jahre denken müssen, die du studiert hast – und die nicht immer leicht waren.

Wir sind nicht so begütert, daß wir dir einen monatlich ausreichenden Scheck hätten schicken können, obwohl wir es gerne getan hätten. Du hast durch gute Leistungen immer wieder Stipendien erhalten und hast die Semesterferien genutzt, durch Arbeiten ein finanzielles Polster für die Studienmonate zu schaffen. Das nicht leicht erkaufte Studium macht uns ebenso stolz wie der erfolgreiche Abschluß.

Du gehst nun in den Beruf. Es wird wiederum einiger Jahre bedürfen, bis du nach den theoretischen Fähigkeiten, die du erworben hast, das notwendige praktische Wissen besitzt, das dich befähigen wird, zum Nutzen aller tätig zu sein. Der Weg wird mindestens ebenso schwer sein wie das Studium selbst, du wirst vielleicht mit Neid, Mißgunst und Intrigen zu kämpfen haben, das menschlich-berufliche Zusammenleben will ebenso erkämpft sein wie das fachliche Wissen. Lasse dich von dieser meiner eher negativen Zukunftsprognose, die ich gerade am heutigen Tage in deinem Interesse ausspreche, dennoch nicht abschrecken. Wir alle sind sicher, daß du auch diesen dritten Lebensabschnitt meistern wirst, und ich bitte euch alle, mit mir das Glas auf die Zukunft unserer Tochter zu leeren.

Rund ums Wohnen

Zum Richtfest

Liebe Handwerker! Liebe Gäste!

Die Ansprache des Bauherrn

Seit wir den ersten Spatenstich getan, ist einige Zeit vergangen. Was ist nicht alles seitdem geschehen! Wir haben über den Plänen gesessen, jeden Fortschritt verfolgt und gesehen, wie uns jeder aufgesetzte Stein dem Ziel näherbrachte. Bis ein Haus steht, gibt es viele Sorgen. Materialien wurden teurer, Krankheit raubte uns wertvolle Arbeitskraft, Regentage oder Frostzeiten verursachten Verzögerungen. Zum Schluß aber hat alles dank Ihres Einsatzes, liebe Handwerker, doch noch pünktlich geklappt. Sie haben mich oft auf der Baustelle gesehen. Vielleicht haben Sie zuerst gedacht: „Was will der denn so oft hier? Uns kontrollieren?" Aber ich hoffe, Sie haben schließlich in meinen häufigen Besuchen das Interesse gesehen, das ich Ihrer Arbeit und unserem Bau entgegenbringe. Wissen Sie, oft genug hat es mir in den Fingern gejuckt, mir die Jacke auszuziehen, die Ärmel hochzukrempeln, um mit anpacken zu können. Aber was sollte der Laie unter den Fachleuten? Erkennen Sie bitte in unserer Zusammenkunft und in der „Batterie" der Getränke und der Speisen ein Zeichen unserer Dankbarkeit für Ihre Arbeit.

Ein Haus ist fast vollendet. Das ist ein stolzer Anblick. Wir haben alles im Bilde festgehalten, damit wir uns später noch oft daran erinnern können, wenn dieses Haus schon lange seinen Zweck erfüllt, wenn es uns ein Heim geworden ist. Sie werden bald an eine neue Baustelle ziehen und Ihr Werk von vorne beginnen. Das ist Ihr Beruf. Ich finde, es ist ein wunderbarer Beruf, und ich habe bei meinen Besuchen auf der Baustelle vieles von Ihnen gelernt. Dem Architekten, der den Plan entworfen und bis ins kleinste durchdacht hat, den Handwerkern, die dem Ganzen mit viel Mühe Gestalt gegeben haben, widme ich das erste Glas. Allen zum Wohl!

Richtfest bei einem Fertighaus

Richtspruch

Überall – in unserem Leben -
heutzutage – pressiert es eben!
Und wahrhaft – wohin wir sehn –
soll noch alles schneller gehn!

So ist's auch beim Bau von heute!
Da soll so ein Wohngebäude,
wo man sonst doch gut und glatt
fast ein Jahr gemauert hat,
bei dem Jagen gegenwärtig
in drei Tagen fix und fertig
für den Bauherrn sauber schön
einfach zur Verfügung stehn!

Soll ein solches Werk gelingen,
muß man's Haus zum Bauplatz bringen,
vorgeplant und projektiert,
ja schon fertig fabriziert!
Daß man dann in kleiner Weile
die bestimmten Einzelteile
1 – 2 – 3 – zusammensteckt
und – im Nu – ist's Haus perfekt!

Hat dabei mit Bauhandwerker'
so nur ein paar Tage Ärger,
meint wohl schmunzelnd jedenfalls
mancher Bauherr heimlich als!

Dementsprechend – nicht vergessen
sei der Richtspruch kurz bemessen:

Her das Glas! – Der Spruch ist aus!
Scherben, bringet Glück dem Haus!

Zum Richtfest eines Fertighauses

Meine lieben Gäste! Liebe Männer vom Bau!

Der Bauherr spricht

Zunächst Ihnen, lieber Meister ..., herzlichen Dank für den Richtspruch. Ach wär's doch nur so gewesen, wie Sie es beschrieben haben:

„... Und – im Nu – ist's Haus perfekt."

Daß es nicht so war, lag ja nicht an den hier tätigen Handwerkern. Unser heiliger Bürokratius hatte halt so seine liebe Müh und Not, den ausgefallenen Wunsch eines Bauwilligen erfüllen zu helfen, der ausgerechnet nach einem Fertighaus in einer ansonsten nach herkömmlicher Art gebauten Siedlung verlangte.

Manchmal, wenn die Formulare immer noch nicht ausreichten und zur angeforderten Erklärung nach DIN-Vorschrift X noch das Zusatzschreiben zur Y-Norm fehlte, habe ich mich gefragt, warum um Gottes willen haben wir uns nur für ein Fertighaus entschieden?

Aber endlich war es soweit. Das Fundament stand, und wir warteten sehnsüchtig auf den Tag, wo die ersten Montagewagen mit den Handwerkertrupps vorfahren sollten. Dieser Augenblick war für uns Laien allerdings nicht gerade ermutigend. Wir kannten zwar das fertige Abbild unseres künftigen Hauses aus dem Prospekt und vom Musterbau her. Wir konnten uns allerdings nicht vorstellen, daß aus diesem Wust von Wandteilen, Brettern, Balken, Platten, Leisten, Schrauben und Dübeln so schnell dieses Haus herauswachsen würde, dessen Richtfest wir bereits heute mit Ihnen hier feiern können.

In Ihrem Richtspruch, lieber Meister ..., klingt – wenn ich es richtig herausgehört habe – ein wenig Wehmut mit über die Art und Weise, wie man heute baut: rationell und schnell. So schnell jedenfalls, daß der beschäftigte Handwerker überhaupt kein Verhältnis mehr zu „seinem" Haus findet. Wo er sonst fast ein ganzes Jahr lang Tag für Tag und Stein für Stein seine Arbeit der Vollendung entgegenwachsen sah, erfolgt heute die Endmontage der vorfabrizierten Einzelteile in wenigen Tagen oder Wochen.

Der Wandel in unserer hochtechnisierten Umwelt hat eben auch vor dem altehrwürdigen Bauhandwerk nicht haltgemacht. Das soll aber nun beileibe nicht heißen, daß dadurch altes Brauchtum zu kurz kommen soll. Unser Richtfest wird wie eh und je gefeiert. Ich darf Sie daher alle sehr herzlich einladen, tüchtig zuzugreifen und jetzt mit uns einen ersten kräftigen Schluck auf die bisher geleistete Arbeit zu trinken:

„Zimmerleute sollen leben -
und die Maurer auch daneben,
die da bauen Kirch und Haus.
Steckt der Kranz erst auf der Spitze,
schwenken wir den Hut, die Mütze,
halten einen frohen Schmaus!"

Sehr geehrte Familie ... (Name der Bauherrn)!
Liebe Kollegen!

Ein Handwerksmeister antwortet

Zunächst darf ich Ihnen, sehr geehrte Familie ..., auch im Namen aller Kollegen herzlich danken für die Einladung zum zünftigen Richtschmaus. Alles ist gut und reichlich vorhanden, so wie's der alte Brauch verlangt. Ich weiß, daß hin und wieder Bauherren versucht haben, ein fälliges Richtfest durch einen Geldbetrag für jeden der Bauleute abzugelten. Ich weiß auch, daß manche Berufskollegen hier lieber kassiert haben, als überkommenes, zünftiges Brauchtum fortzuführen.

Die Einladung zu einem Richtfest bedeutet aber kein Almosen oder Trinkgeld für die Leute vom Bau. Dazu sind wir Bauleute auf unseren Beruf und unsere Leistung viel zu stolz. Ein Richtfest ist von alter Tradition her die gemeinsame Feier von Handwerkern und Bauherrn aus Freude, daß der erste Bauabschnitt, die Errichtung des Rohbaus, gut und reibungslos verlaufen ist.

Deshalb freuen wir uns, daß Sie, sehr geehrte Familie ..., auch bei der Errichtung eines Fertighauses diesen alten Brauch nicht vergessen haben.

Der Sprecher der Handwerkerschaft auf dem heutigen Richtfest hat zu danken: Dank allen Kollegen, die gut und friedlich zusammengearbeitet haben. Dank dem Architekten und Bauleiter, Herrn …, daß durch gute Vorarbeit und Planung kein Leerlauf entstanden ist und alles da war, wenn es gebraucht wurde. Bis auf den Biernachschub, der nach unserem Geschmack manchmal etwas zu zäh anrollte. Dank vor allem aber unseren Bauherren, den Gastgebern am heutigen Abend.

„… Und jetzt nach altem Zimmermannsbrauch
erheb ich das Glas und bitte auch,
daß alle zum Richtfest Versammelten hier
im Geiste und Wunsch einstimmen mit mir:
Unser verehrter Bauherr
und alle Bauleute ringsumher,
durch deren emsiges Bemühen
der Bau so trefflich ist gediehen,
sie mögen leben Hoch! Hoch! Hoch!“

Rede zum Richtfest im engsten Familienkreis

Liebe … (Name der Ehefrau)! Liebe Kinder!
Liebe Handwerker und Helfer!

Endlich sind wir der Verwirklichung unseres langgehegten Wunsches ein ganz wesentliches Stück nähergekommen. Nach vielen Mühen und Entbehrungen können wir heute Richtfest feiern für unser Häuschen im Grünen.

Noch lange ist ja nicht alles fertig, und bis zum ersehnten Einzug wird es wohl noch einige Monate dauern. Aber was sind schon ein paar Monate im Vergleich zu den vielen Jahren, in denen wir zuerst geträumt haben, dann gerechnet und schließlich konkret geplant.

Es war nicht leicht, dieses Ziel zu erreichen. Da es uns nicht anders ging als den vielen anderen Bauwilligen, mußte an allen Ecken und Kanten gespart werden. Allein die Finanzierung hat uns so manche schlaflose Nacht bereitet.

Wir haben es schließlich geschafft, indem wir durch Selbsthilfe das erforderliche Eigenkapital aufgestockt haben. Da die Banken diesen „Finanzierungsersatz" erst dann anerkennen, wenn die Selbstbeteiligung auch tatsächlich nachgewiesen werden kann, waren wir auf das Entgegenkommen unseres Architekten, Herrn ..., und der Rohbaufirma ... angewiesen.

Das mit der Bauleitplanung hat ja unter der fürsorglichen Rückendeckung und dem tatkräftigen Rat unseres Herrn ... insgesamt gesehen eigentlich ganz gut geklappt.

Ob die Firma ... indessen mit den Leistungen aller Familienmitglieder als Bauhilfskräften immer zufrieden sein konnte, weiß ich nicht so sicher. Ernsthafte Störungen im reibungslosen Betriebsablauf hat es aber nie gegeben.

Grund genug, heute stolz und zufrieden auf den bis hierhin gemeinsam zurückgelegten Weg zu schauen. Anlaß aber auch, einmal für ein paar gemütliche Stunden abzuschalten und auszuruhen vom Streß der Doppelbelastung am Arbeitsplatz und an der Baustelle. Solche zusätzlichen Belastungen trägt man aber gerne, wenn man schon recht schnell – so wie wir heute am Richtfest – über dem voll gelungenen Ergebnis die vorhergegangenen Strapazen vergessen kann.

Laßt uns heute, liebe Familie, im Kreise unserer fleißigen Handwerker und Helfer am Bau ein wenig stolz das Erreichte feiern. Ich hoffe, daß unsere kleine Feier Sie ein wenig für die viele Arbeit und Mühe entschädigen kann, und heiße Sie noch einmal herzlich willkommen. Mein erstes Glas auf Ihr Wohl und Ihre Gesundheit: Prosit!

Rede vor dem ganzen privaten Helferkreis

Liebe Freunde!

Der Bauherr spricht

Alle fleißigen Helfer darf ich heute auf unserer zünftigen Richtfestfeier im „Hirschen" ganz herzlich begrüßen. Wir wollen euch mit dieser Einladung unseren bescheidenen Dank für eure uneigennützige und tatkräftige Hilfe in den vergangenen Wochen und Monaten aussprechen.

... (Name der Ehefrau) und auch ich wissen aber, daß wir damit längst nicht alles wieder gutmachen können, was ihr für uns getan habt. Euer Rat und eure Hilfe bis zum heutigen Tag haben uns dem ersehnten Ziel eines eigenen Hauses ein gutes Stück nähergebracht.

Eigentlich noch viel mehr: Ohne eure Hilfe wäre es uns vielleicht gar nicht gelungen, ganz sicher aber sehr viel schwerer gefallen, ein solches Projekt überhaupt erst in Angriff zu nehmen. Wo das Geld knapp ist – wie bei uns allen –, ist man auf die Hilfe jedes einzelnen Verwandten, Freundes und Bekannten angewiesen.

Aber das ist manchmal schneller gesagt als getan. Jeder von uns hat einen Beruf, der ihn einen ganzen Arbeitstag lang ausfüllt und belastet. Sich danach einen Ruck zu geben, an der Baustelle freiwillige Überstunden zu leisten oder am Wochenende die notwendige Erholung einer strapaziösen, weil meist ungewohnten, harten körperlichen Arbeit zu opfern, ist eigentlich schon viel zuviel, wenn man es sich selbst abfordern will oder muß. Wieviel mehr bedeutet es aber, wenn man diese zusätzlichen Strapazen auch noch freiwillig für andere übernimmt?

Ihr habt uns kräftig geholfen. Ihr wart immer da, wenn plötzlich Not am Manne war. Auch dann zum Beispiel, als wir bis zu den Knien im Matsch steckend schnell den verspätet angekommenen Wagen mit Baumaterial abladen mußten. Erinnert ihr euch noch?

Heute ist der Rohbau fertig. Noch ein paar Monate, und wir können euch bei der Einweihungsparty als frischgebakkene Hausherren begrüßen. Bis dorthin wird es sicher noch einige Anstrengungen und Aufregungen geben. Aber ich bin sicher, daß wir sie wie die zurückliegenden meistern werden. Nicht zuletzt deshalb, weil ich weiß, daß ihr auch künftig zu uns steht. Es gibt kein besseres Gefühl in hektischen und schwierigen Tagen als das Bewußtsein, verläßliche Freunde um sich zu haben.

Hierauf wollen wir heute anstoßen, auf unsere Freundschaft und die gelungene Arbeit. Wer so hart arbeiten muß, darf auch tüchtig feiern. Ich wünsche Guten Appetit, aber zunächst Prosit, Prosit auf unser aller Wohl!

Richtfest eines Fachwerkhauses

Liebe Bauleute! Liebe Freunde! Verehrte Gäste!

Der Bauherr spricht

Heute ist es endlich soweit: Wir begehen das Richtfest für unser neues, altes Fachwerkhaus. Schmuck sieht es wieder aus, unser fast 300 Jahre altes Haus. Und keiner, der es heute sieht, kann so richtig abschätzen, wieviel Arbeit, Mut, Kunstfertigkeit und schließlich auch Geld nötig waren, um dieses für die Ortsbaugeschichte so interessante Haus vor der völligen Zerstörung zu bewahren.

Als uns vor einigen Jahren dieses alte Fachwerkhaus für relativ wenig Geld zum Kauf angeboten wurde, ahnten wir zwar wenig von den Abenteuern, die uns noch erwarten würden. Aber das Stadtplanungsamt, als dessen Vertreter wir heute unseren Herrn … sehr herzlich hier willkommen heißen, hat uns Mut gemacht und uns zugesagt, daß wir jederzeit auf den sachverständigen Rat und die Hilfe aller Baufachleute der Stadt zurückgreifen könnten, wenn – wie man so schön sagt – Not am Manne wäre. Alle diese ursprünglichen Zusagen sind eingehalten worden, ja, mehr als das. Aus dem Sonderfinanzierungsprogramm „Sanierung Altstadt" wurde uns ein Zuschuß gewährt, der doch eine spürbare Entlastung des arg strapazierten Familienbudgets bedeutete. Rat, Hilfe und Zuschuß – alles dies haben wir gut gebrauchen können, um die historische Substanz dieses Hauses zu retten, gleichzeitig aber das Bauwerk so zu gestalten, daß es nach dem Abbau und der originalgetreuen Wiedererrichtung der Außenmauern modernen Wohnanforderungen genügen würde. Wer den fertigen Rohbau heute sieht, ahnt vielleicht, wieviel handwerkliches Können, Fleiß, Einfallsreichtum und Improvisationstalent notwendig waren, um dieses Haus in seinem straßenbildprägenden Charakter zu erhalten.

Daß es den beteiligten Bauleuten und Firmen hier nicht nur einfach um die Abwicklung eines üblichen Auftrags gegangen ist, beweist die liebevolle Sorgfalt, mit der manche der äußerst kniffligen Arbeiten hier am Haus ausgeführt worden sind. Dies ist um so mehr zu würdigen, als es sicherlich in manchen Bereichen für die Handwerker auch Neuland zu betreten galt. Ich denke hier insbesondere an das Ausmauern und Verputzen der Gefache und den Versuch, die ursprünglich wohl vorhandene Naturschieferdeckung des Dachs in etwa wieder zu rekonstruieren.

„Und so vereint, ließ man's erstehn,
wie früher es gewesen,
viel Handarbeit ist dran zu sehn
und Balken auserlesen.

Von schwerem, alten Eichenholz,
man könnt schier neidisch werden!
Wer macht uns wieder jung und stolz,
wenn wir gebrechlich werden?

Weil alles nach alter Weis' gebaut,
hat's lang gebraucht,
geübte Fachkräfte waren rar,
auch hat's uns recht geschlaucht.

Zum Richtfest sind wir jetzt vereint
und denken still der Alten,
die hier gebaut und hier gewohnt,
mög' Gott in Gnaden walten!

Und wieder durch der Zeiten Lauf
mög' er dies Haus bewahren,
er wende ab von diesem Haus
stets drohende Gefahren!"

Heute feiern wir Richtfest in der ... (Straßenname und Hausnummer). Ein Grund für mich, allen am Bau Beteiligten, auch im Namen meiner Familie, Dank zu sagen für die geleistete Arbeit und das lobenswerte Engagement.

Ich glaube, wir alle haben heute genügend Anlaß, auf das bisher Erreichte stolz zu schauen und uns ein paar gemütliche Stunden beim anschließenden Richtfest zu gönnen, zu dem ich Sie jetzt herzlich einladen darf.

Richtfest-Sprüche

Auf dem Dach der grüne Kranz
krönt, was wir geschafft.
Und des neuen Hauses Glanz
zeigt der Arbeit Kraft.
Denn beim Schaffen, Mann für Mann,
taten wir das Beste.
Und beim heut'gen Feste
feiern wir, was wir getan.

Dieses Haus sei gegen Not
immerdar gefeit.
Sei von keinem Sturm bedroht
jetzt und allezeit!

Gott schütz' dies Haus stets vor Gefahr
und schütze seinen Herrn.
Es stehe sicher Jahr um Jahr
und halt' die Sorgen fern.
Der grüne Kranz sei ein Symbol
für uns'res Bauherrn Glück,
das in dem Hause wohnen soll
in jedem Augenblick!

Mit Kelle und Mörtel, mit Hammer und Kraft
haben wir unsere Arbeit geschafft.
Nun steht das Haus fertig und ist bald bereit.
Heut wird schon zum Richtfest das Dach geweiht.
Wir wünschen dem Hausherrn ein frohes Gedeihn,
die Hausfrau soll immer zufrieden hier sein.
Die Kinder sollen recht munter leben -
darauf wollen wir unsere Gläser heben!

Einweihung einer Eigentumswohnung

Liebe Freunde!

Der Gastgeber spricht

Vor nicht allzu langer Zeit haben hier, wo diese Siedlung jetzt steht, noch Kühe geweidet. Als wir uns zum Kauf dieser Eigentumswohnung entschlossen haben, existierte sie erst auf dem Papier. Sie war ein Traum, den wir manche Nacht geträumt haben. Dann endlich wurde er Wirklichkeit, und wir konnten das Wachsen Stein um Stein beobachten, für uns ein beliebtes Feierabendvergnügen und ein gerngesehenes Wochenendprogramm. Wir kennen auf Grund unserer vielen Besuche hier fast jeden Stein, jede Leiste und jedes Rohr. Diese Art von Freizeitgestaltung war übrigens auch in anderer Weise für uns vorteilhaft. Sie hat uns nämlich geholfen, das Portemonnaie fester geschlossen zu halten und nicht so häufig Kino, Theater und Kneipen zu besuchen. So brachten wir die beträchtliche Anzahlung für die Wohnung doch schneller zusammen als gedacht. Schließlich wurde der Bau vollendet. Könnt ihr uns nachfühlen, daß der Tag des Einzugs jedes Weihnachtsfest für uns in den Schatten stellte? Ich weiß, daß einige unter uns noch auf diesen Augenblick warten. Wir, die wir am Ziel sind, drücken für sie fest die Daumen.

Wenn ihr schnuppert, werdet ihr den Tapetenkleister noch riechen, die Lackfarbe, den Geruch neuer Möbel und anderer Gegenstände. In früherer Zeit hat man bekanntlich länger gewartet, bis man in einen Neubau einzog. Es wird uns wohl keiner verdenken, daß wir die eigenen vier Wände im Sturm genommen haben. Wir ihr seht, ist noch nicht alles an seinem Platz. Das soll kein Grund sein, unsere kleine Feier nicht schon jetzt abzuhalten. In diesen Räumen, in denen noch vor kurzem Sägen kreischten, Hämmer schlugen und Meißel klapperten, möchte ich nun mit einem anderen Geräusch die Einweihung vollziehen. Der Knall des Sektkorkens soll anzeigen, es ist soweit. Wir freuen uns, daß ihr gekommen seid. Kommt oft wieder!

Trauerreden

Zum Tode der Schwester

Lieber … (Name des Schwagers)! Liebe Kinder!

Der Bruder spricht

Irgendwie kann ich es immer noch nicht fassen. Unsere liebe … (Name der Verstorbenen) ist tot.

Dabei haben wir alle die ganze Zeit über mit ihr gehofft, daß sie den Kampf gegen ihre Krankheit doch noch gewinnen könnte. Und sie hat ja auch, jedesmal wenn wir sie besuchten, voller Hoffnung und Überzeugung davon erzählt, daß sie schon bald wieder zu Hause sein werde.

Manchmal frage ich mich, ob sie uns eigentlich damit nur ein wenig trösten wollte. Ich weiß es nicht.

Aber ich weiß, daß der behandelnde Arzt schon nach der ersten schweren Operation nur noch wenig Hoffnung hatte. Der plötzliche Tod durch eine Embolie habe ihr aber sehr viel erspart, hat mir der Arzt gestern nachmittag gesagt.

Und deshalb sollten wir bei allem Schmerz und aller Trauer doch wenigstens dankbar sein dafür, daß ihr eine lange, schmerzvolle Leidenszeit erspart wurde.

Nur 48 Jahre alt ist … geworden. 48 Jahre, von denen sie über die Hälfte in rastlosem Einsatz für ihre geliebte Familie sorgte und rackerte. Ihr Mann und ihre Kinder waren ihr ganzer Lebensinhalt, und nichts war ihr zu mühsam, damit es allen gutging. Aus Liebe und Sorge um die anderen hat sie wohl sich selbst am meisten vergessen und die Vorzeichen der Krankheit nicht wahrgenommen.

Manchmal habe ich versucht, ihr das ganz vorsichtig zu sagen, so wie es vielleicht der ältere Bruder einmal sagen darf. Aber davon wollte sie nichts hören.

Und so war es wahrscheinlich viel zu spät, als sie endlich zum Arzt ging, nachdem die Schmerzen so groß geworden waren, daß sie sie nicht mehr ertragen konnte. Aber auch darüber hat sie erst gesprochen, als es gar nicht mehr anders ging.

Selbst in dieser Zeit wollte sie alle schonen und schützen, die sie liebte und die ihr nahestanden.

Uns bleibt in dieser schweren Zeit vor allem eines: so zusammenzuhalten und füreinander einzustehen, wie sie es uns ihr ganzes Leben lang vorgelebt hat. Unsere liebe ... wird uns sehr fehlen. Aber in unserer Erinnerung wird sie weiterleben mit ihrer Liebe, ihrer Fürsorge und ihrer großen Menschlichkeit. Ihr Leben für andere soll uns stets aufs neue erinnern und verpflichten.

Zum Tode der Großmutter

Der Enkel spricht

Ihr Lieben!

Unsere Oma ist gestorben.

Noch vor einem guten halben Jahr haben wir alle ganz stolz und vergnügt ihren 84. Geburtstag gefeiert. Und keiner, der sie nicht näher kannte, hätte ihr damals die „84“ geglaubt, so munter hat sie noch mitgefeiert.

Aber nun hat sie vor fast fünf Wochen den zweiten Schlaganfall bekommen. Zuerst haben wir alle geglaubt, daß sie sich vielleicht doch wieder so schnell erholen würde wie nach dem ersten vor fast 10 Jahren. Aber die Ärzte haben uns eigentlich von Anfang an keine Hoffnung mehr machen wollen. Es wäre schon fast ein Wunder, haben sie gesagt, daß sie überhaupt noch lebe.

Und so hatten wir alle gerade noch Zeit, sie zu besuchen. Ich weiß nicht, ob ihr es genauso erlebt und empfunden habt wie ich. Sie konnte sich ja nun nicht mehr bewegen und auch nicht mehr sprechen. Aber jedes Mal, wenn ich bei ihr war und ihre Hand hielt, hatte ich das Gefühl, daß sie mich erkannte. Daß sie froh war, wenn jemand bei ihr war. Und ich glaube, es war gut, daß alle sie noch einmal besucht haben. Denn so hatte sie es sich früher immer gewünscht.

Vorgestern ist sie nachts ganz friedlich eingeschlafen. Wir alle haben sie liebgehabt und sind sehr traurig, daß sie nicht mehr da ist. Aber wir hatten viel Zeit, mit unserer Oma zu leben und zu reden und auch, von ihr Abschied zu nehmen.

Denn wir haben sie in ihren letzten Stunden nicht allein gelassen.

Für die schöne lange Zeit und die kurze, schwere, aber für uns alle letztlich doch sehr bewußte Zeit des Abschiednehmens sollten wir dennoch froh und dankbar sein.

Morgen werden wir unserer Oma auf dem Friedhof das letzte Geleit geben. Ihre Grabstätte wird – so wollte sie es – neben der von Opa liegen, der ja schon fast zwanzig Jahre tot ist. „Dann holen wir eben die ganze Zeit später wieder nach", hat Oma manchmal gesagt, wenn sie von dem so frühen Tod ihres Mannes erzählte. Weil sie in ihrer christlichen Überzeugung ganz fest daran glaubte, daß mit dem Tode eben nicht alles zu Ende ist. Unsere liebe, gute Oma ist tot. Aber in unserem Gedächtnis wird sie weiterleben. Da bin ich mir ganz sicher.

Gedenkrede auf einen Verstorbenen

Meine Lieben!

Dunkle Schatten liegen über unserem Beisammensein. Unser lieber … ist nicht mehr unter uns, obwohl es manchem so scheinen mag, als säße er noch dabei und spreche zu uns. Es heißt, daß die Zeit alle Wunden heile und den Schmerz vergessen mache. Die Zeit jedoch, die seit dem Heimgange unseres lieben … vergangen ist, hat keine heilende Wirkung auf unsere Herzen auszuüben vermocht. Aber es gibt, gottlob, einen Trost für uns. Wir wissen, daß … nun in Frieden ausruht von seinem arbeitsreichen Leben und der Fürsorge für die Seinen, und diesen Frieden gönnen wir ihm von Herzen!

Liebe, verehrte Anwesende!

Ein Gast ergreift das Wort

Unbarmherzig hat das Schicksal hineingegriffen in unsere Mitte. Der liebste und heiterste Mensch, der treueste Freund, den wir je besaßen, wurde uns durch einen

Unfall entrissen. Die Lücke, die er hinterlassen hat, wird sich niemals schließen. In dieser vertrauten Umgebung werden wir stets an ihn erinnert. Wir geben uns ganz dieser Erinnerung hin, denn, wenn sie auch schmerzlich ist, so läßt sie doch unseren ... aufleben, als sei er niemals von uns gegangen. Wir wollen uns darum im gemeinsamen Gedenken an den Verstorbenen noch fester zusammenschließen, als dies bisher der Fall war. Wir wollen einander mit der Liebe begegnen, die wir unserem ... nicht mehr geben können!

Für einen toten Freund im engsten Kreise

Liebe ... (Name der Witwe)! Liebe Freunde!

Unser ... (Name des Verstorbenen) wußte, als er vor wenigen Tagen das Krankenhaus verließ, daß ihm nicht mehr viel Zeit verblieb. Er hat diese Zeit bis zur letzten Stunde genutzt. Er wollte noch alles so regeln, wie er es vor seiner unheilbaren Krankheit bereits geplant hatte. Vor allem hat er uns, seine Freunde, gebeten, seinen Angehörigen eine große Trauerfeier zu ersparen: keine offiziellen Reden, keine Trauerkleidung, keine Kränze und Blumen. Er hat dabei an uns alle gedacht, wie er es auch tat, als er noch lebte. Wir wollen daraus lernen.

In Würde zu leben ist schwer, in Würde zu sterben beispielhaft. Er hat beides verstanden.

Im Beruf

Wenn eine Firma sich erweitert, ein neues Gebäude einweiht oder anläßlich des 25. Jubiläums zu einer Feier lädt, werden eigentlich immer Ansprachen gehalten. Zur jährlichen Betriebsfeier wird es sich kein Betriebsinhaber oder Vorgesetzter nehmen lassen, über die Zukunft des Unternehmens zu referieren. Auch die Einstellung und Freisprechung von Auszubildenden oder eine Meisterfeier sind Veranstaltungen, bei denen Reden vorgetragen werden. In einem kleineren Rahmen werden Geburtstagskinder gewürdigt und langjährige Mitarbeiterinnen und Mitarbeiter geehrt. Auch Kolleginnen und Kollegen, die in den Ruhestand treten, werden meist feierlich verabschiedet. Und bei Trauerfällen wird erwartet, daß einer aus dem Kreis der Kollegen oder der Vorgesetzte ein paar Worte spricht.

Anlässe im Betrieb

Geschäftserweiterung

Sehr verehrte Damen und Herren!
Liebe Mitarbeiterinnen und Mitarbeiter!

Der Inhaber spricht

Als hier Anfang der 50er Jahre unser neu erstandenes Geschäftshaus auf den Trümmern des alten, dem Kriege zum Opfer gefallenen Gebäudes errichtet wurde, dachte niemand von uns bei der Einweihung daran, daß einmal die Verkaufsräume unserer Firma nicht mehr den Ansprüchen genügen würden. Über Erwarten schnell hat sich unsere Firma zu einem Großunternehmen entwickelt und sich am Markt einen guten Namen erworben. Deshalb war es eigentlich nur eine Frage der Zeit, wann die Pläne für eine Vergrößerung unserer Geschäftsräume in Angriff genommen werden mußten. Von den Sorgen und Mühen um den Bau des alten Hauptgebäudes wissen heute nur noch wenige aus unserer Firma etwas: wie schwer es war, Baumaterial und Einrichtung zu beschaffen, wie schwer es war, die Finanzierung sicherzustellen, und wie groß die Zweifel waren, ob und wie wir überhaupt am Markt bestehen könnten. Unsere kühnsten Hoffnungen von damals haben sich erfüllt. Voller Stolz können wir nun die Erweiterung unserer Geschäfts- und Arbeitsräume in froher Runde begehen. Ich möchte hier mit Dankbarkeit noch einmal der vorbildlichen Zusammenarbeit aller damit Beauftragten gedenken. Nicht nur dem Architekten, der Bauleitung und den Bauarbeitern danke ich, sondern auch Ihnen, die Sie in den Zeiten der räumlichen Enge am Arbeitsplatz, aber auch in den Zeiten des Um- und Ausbaus viele sicherlich oft nicht leichte Situationen mit Humor und Fassung getragen haben.

Herr …, der für die Hausverwaltung verantwortlich ist, muß hier besonders lobend erwähnt werden. Er hat für eine reibungslose Zusammenarbeit gesorgt; ihm dafür zu danken ist mir ein Bedürfnis.

Lassen Sie mich heute bei dieser Gelegenheit noch kurz auf die Aufgaben eingehen, die in den nächsten Monaten auf uns zukommen. Unsere Stellung am Markt, unsere Kontakte zu Lieferanten und Kunden müssen täglich neu erobert und verteidigt werden. Die Konkurrenz schläft nicht, der Absatz ist wegen der konjunkturellen Lage nicht mit den von uns in den Vorjahren gewohnten Zuwachsraten auszudehnen. Deshalb möchte ich Sie heute alle bitten, sich auch in Zukunft wie in den vergangenen Jahren aktiv für die Ziele unserer Firma einzusetzen. Die hohen Investitionskosten für diesen Erweiterungsbau sind ein Wechsel auf die Zukunft, den wir einlösen müssen.

Heute aber soll der Frohsinn zu seinem Recht kommen. Ich wünsche allen recht schöne Stunden und fordere die Jungen unter uns und die sich jung fühlen auf, recht eifrig das Tanzbein zu schwingen. Ich erhebe mein Glas und trinke auf den Erfolg und auf das weitere Wachsen unseres Unternehmens. Auf Ihr Wohl, meine Damen und Herren!

Einweihung eines neuen Gebäudes eines größeren Unternehmens

Verehrte Festgemeinde!

Der Unternehmer spricht

Dank allen, die an der Errichtung des vor uns stehenden Gebäudes beteiligt waren! Es ist für mich ein eigentümliches Gefühl, hier von dieser Stelle aus den Blick auf eine Fabrikationshalle zu lenken, die vor gut einem Jahr noch nicht vorhanden war, die auf einem Boden steht, der vor so kurzer Zeit noch von grünem Rasen bewachsen war.

Daß wir hier und heute einen weiteren Zweig unseres Unternehmens in Betrieb nehmen können, ist unser aller Verdienst. Durch Ihre verantwortungsvolle Arbeit entstand hier ein hochmodernes Werk. Ihr Können hat es bewerkstelligt, daß nicht nur der Bautermin eingehalten, sondern auch sämtliche Maschinen aufgestellt werden konnten.

Durch die Planung unserer Betriebsdirektion, die jeden einzelnen, der eine Maschine bedienen wird, in den letzten Monaten zur Ausbildung in befreundete Betriebe geschickt hat, ist es gewährleistet, daß am Montag die Produktion anlaufen kann.

Das ist ein Erfolg, auf den wir alle stolz sind. Die Betriebsleitung hat sich entschlossen, für die Übergangszeit von drei Monaten, in der vielleicht noch nicht das wünschenswerte Resultat erzielt wird, eine Lohnerhöhung von ... zu bewilligen. Möge dieser Entschluß, der, wie Sie verstehen werden, nur schwer „verkraftet" werden kann, die Freude an der Arbeit noch mehr erhöhen. Die Anlagen im Erdgeschoß, die zahlreiche Duschen und Einzelbäder enthalten, sowie eine großräumige Kantine stehen allen Betriebsangehörigen zur Verfügung. Ich bitte Sie, nun alle mit mir auf das Gelingen unserer künftigen, gemeinsamen Arbeit anzustoßen.

Zur Betriebsfeier

Liebe Mitarbeiterinnen und Mitarbeiter!

Rede des Chefs

Herzlich willkommen zu unserer kleinen Betriebsfeier. Ich freue mich, daß Sie meiner Einladung gefolgt sind, die Ihnen ein paar Stunden Ferien vom Arbeitsalltag bringen soll. Es freut mich, daß Sie gute Laune mitgebracht haben. Damit sind wir alle bestens dafür gerüstet, diesen Tag so richtig zu genießen. Trotz steigender Arbeitsbelastung ist unsere Gemeinschaft in den letzten Jahren noch enger zusammengewachsen. Für Ihre Treue zu der Firma und für Ihren Einsatz im Berufsalltag möchte ich Ihnen heute sehr herzlich danken. Diese kleine Feier soll uns heute einmal unbeschwert und fröhlich ein paar Stunden auch außerhalb des Betriebes zusammenführen. Lassen Sie uns daher die Gläser erheben auf die gute und dauerhafte Gemeinschaft in unserem Betriebe, zu der auch der heutige Tag beitragen möge.

Betriebsfeier

Liebe Mitarbeiterinnen und Mitarbeiter!

Der Betriebsinhaber spricht

Zum ersten Mal treffen sich heute alle Mitarbeiter des Innen- und Außendienstes des gesamten Gebietes der „Verkaufsleitung Norddeutschland" zu einem kleinen Firmenfest. Ich darf daher heute die ganze „Familie Nord" vollzählig begrüßen und freue mich sehr darüber, daß Sie unserer Einladung gefolgt sind. Unsere gemeinsame Arbeit, liebe Mitarbeiterinnen und Mitarbeiter, hat im letzten Jahre wiederum einen erfreulichen Aufschwung genommen, und ich hoffe – soviel kann ich wenigstens heute schon andeuten –, daß sich das auch in der Gratifikation zum Weihnachtsfest widerspiegeln wird.

Der Sinn unseres heutigen Treffens ist es, ein paar fröhliche Stunden miteinander zu verbringen. Wir wollen neue Kontakte aufnehmen und bestehende vertiefen, und wir wollen versuchen, uns auch gegenseitig noch mehr Verständnis und Interesse entgegenzubringen. Aus diesem Grunde haben wir auch zum ersten Mal die Familienangehörigen mit eingeladen, damit menschliche Beziehungen auch über den Betriebsalltag hinaus geknüpft werden können.

Selbstverständlich haben wir uns Gedanken darüber gemacht, wie wir diesen Tag gestalten werden. Zu jedem Fest gehören in erster Linie die lukullischen Genüsse. Ich hoffe, daß wir mit der Auswahl der Speisen und Getränke Ihren Geschmack getroffen haben. Für den vergnüglichen Teil zeichnen verantwortlich die Damen und Herren ...; auch ich weiß nicht genau, was sie heute alles mit uns vorhaben – lassen wir uns also überraschen.

Ein kleines Quizspiel steht uns jedenfalls bevor. Strengen Sie sich an, meine Damen und Herren! Wertvolle Preise winken.

Dafür, daß dieser Tag für immer in unserer Erinnerung bleiben möge, wird unser Herr ... sorgen, indem er uns „im Bilde" festhält.

Darüber hinaus habe ich gehört, daß so manch heimliches Talent aus unserem Kreise anschließend auf der Bühne Kostproben seines Könnens zeigen wird. Wir alle freuen uns schon darauf.

Wer noch überschüssige Kräfte hat, oder auch nur die Folgen des guten Essens wieder abtrainieren will, für den steht die Kegelbahn zur Verfügung. Dort kann er um den ausgesetzten Preis kämpfen.

Zum Tanz spielt die Kapelle ..., und ich bin überzeugt, daß Sie sich hier nicht lange bitten lassen werden, das Tanzbein zu schwingen. So wünsche ich Ihnen, liebe Mitarbeiterinnen und Mitarbeiter und liebe Familienangehörige, zunächst weiter recht guten Appetit und dann einen feuchtfröhlichen Verlauf dieses Tages.

Neujahrsansprache

Sehr verehrte Damen und Herren!
Liebe Betriebsangehörige!

Der Chef spricht

Jahre lehren mehr als Bücher", sagt der Volksmund. Und der Volksmund spricht nur allzuwahr, meine Damen und Herren! Wir können aus den Büchern unseres Betriebes eine Menge Zahlen herauslesen, die als Aktiva oder Passiva der vergangenen zwölf Monate schwarz auf weiß festgehalten wurden. Nur schwer herauslesen aber können wir aus diesen Büchern die Leistungen des einzelnen während dieses Jahres, das nun hinter uns liegt. Als Leiter der Firma kenne ich diese Leistungen jedoch sehr genau – und danke Ihnen dafür! Wenn ich mich in unserem Haus umschaue, wenn ich die neuerworbenen Maschinen und sonstigen Produktionsanlagen betrachte und wenn ich dann vor diesen Anlagen auch neue Gesichter bemerke, dann sehe ich mehr, als Bücher verraten können. Sie alle haben auch im vergangenen Jahr Ihr Bestes für den Betrieb gegeben.

Wenn es dabei mitunter zu kleinen Reibereien oder Ärgernissen gekommen ist, die im Zuge der Weiterentwicklung oder Umorganisation nicht zu vermeiden waren – möchte ich Sie auffordern, sie zu vergessen und sich jetzt nur noch der recht beachtlichen Erfolge zu freuen!

Jeder von Ihnen weiß, wie schwierig es heutzutage ist, sich im Konkurrenzkampf am Markt zu behaupten. Wenn wir uns auch im letzten Jahr behauptet haben, dann war das keine Glücksache, sondern es lag einzig und allein an Ihnen! Jede Stunde fleißiger Arbeit an der Verladerampe, am Fließband, an der Schreibmaschine und nicht zuletzt im Außendienst hat ihren Lohn eingebracht und Früchte getragen. Sie hat uns aber gleichzeitig auch noch enger miteinander verbunden und zu einer großen Gemeinschaft gemacht, in der jeder seine Pflichten erfüllt – zum Nutzen aller! „Das vorige Jahr war immer besser!" – heißt das zweite Sprichwort, über das es sich lohnt nachzudenken. Es ist ein Zitat, das einen gewissen Pessimismus ausdrückt – lassen wir diesen Pessimismus bei uns aber gar nicht erst aufkommen! Sagen wir lieber optimistisch: Das vergangene Jahr war gut, aber die kommenden zwölf Monate sollen noch erfolgreicher werden! An jedem Schreibtisch, vor jeder Werkbank und überhaupt in jeder Abteilung der Firma wollen wir so denken und handeln, um auch in Zukunft Ergebnisse erzielen zu können, mit denen wir zufrieden sind ... Erfolge, die uns und unseren Lieben dienen und unsere gemeinsame Existenz sichern! Und noch ein drittes Zitat gibt es, das ich hier anführen möchte! Es heißt: Das Jahr hat ein weites Maul und einen großen Magen! Und es weist uns darauf hin, daß wir auf unseren Lorbeeren nicht ausruhen dürfen, daß uns neue Aufgaben erwarten und daß wir mit diesen Aufgaben fertig werden müssen, wenn wir nicht wollen, daß die Zeit uns überrundet. Nun gut, meine Damen und Herren, stopfen wir dem kommenden Jahr das Maul und füllen wir ihm den Magen. Wir wollen das ja nicht nur deshalb tun, weil wir der Zukunft trotzen müssen, sondern wir wollen es tun, weil wir alle den Wunsch haben, in Sicherheit und Wohlstand zu leben. Ich danke Ihnen noch einmal dafür, daß Sie auch in den vergangenen zwölf Monaten Ihre Pflicht und oft mehr als Ihre Pflicht getan haben – jeder einzelne im Dienst am Ganzen.

25. Jubiläum einer Firma

Liebe Mitarbeiterinnen und Mitarbeiter!
Verehrte Ehrengäste!
Meine sehr geehrten Damen und Herren!

Der PR-Chef spricht

Es ist ein Gefühl von Freude und Stolz, das mich am heutigen Tage bewegt: Unsere Gesellschaft feiert ihr 25jähriges Bestehen. Ich heiße Sie alle recht herzlich zu diesem Jubiläum willkommen.

Unsere Firma ist ein echtes „Kind der 68er“. In jenem denkwürdigen Jahr gegründet, als in Deutschland junge Leute reihenweise auf die Straßen gingen, um gegen das Establishment zu protestieren und den „Mief von tausend Jahren aus den Talaren“ zu blasen, in jenen revolutionären Zeiten legten wir den Grundstein für dieses Unternehmen.

Es war ein gewagter Schritt. Zwar befand sich die Wirtschaft im Westen Deutschlands noch auf aufsteigendem Kurs, doch waren die Märkte schon gut besetzt mit Unternehmen, die sich wie wir auf Herstellung und Vertrieb von Reinigungsmitteln konzentrierten. Wir waren gleichwohl der Überzeugung, bestehen zu können, weil wir sicher davon ausgingen, daß sich Qualität auch in einem dichtbesetzten Markt würde durchsetzen können. Meine sehr geehrten Damen und Herren: Das heutige 25. Jubiläum ist der eindrucksvolle Beweis für die Richtigkeit unserer Annahme. Seit einem Vierteljahrhundert produzieren wir Qualitätserzeugnisse, die marktführend sind im hochpreisigen Marktsegment. Dieser Erfolg kommt nicht von ungefähr! In Anlehnung an die bewegten 68er Jahre möchte ich Ihnen sagen, daß es ein „revolutionäres“ Produkt war und ist, mit dem wir den Markt gewinnen konnten. Hergestellt von qualifizierten Mitarbeiterinnen und Mitarbeitern, vertrieben von erfolgreichen Außendienstmitarbeitern und an den Mann und die Frau gebracht dank fairer Partner im Großhandel wie im Einzelhandel, können wir heute zufrieden feststellen, daß unsere Gesellschaft sicher im Markt verankert ist.

Trotz dieser Erfolge dürfen wir uns keineswegs zufrieden und satt zurücklehnen. Der Markt ist deutlich rauher geworden, insbesondere in Zeiten konjunktureller Schwäche. Auch wir müssen weiter hart arbeiten, um unsere Erfolge zu konsolidieren und neue Kunden zu gewinnen.

Wenn mir in dieser Feierstunde gleichwohl nicht bange ist um die Zukunft der Firma, dann deshalb, weil ich weiß, daß wir in Ihnen allen, die Sie heute zur Jubiläumsfeier gekommen sind, Freunde, Partner und Mitarbeiter haben, auf die wir zählen können.

Ich freue mich daher, Sie alle beim 25. Jubiläum unserer Gesellschaft willkommen heißen zu können, sage Ihnen Dank für die zurückliegenden Jahre der Gemeinsamkeit und gebe zugleich der Hoffnung Ausdruck, daß wir auch in den vor uns liegenden Jahren weiterhin so erfolgreich und partnerschaftlich zusammenarbeiten werden.

Ich lade Sie nun ein, in froher Runde unsere Gäste zu sein. Das Büfett ist hiermit eröffnet!

50. Betriebsjubiläum

Sehr geehrte Gäste!
Liebe Mitarbeiterinnen und Mitarbeiter!

Der Firmenchef spricht

Wir haben uns hier zu einer Feierstunde zusammengefunden, um das 50jährige Bestehen unseres Unternehmens zu feiern. Am heutigen Tage sind genau 50 Jahre seit der Gründung vergangen, in denen sich unser Betrieb aus kleinsten Anfängen heraus zu einem ansehnlichen und anerkannten Unternehmen entwickelt hat. Mit Stolz darf ich heute darauf hinweisen, daß der Name unserer Firma sich in der engeren und weiteren Umgebung unserer Heimat eines guten Rufes erfreut. Im Rückblick läßt sich heute sagen, daß die vergangenen Jahre, trotz aller Rückschläge und Schwierigkeiten, doch eine schöne Zeit waren. Den Grundstock für unser Unternehmen in seiner heutigen Form legte mein Vater. Auch wenn es ihm nicht vergönnt war, den Aufstieg unseres Betriebes, so wie er ihn sich immer gewünscht hatte, mitzuerleben, hat er doch von Anfang an die Weichen für die künftige Entwicklung gestellt. Für ihn lag der wesentliche

Faktor zum Gedeihen eines Unternehmens im guten Betriebsklima, in der vertrauensvollen Zusammenarbeit aller Mitarbeiterinnen und Mitarbeiter.

Aber nicht nur dieses Rezept hat uns vorangebracht. Auch seine Empfehlung, nach meiner Schulentlassung eine Lehrzeit in einem anderen Betrieb zu absolvieren, hat sich ausgezahlt. So darf ich heute, bei unserem 50. Betriebsjubiläum, nicht nur das Andenken meines Vaters in Erinnerung rufen, sondern auch in Dankbarkeit der Herren ... und ... gedenken, die mir nach seinem Tode durch wertvollen Rat und finanzielle Unterstützung in den schweren Jahren zur Seite standen. Ohne ihren Beistand und dem aus reicher Erfahrung stammenden Wissen wäre die Entwicklung unseres Unternehmens sehr viel schwieriger und langwieriger verlaufen. So wuchs denn unser Betrieb heran, gewann an Substanz und konnte sich bei ständiger Vollbeschäftigung zu seiner jetzigen Größe entwickeln. Viele fleißige Hände waren nötig, dieses Ziel zu erreichen. Ich bin dankbar, diesen schönen Erfolg noch erleben zu dürfen.

Mein Dank in diesem Augenblick gilt ganz besonders unserem bewährten und geschätzten Geschäftsführer, Herrn ..., der mir seit vielen Jahren als rechte Hand zur Seite steht. Auch meinen übrigen Mitarbeiterinnen und Mitarbeitern sage ich Dank für ihre Mithilfe; sie haben durch ihre aufopferungsvolle Mitarbeit am Gedeihen unseres Unternehmens erheblichen Anteil. Danken möchte ich ebenfalls meinen Kunden, die uns viele Jahre hindurch die Treue gehalten haben und deren Vertrauen zu rechtfertigen weiterhin unser Bestreben sein wird.

Durch zuverlässige Arbeit und in fortschrittlichem Geist weiterzuwirken sei unser aller Anliegen. Das anschließende gemütliche Beisammensein soll uns nach arbeitsreichen Tagen einige Stunden der Freude und der Erholung bringen.

Ausbildung

Einstellung von Auszubildenden

Liebe junge Kolleginnen und Kollegen!

Rede des Betriebsrates

Als Betriebsrat darf ich Sie im Namen aller Kolleginnen und Kollegen unseres Betriebes hier herzlich willkommen heißen. Sie haben sich aus einer großen Zahl von Bewerberinnen und Bewerbern durch einen harten Eignungstest für Ihre Ausbildungsstellen qualifiziert. Mit diesem Eignungstest haben Sie die erste Aufgabe Ihres beruflichen Lebens erfolgreich gelöst.

Wir alle und besonders die für Ihre Ausbildung Verantwortlichen hoffen, daß es uns gelingt, Ihnen so viele Fertigkeiten und soviel Wissen zu vermitteln, daß Sie das Ausbildungsziel erfolgreich meistern werden. Wenden Sie sich an uns, wenn Sie in den ersten Tagen Schwierigkeiten haben, auch dann, wenn Sie glauben, nicht am richtigen Ausbildungsplatz eingesetzt zu werden. In unserem großen Betrieb gibt es viele Möglichkeiten, hier rechtzeitig notwendige Änderungen herbeizuführen.

In jedem Falle ist der Betriebsrat dazu da, Ihnen zu helfen, und wir sind sicher, daß wir es wohl auch in den meisten Fällen können. Auch für Verbesserungsvorschläge sind wir dankbar. Und wir freuen uns, wenn Sie uns sagen, daß es Ihnen hier gefällt. In dieser Bestätigung könnten wir sehen, daß der Einsatz Ihrer Ausbilder und Ihrer Interessenvertreter richtig war.

Freisprechung von Auszubildenden

Sehr geehrte Damen und Herren!

Der Vorsitzende des Prüfungsausschusses spricht

Mir ist in diesem Augenblick zumute, als hätte ich in jedem von Ihnen – wie bei allen Prüflingen – Menschen mit zwei Gesichtern gesehen. Das eine lernte ich vor der Prüfung kennen, das zweite, nachdem das Ergebnis „bestanden“ bekanntgegeben wurde. Als Sie zur Prüfung kamen, waren Sie angespannt oder aufgeregt, konzentriert oder nervös, und nun schauen Sie mir so froh und gelöst in die Augen. Jetzt ist die schwere Belastung für Sie vorbei, daß man sich schon allein deshalb mit Ihnen freuen muß. Aber es gibt für uns ja einen viel gewichtigeren Grund zur Freude. Der Kreis fachkundiger Werktätiger Ihres Berufes ist durch Sie um etliche Mitglieder gewachsen. Was gute Wertarbeit ist, das hängt ja nicht nur von Maschinen oder gutem Werkzeug ab, nein, es hängt vor allem von der Eignung der Menschen ab, die sie bedienen und damit umgehen. Und wenn Sie auch auf der Leiter des Lernens noch nicht auf den oberen Sprossen angelangt sind, dann haben Sie doch schon eine wichtige Sprosse im mittleren Bereich erklommen. Wer diese Kletterpartie überstanden oder besser gesagt bestanden hat, der wird beim weiteren Klettern nicht mehr vor so unüberwindlichen Schwierigkeiten stehen. Wir hoffen sogar, daß Ihnen allen die Prüfung den Mut und den Ansporn gibt, sich für weitere Prüfungen, für weiteres Lernen zu entscheiden.

Sie haben in Ihrer Ausbildungszeit und in diesen Prüfungen erfahren, daß Ihnen Ihr Lehrbetrieb, Ihre Ausbilder, Ihre Prüfer helfen wollen voranzukommen. Ich bin deshalb sicher, daß Sie in den Stolz über das bestandene Examen auch die Dankbarkeit einfließen lassen gegenüber all den Menschen, denen Sie es zu verdanken haben, beruflich weitergekommen zu sein.

Im Namen des Prüfungsausschusses beglückwünsche ich Sie zur bestandenen Prüfung. Sie haben den Willen gezeigt, im Beruf etwas zu leisten. Liefern Sie nun den Beweis auch an Ihrem Arbeitsplatz. Dazu viel Erfolg!

An die Prüflinge

Sehr geehrte Damen und Herren!

Der Vorsitzende einer Handwerkskammer spricht

Als Sie vor wenigen Jahren die Schulbank verließen, um einen praktischen Beruf zu erlernen, begann für Sie ein neuer Lebensabschnitt. Was Sie bis dahin an theoretischem Wissen erworben hatten, mußte sich während der dann kommenden Jahre bewähren, mußte im Rahmen des Berufsschulunterrichts erweitert und im Hinblick auf Ihren zukünftigen Beruf vervollkommnet werden. Es begann also damals für Sie ein Abschnitt der praktischen und theoretischen Vorbereitung nicht auf das Leben schlechthin, sondern auf die Erfordernisse eines ganz bestimmten Berufes, den Sie sich ausgesucht hatten. Ich bin sicher, daß diese Zeit für Sie nicht immer ganz leicht war, aber Sie haben sie durchgestanden und wohl auch liebgewonnen.

Heute nun tritt Ihr Leben wieder in ein neues Stadium ein, das sich vom vorhergehenden in erster Linie dadurch unterscheidet, daß der äußere Zwang des Lernens wegfällt. Sie haben Ihre Lehrzeit hinter sich gebracht und haben die Ihnen gestellten Aufgaben mit Erfolg gelöst. Der neue Lebensabschnitt, der mit dem heutigen Tag für Sie beginnt, zeichnet sich unter anderem durch etwas aus, das nun einmal im Leben von hoher Bedeutung ist: Sie verdienen mehr Geld! Ich kann mir gut vorstellen, wie sehr Sie das freut. Ich weiß auch, daß Sie Pläne schmieden, was Sie mit dem Geld alles anfangen wollen und können. Sie werden sicher unabhängiger sein als bisher und besser auf eigenen Füßen stehen können. Nutzen Sie die neue größere materielle Freiheit gut. Denken Sie aber daran, daß eine größere materielle Unabhängigkeit nur ein kleiner Teilaspekt der Freiheit ist, für deren Sicherung Sie wie bisher sich Tag für Tag mit allen Kräften werden einsetzen müssen, damit sie Ihnen und uns allen erhalten bleibt. Wenn Ihre Ausbildungsbetriebe und Ihre Lehrer an den Berufsschulen Ihnen in den vergangenen Jahren dies so vermitteln konnten, daß Sie es nun als eigene wichtige Handlungsrichtung erkannt haben, dann war die Ausbildung zumindest in diesem Punkt erfolgreich.

Lassen Sie mich noch auf eines hinweisen. Wie ich bereits zu Anfang erwähnt habe, ist der heutige Tag das Ende der Lehrzeit. Ich sage „Lehrzeit", nicht aber Lernzeit. Vielleicht werden Sie jetzt glauben, so ziemlich alles gelernt zu haben, was für die Ausübung Ihres Berufs von Wichtigkeit ist. Aber möglicherweise werden Sie schon bald zu spüren bekommen, daß dies keineswegs der Fall ist. Das ist kein Grund, daß Sie anfangen, an Ihrem Können zu zweifeln. Die Männer und Frauen, die ihren Beruf seit vielen, vielen Jahren kennen und ausüben, haben Ihnen Ihr Können und Ihr Wissen bestätigt. Also dürfen Sie davon überzeugt sein, daß Sie über dieses Wissen und Können auch tatsächlich verfügen. Dennoch vergessen Sie nicht, daß Sie im Grunde niemals auslernen werden, keiner von uns hat jemals ausgelernt. Daß immer neue Dinge hinzukommen, die Sie nicht kennen, die Sie auch gar nicht kennen können, weil sie zum Beispiel eine Neuheit auf Ihrem Gebiet darstellen. Erst die jahrelange Übung, das ununterbrochene Streben nach Vervollkommnung Ihres Wissens und Könnens wird aus Ihnen einen begehrten und damit erfolgreichen Fachmann oder eine Fachfrau machen. Glauben Sie in Ihrem eigenen Interesse darum nicht, jetzt ausschließlich von dem zehren zu können, was Sie wissen. Sie werden feststellen müssen, daß es noch lange nicht ausreicht. Wenn Sie aber diese Erkenntnis gewonnen haben, dann lernen Sie daraus. Lernen Sie, sich nach besten Kräften weiterzubilden. Dann wird der berufliche Erfolg nicht auf sich warten lassen.

Ich wünsche Ihnen für Ihren zukünftigen Lebensweg alles Gute!

Liebe Kolleginnen und Kollegen!

Der Ausbildungsleiter spricht

Endlich habt ihr es geschafft. Nicht nur ihr, auch ich bin mehr als froh darüber. Deshalb kommen meine Glückwünsche von Herzen, auch wenn ich euch in den vergangenen Monaten bei der Arbeit etliche „Nüsse" zu knacken gab. Nun habt ihr auch die bisher härteste „Nuß" eures beruflichen Lebens, die Prüfung, geknackt. Übrigens kann ich es euch heute ja verraten: Ich war auch gespannt und ein wenig aufgeregt, als ihr in die Prüfung gingt, denn schließlich nahmt ihr dabei ja all das mit, was ich versucht habe, euch in den vergangenen Jahren nahezubringen. Hättet ihr versagt, dann wäre das für mich eine arge Enttäuschung geworden. Ich weiß, daß die Prüfung für einige von euch leichter, für andere dagegen schwerer war. Ich kenne ja meine Pappenheimer. Besonders gefreut habe ich mich deshalb über diejenigen unter euch, die es mit viel Fleiß dann doch geschafft haben, auch wenn ihnen die Prüfung nicht in den Schoß gefallen ist. Denn sie haben neben unserer allgemeinen beruflichen Lehre noch eine besondere Lehre mitbekommen, die für uns alle die wichtigste Erfahrung im Leben überhaupt ist und die sich jeder einmal erwerben muß. Diese Lehre heißt: Wer fleißig ist und Ausdauer hat, der schafft das, was er sich als Ziel setzt. Ein fachkundiger Arbeiter, ein tüchtiger Angestellter, sie sind es, die ganz entschieden die Güte unserer Arbeit mitbestimmen. In diesem Sinne beglückwünsche ich euch noch einmal. Und nun seid ihr, die frischgebackenen Mitarbeiterinnen und Mitarbeiter, an der Reihe, den künftigen Auszubildenden ein Vorbild zu sein!

Meine sehr verehrten Damen und Herren!
Liebe Auszubildende unseres Betriebes!

Der Betriebsleiter spricht

In einem würdevollen und feierlichen Festakt sind heute ... weibliche und ... männliche Auszubildende unserer Firma nach ... jähriger Ausbildung freigesprochen und damit in die nächste Phase ihrer beruflichen Entwicklung entlassen worden. Uns allen, die wir hier versammelt sind, sollte diese Stunde ein Anlaß sein, uns mit unseren jungen Freunden und Kollegen zu freuen – sie sollte uns aber auch die Erinnerung an unsere eigenen Lehrjahre ins Gedächtnis zurückrufen und uns daran mahnen, daß wir alles Erreichte in erster Linie denen zu verdanken haben, die uns damals Vorbild waren.

Ein Sprichwort sagt, daß Lehrjahre keine Herrenjahre sind! Und wer unter uns hat die Wahrheit dieses Wortes nicht schon am eigenen Leibe erfahren? Die Älteren von uns haben noch in einer Zeit ihre Ausbildung gemacht, in der in düsteren Werkstätten und muffigen Kontors gestrenge Meister und Bürovorsteher mit Argusaugen darüber wachten, daß der „Stift" seine Arbeit richtig tat und seine Aufgaben so erfüllte, wie man es von ihm forderte. Damals setzte es auch noch Ohrfeigen, wenn einmal etwas nicht wie gewünscht klappte. Und so mancher von uns wird ein Lied davon zu singen wissen, wie viele Stunden man als Lehrling damals auch über die Arbeitszeit hinaus kräftig zupacken mußte und wie karg der Lohn war, den man dafür einstreichen durfte.

Heute genießt der Auszubildende in Handwerk und Industrie größere Rechte. Mit modernsten Mitteln und an modernsten Maschinen wird er von fähigen und erfahrenen Meistern ihres Faches ausgebildet – unter dem Schutz der Gesetze, die Überstunden ebenso verbieten wie Ohrfeigen. In hellen und geräumigen Lehrwerkstätten und Büros werden ihm die Kenntnisse und Fertigkeiten vermittelt, die für seine weitere berufliche Laufbahn unentbehrliches Rüstzeug sind. Der Bund fördert dabei die Ausbildung des Nachwuchses genauso stark, wie sie von den verschiedenen Bundesländern und den Lehrbetrieben selbst gefördert wird. Was früher nur Sache des einzelnen Lehrherrn war, ist längst zu einer Sache der Allgemeinheit geworden – denn die Allgemeinheit ist es ja, der die Kenntnisse und das Können des Auszubildenden später zugute kommen sollen. Deshalb hat diese Allgemeinheit nicht nur das Recht, sondern sie hat die Pflicht, darauf zu achten, daß der spätere Facharbeiter eine sorgfältige und zweckmäßige Ausbildung erhält! „Arbeit gibt uns mehr als den Lebensunterhalt, sie gibt uns das Leben"! sagte Henry Ford einmal zu einem seiner Mitarbeiter. Man braucht sich nicht zu wundern, daß dieser Mann bei einer solchen Auffassung von der Arbeit einer der größten Industriellen des 20. Jahrhunderts wurde und sich auch um die Ausbildung junger Menschen bedeutende Verdienste erwarb.

Was wäre auch unser Leben ohne Arbeit? Seien wir ehrlich: Es wäre zu nichts nütze – wie eine Nuß ohne Kern, ein

Pokal ohne Inhalt und ein Gericht ohne Würze! Mögen wir alle manchmal auch unter der Last des Alltags stöhnen und glauben, unter den täglichen Anforderungen zusammenzubrechen – ohne Arbeit wären wir nur wie Playboys, die das Leben nicht voll genießen können, weil sie es sich nicht auch verdienen! Benjamin Franklin drückte das so aus: „Eine einzige Stunde konzentrierter Arbeit hilft mehr, deine Lebensfreude anzufachen, deine Schwermut zu überwinden und dein Schiff wieder flottzumachen als ein ganzer Monat dumpfen Brütens"! Machen Sie, liebe junge Kolleginnen und Kollegen, sich auch dieses Wort zu eigen und leben Sie danach – denn erst dann wird Ihnen das Leben alles bieten, was Sie sich von ihm erhoffen!

Dank der Auszubildenden

Sehr geehrte Damen und Herren!
Liebe Kolleginnen und Kollegen!

Diese Feier ist für uns der Abschluß unserer Ausbildungsjahre. Wir wollen nicht verhehlen, daß wir diesen Tag lange herbeigesehnt haben. Sie alle haben sich große Mühe mit uns gegeben und oft auch dann noch Geduld gezeigt, wenn wir eine Sache nach der dritten Erklärung noch immer nicht verstanden hatten. Nicht nur unser Ausbildungsleiter, Herr …, sondern auch viele Kolleginnen und Kollegen hatten auch dann noch ein verständnisvolles oder tröstendes Wort für uns, wenn wir einmal nahe am Verzweifeln waren. Das war ganz besonders in den ersten Monaten unserer Lehrzeit nötig, als es uns doch recht schwergefallen ist, uns von der Vormittagsschulzeit auf die Ganztags-Ausbildungszeit umzugewöhnen. Sie alle haben uns mit vielen kleinen Tricks und manchmal auch mit besonderen Tips geholfen. Am meisten geholfen hat uns, daß durch die gute und vertrauensvolle Zusammenarbeit zwischen unseren Ausbildern und unseren Lehrern in der Berufsschule Theorie und Praxis so nahtlos verknüpft worden sind. Wir sind alle sehr froh, daß wir die Prüfungsklippen heil überstanden haben. Ich danke Ihnen allen im Namen meiner Mitlehrlinge, daß Sie uns dabei geholfen haben. Die meisten von uns werden in ihrem Ausbildungsbetrieb weiterarbeiten. Wir hoffen, daß wir das Gelernte an unseren neuen Arbeitsplätzen gut umsetzen können und daß Sie uns auch in Zukunft dabei helfen dazuzulernen.

Freisprechung von Jungmeistern

Sehr geehrte Jungmeister! Meine Damen und Herren!

Ein Altmeister spricht

Wir haben uns hier zur Freisprechung von 42 Jungmeistern zusammengefunden, um ihnen unsere herzliche Gratulation und unsere besten Wünsche für eine erfolgreiche Laufbahn auszusprechen. Wer etwas gelernt hat und seine handwerkliche Kunst versteht, hat einen festen Platz in dieser Welt.

Die Grundsätze des Handwerkslebens, die noch immer Gültigkeit haben und zum Gedeihen des gesamten handwerklichen Berufsstandes beitragen, sind auch heute noch: qualifizierte Arbeit, Solidarität im Wettbewerb, Gemeinsinn und Teamgeist in der handwerklichen Organisation und im politischen Gemeinwesen, sorgfältige Anleitung und Ausbildung des Nachwuchses.

Die Verpflichtung, die Ihnen mit dem Meistertitel auferlegt wird, ist im eigentlichen Sinne des Wortes die Verpflichtung gegenüber sich selbst, der Gemeinschaft, in der Sie leben, und Ihren Mitarbeitern gegenüber. Führen Sie die Betriebe in fortschrittlichem Geist! Arbeiten Sie mit an den Lebensfragen unseres Berufsstandes, und verbinden Sie den Begriff des ehrbaren Handwerksmeisters mit dem des ehrbaren Kaufmanns. Der Handwerksmeister muß heute nicht allein Meister im guten, alten Sinne sein, er muß wendig und aufgeschlossen und ein sich den modernen Gegebenheiten anpassender Unternehmer sein. Nur unter solchen Voraussetzungen wird er erfahren, daß das Handwerk noch immer eine solide Grundlage hat und damit die Voraussetzung für den „goldenen Boden".

Das Rüstzeug, das Ihnen Ihre Lehrmeister in gründlicher Ausbildung mitgegeben haben, kann die Grundlage für eine günstige Weiterentwicklung sein, die mit der Beendigung der Ausbildung nicht abgeschlossen sein darf. Sie ist zum Beispiel verbunden mit der Verpflichtung, die fachlichen Kenntnisse nun wiederum der nächsten Generation im Sinne der alten Meister zu vermitteln.

Das Handwerk ist noch immer ein wichtiger Faktor im Leben von Stadt und Land und zugleich Träger des Mittelstandes. Es ist aus dem Leben nicht fortzudenken und wird auch im Zeitalter der zunehmenden Automatisierung bestehen. Die Wertarbeit eines Handwerks gehört zu den notwendigen Grundlagen auch in unserer technisierten Zeit.

Einige von Ihnen sind bereits im Betrieb des Vaters tätig und werden später diesen Betrieb übernehmen. Andere haben es sich zur Aufgabe gemacht, selbständig ein Handwerksunternehmen aufzubauen. Wieder andere haben die Absicht, auch als Meister in abhängiger Stellung bei einem größeren Betrieb ihr Können einzusetzen. Mit der Überreichung der Urkunden sind Sie nunmehr freigesprochen und vom Lernenden zum Lehrenden geworden. Seien Sie sich stets der Würde Ihres Berufes bewußt. Der Unterstützung unserer Handwerkskammer und der handwerklichen Organisationen im Berufsleben dürfen Sie sicher sein. Lassen Sie im Ringen um Anerkennung im beruflichen Wettbewerb den Berufskampf nicht zum Konkurrenzkampf werden.

Zur Meisterfeier

Meine sehr verehrten Damen und Herren!
Liebe Jungmeisterinnen und Jungmeister!

Rede des Vertreters der Industrie- und Handelskammer

Das Weiterkommen im Leben hängt sicherlich von manchen Faktoren ab, auch von solchen, die von außen einwirken. Aber es kommt doch letzten Endes entscheidend darauf an, daß der einzelne mit Interesse, Fleiß, Verantwortungsbewußtsein und durch Leistung und Bewährung in größere Aufgaben hineinwächst. Jeder sollte dazu seine eigenen Kräfte weiterentwickeln, und insoweit gilt immer noch der alte Satz: „Jeder ist seines Glückes Schmied." Ich bin davon überzeugt, daß Ihre Ausbildungs- und Gesellenzeit, die Sie jetzt durch Ihre Meisterprüfung beendet haben, Ihnen das Gefühl dafür vermittelt hat, wie wichtig es ist, die Zusammenhänge im Betrieb und in der Wirtschaft zu erkennen. Sie werden eingesehen haben, daß es nicht genügt, erworbene Handfertigkeit und theoretisches Wissen mechanisch anzuwenden, sondern daß es gilt, das eigene Können und die erlangten Fähigkeiten sinnvoll in das betriebliche und wirtschaftliche Geschehen einzuordnen. Daß es wichtig ist, die Bereitschaft und Beweglichkeit aufzubringen, sich veränderten Situationen und neuen technischen sowie anderen Produktionsmethoden anzupassen, geistig beweglich zu bleiben und den Schritt zu neuen Zielen und Aufgaben zu wagen. Man kann also auch, ja man soll sich sogar ruhig etwas zutrauen. Auch wird nur der die Chance wahrnehmen, die das Leben für ihn bereithält – und dies gilt insbesondere für Sie nach diesem bedeutungsvollen Abschluß Ihrer Ausbildung –, der die Zusammenhänge, und ich möchte ganz bewußt sagen, auch die größeren Zusammenhänge richtig begreift. Das heißt, daß Sie, liebe Jungmeisterinnen und Jungmeister, sich nicht beschränken dürfen auf das allerengste spezialisierte Fachwissen, sondern den Blick offen halten müssen für den größeren Rahmen, für alle Umstände, die für Beruf und Leben von Bedeutung sind. Das ist sicherlich keine leichte Aufgabe, denn die schnellen und immer schnelleren Fortschritte unseres wissenschaftlichen und technischen Zeitalters begünstigen die Spezialisierung. Natürlich muß demzufolge jeder zunächst in seinem ureigensten Fach auf der Höhe bleiben und sich dies durch laufende Weiterarbeit und Fortbildung erhalten.

Ich bin davon überzeugt, daß Ihre Tüchtigkeit, Ihr Fleiß und auch Ihre Liebe zum Beruf, zu dessen selbständiger Ausübung Sie nun die schwierigste Prüfung erfolgreich abgeschlossen haben, Ihnen auch in Zukunft genügend Zeit bieten, um auch die anderen Seiten unserer modernen Gesellschaft zu beachten und daran aktiv teilzunehmen. Es sind nicht nur die Fragen der zukünftigen Weiterentwicklung unserer Volkswirtschaft, sondern ebensosehr die Probleme der großen und kleinen Politik, in deren Rahmen Sie versuchen werden und versuchen müssen, Ihren Beruf nicht nur im Interesse des steigenden eigenen Wohlstandes, sondern auch im Interesse der Gesellschaft auszuüben. Wie stellt sich nun heute das Berufsbild des Handwerks der hochindustrialisierten, technisierten und automatisierten Arbeitswelt dar? Es ist sicher richtig, daß die moderne Wirtschaft zur Befriedigung der Nachfrage der Öffentlichkeit nach Massengütern rationeller und automatisierter Großunternehmen bedarf. Das sollte aber nicht zu dem Fehlschluß verleiten, daß das Handwerk in einer auf Massenverbrauch ausgerichteten Konsumgesellschaft nicht mehr seinen festen Platz behaupten würde.

Das ist allein schon deshalb mit Sicherheit nicht richtig, da einerseits trotz hochentwickelter Maschinen nicht jede menschliche Tätigkeit durch maschinelle Fertigung ersetzt werden kann und andererseits ein nicht zu unterschätzender individueller Geschmack sich nicht mit maschinell fertiggestellten Produkten begnügt. Die Arbeit des Handwerks – in welcher Branche auch immer – trägt trotz aller technischen Hilfsmittel immer noch ein Stück der Persönlichkeit dessen, der sie geleistet hat.

Die Liebe zum Detail, die das handwerkliche Schaffen vor allem anderen besonders hervorhebt, hat auch heute noch ihren hohen Marktwert und wird ihn auch in Zukunft behalten. Zwar haben strukturelle Veränderungen in der einen oder anderen Branche des Handwerks stattgefunden. Das bedeutet jedoch nicht, daß das Handwerk seinen goldenen Boden, wie man immer so schön sagt, verloren habe. Es bedeutet lediglich, daß ebenfalls im Bereich des Handwerks jener Umstellungsprozeß stattfindet, der auch in der gesamten Volkswirtschaft im Sinne einer Umstellung der Produktionsgewohnheiten auf die Erfordernisse der Technisierung vor sich geht. Das bedeutet für das Handwerk nicht, daß es insgesamt betrachtet von maschinellen Einrichtungen abgelöst werden wird, sondern nur, daß die vorhandenen Hilfsmittel zur Ausübung des Handwerks verbessert worden sind.

Zwar hat in den letzten Jahren die Anzahl der Betriebe und die Anzahl der Beschäftigten etwas abgenommen, aber es hat sich gleichzeitig gezeigt, daß trotz der rückläufigen Zahlen der Umsatz im Handwerk in den vergangenen 10 Jahren überproportional erhöht werden konnte. Ich bin davon überzeugt, daß sich dieser Trend fortsetzen wird. Deshalb vertraue ich darauf, daß auch in Zukunft das Handwerk als ein Garant für einen gesunden Mittelstand in unserer Gesellschaft erhalten bleibt. Ein gesunder Mittelstand ist aber nicht zuletzt Voraussetzung für eine gute gesamtvolkswirtschaftliche Entwicklung.

Sie, verehrte Jungmeisterinnen und Jungmeister, die Sie heute mit der Überreichung des Meisterbriefes nicht nur formal mehr als bisher in die Verantwortung des Wirtschaftslebens eingetreten sind, werden – dessen bin ich sicher – mit allen Ihren Kräften auf die Erreichung dieses gemeinsamen Zieles hin mitarbeiten.

Ich spreche Ihnen hier, zugleich auch im Namen der … (Kammer, Organisation), meine herzlichsten Glückwünsche zur Erreichung Ihrer Meisterwürde aus.

Geburtstage

Geburtstag einer Mitarbeiterin

Liebe Frau … (Name der Mitarbeiterin)!

Der Chef gratuliert

Zu Ihrem heutigen Geburtstag darf ich Ihnen zugleich im Namen aller Kolleginnen und Kollegen meine herzlichen Glückwünsche aussprechen und Ihnen diesen Strauß überreichen. Das ist in dieser Abteilung ein schöner, alter Brauch.

Sie sind gewissermaßen unser Nesthäkchen, weil Sie erst seit vier Monaten hier tätig und damit noch in der Probezeit sind. Nun ist eine Probezeit ja durchaus eine beiderseitige Angelegenheit. Nicht nur wir versuchen zu erfahren, ob Sie unseren Anforderungen gerecht werden. Auch Sie sollen natürlich prüfen, ob der Arbeitsplatz und die Kolleginnen und Kollegen Ihren Erwartungen entsprechen. Das gilt selbstverständlich nicht nur für den betrieblichen Alltag, sondern auch für das gemeinsame Feiern. Und dazu gehört bei uns immer der Geburtstag. An diesem Tag wollen alle Kolleginnen und Kollegen Glück, Erfolg und Gesundheit wünschen für das neue Lebensjahr, und sie wollen sich bedanken für die harmonische Zusammenarbeit in den letzten vier Monaten. Verbunden mit diesem Dank ist der Wunsch, daß die Zusammenarbeit bestehenbleiben und sich auch weiterhin ähnlich angenehm und kollegial gestalten möge. Der Nachmittag gehört bei uns traditionsgemäß dem Geburtstagskind, seiner Familie und seinen Freunden. Das heißt, dieser halbe freie Tag ist das Geburtstagsgeschenk des Betriebes an seine Mitarbeiter, und ich hoffe, daß Sie das bei der Bilanz Ihrer Erwartungen aus der Probezeit auf der Habenseite verbuchen werden. Ich darf Ihnen, liebe Frau …, also nochmals von Herzen zum Geburtstag gratulieren, Sie besonders an diesem Tag noch einmal in unserer Gemeinschaft willkommen heißen und Ihnen viel Freude an Ihrem heutigen Geburtstag wünschen.

Geburtstag eines Mitarbeiters

Lieber Herr ... (Name des Mitarbeiters)!

Der Chef gratuliert

Wie wir alle wissen, ist es guter Brauch in unserer Firma, über all der täglichen Arbeit mit ihrem Ärger und Streß die wichtigen Gedenk- und Feiertage nicht zu vergessen. Zu den wichtigen Tagen gehören auch die Geburtstage. Und wenn es sogar dann noch ein runder ist, wie der fünfzigste bei unserem Herrn ..., dann gibt es gleich mehrfach Grund zum Feiern. Lieber Herr ..., zu Ihrem fünfzigsten Geburtstag, zum vollendeten halben Jahrhundert, wünschen wir alle, die Betriebsleitung und alle Kolleginnen und Kollegen, Ihnen von ganzem Herzen Glück und Segen, vor allem aber Gesundheit für die Zukunft. Nun will ich in meinem heutigen Geburtstagsglückwunsch nicht alles vorwegnehmen, was in zwei Jahren bei Ihrem dann fünfundzwanzigsten Betriebsjubiläum gesagt werden kann und soll. Aber zwei Dinge will ich doch hervorheben: Auch wenn man schon lange zum Inventar gehört, gehört man noch lange nicht auch zum alten Eisen. Und zum zweiten: Wer bei aller Belastung und Hektik im Betrieb nie die Nerven verliert, immer Rat weiß und mit trockenem Witz und Humor oft auch die brenzligsten Situationen rettet, hilft den Alten und Jungen im Betrieb. Den Alten hilft es, nicht zu vergessen, wie man es eigentlich richtig macht, und den Jungen zeigt es, wie man es gar nicht erst falsch macht. Kurzum, lieber Herr ..., wir alle wissen, daß wir an Ihnen immer einen verläßlichen Mitstreiter und Partner hatten, und wir hoffen, daß wir diesen Partner in der gleichen Frische und Gesundheit wie bisher noch lange haben werden.

Heute, an Ihrem fünfzigsten Geburtstag, wollen wir Ihnen für die hinter uns liegende, gute gemeinsame Zeit danken und Ihnen gleichzeitig alles Gute wünschen für die noch vor uns liegende. Die Firmenleitung überreicht Ihnen einen Bildband vom Taunus, den Sie ja besonders lieben. Vielleicht inspiriert Sie die eine oder andere Aufnahme von einem noch unbekannten Winkel zu einem erholsamen Ausflug. Und um die Planung einer solchen Unternehmung ein wenig zu erleichtern, haben wir in diesem Umschlag einen Geldbetrag beigefügt. Beides soll Sie an Ihren fünfzigsten Geburtstag erinnern und an uns alle, die noch einmal herzlich gratulieren und nun ein Glas auf Ihr Wohl trinken.

Zum 40. Geburtstag einer Kollegin

Liebe … (Name der Kollegin)!

Ein Kollege gratuliert

Deine Mitarbeiter aus der Redaktion wünschen dir zu deinem vierzigsten Geburtstag Glück, Gesundheit und Erfolg und – wie wir alle hoffen – noch viele gute Jahre harmonischer und produktiver Zusammenarbeit im Team. „Team" soll auch das Stichwort meiner kurzen Gratulationsrede sein. Stimmung und Erfolg im Team hängen davon ab, daß alle über der eigenen Tagesarbeit das gemeinsame Ziel nicht aus den Augen verlieren. Das ist gar nicht so einfach, wie es sich immer anhört. Denn es bedeutet Mitdenken auch über die eigene Kompetenz und Zuständigkeit hinaus. Es bedeutet vielleicht Abschied von liebgewordenen Gewohnheiten und Bequemlichkeiten, verfestigten Rollenverteilungen, eingefleischten Denk- und Ablaufschemata. Eine solche Teamarbeit muß erst einmal erlernt und ständig verteidigt werden gegen Gleichgültigkeit, gegen Routine, gegen Egoismen. Jeder im Team muß daran mitwirken, in seinem eigentlichen Arbeitsfeld, aber auch darüber hinaus. Natürlich wissen alle schon längst, auf was ich hinauswill.

Du, …, vertrittst in unserem Team die Fraueninteressen mit Vehemenz. Lange, bevor Parteien und Regierungen Frauenbeauftragte ernannten, Kandidatenlisten frauenfreundlich nachbesserten und Wahlprogramme „entmannten", hast du das Team in der täglichen Arbeit immer wieder darauf gestoßen, wo nicht nur fachlich, sondern gewissermaßen schon rein umgangssprachlich der Gleichberechtigungsgrundsatz verletzt wurde. Du hast es verstanden, Sensibilität dafür zu wecken, daß sich gerade in der Sprache besonders verräterisch geschlechterspezifische Rollenfixierungen niederschlagen und damit althergebrachte Auffassungen und Gewohnheiten verfestigt bleiben. Ich will ja heute gar nicht verhehlen, liebe …, daß wir uns am Anfang alle ein wenig amüsiert haben. Dann gab es einen Zeitpunkt, zu dem uns die ständige Anmahnerei schlicht auf die Nerven ging – vielleicht hat da ja ein wenig das schlechte Gewissen mitgewirkt. Heute ist es eigentlich für alle im Team selbstverständlich, daß jeder Beitrag daraufhin untersucht wird, ob, und wenn ja, wo sich die alten Klischees wieder einmal eingeschlichen haben: Das fängt beim Kochbuch an und geht über die technischen Ratgeber bis hin zum Redenbuch. Dies ist in erster Linie dein Erfolg, liebe …. In dieser ganz wesentlichen Frage hast du das Team geformt und dazu beigetragen, zumindest in einem Teilbereich einen alten männlichen Zopf abzuschneiden. Und wenn ich die vielen Jahre nichts dazugelernt hätte, würde ich jetzt sagen, daß das ganze Team in dieser Frage in „mann"-schaftlicher Geschlossenheit hinter dir steht und daß wir alle hinter deiner Auffassung „wie ein Mann" stehen.

Heute gratulieren wir der streitbaren Kollegin zum Geburtstag und hoffen, daß Engagement und Überzeugungskraft dir und uns auch im kommenden Lebensjahr erhalten bleiben. Noch einmal: Im Namen der ganzen Redaktion alles Gute und Prosit, auf dein Wohl!

Zum 60. Geburtstag einer Kollegin

Liebe … (Name der Kollegin)!
Liebe Kollegen, liebe Kolleginnen!

Eine Betriebsrätin gratuliert

Im Namen des Betriebsrates und stellvertretend für alle Kolleginnen und Kollegen darf ich unserer lieben … zum heutigen sechzigsten Geburtstag unsere herzlichsten Glückwünsche aussprechen und diesen Blumenstrauß überreichen. … wird heute nicht nur sechzig Jahre alt, sondern wird mit Ablauf dieses Monats auch in den wohlverdienten Ruhestand gehen können. Dazwischen liegen noch ein paar Tage Resturlaub, so daß du, liebe …, in dieser kleinen Feierstunde gleich zwei gute Gründe zum Feiern hast – ein runder

Geburtstag und gleichzeitig der Abschied von einem langen Arbeitsleben. Wir freuen uns mit dir und gratulieren, auch wenn wir deinem Weggehen mit Wehmut entgegensehen.

... verkörpert ein Arbeitnehmerschicksal, das so wenig spektakulär erscheint und doch so typisch ist für eine ganze Generation in unserem Land. Sie gehört zu den Menschen, denen das Leben nichts geschenkt hat. Im Rahmen der Möglichkeiten, die andere ihr ließen, hat sie für sich selbst und ihre Familie gearbeitet und gesorgt. Sie hat es geschafft. Ein Grund, mit Stolz und Zufriedenheit auf das Geleistete zurückzuschauen! ... mußte – wie viele andere auch – direkt nach der Schule durch eigene Arbeit ihren Beitrag zum Familieneinkommen leisten. So kam sie als Fünfzehnjährige schon in unseren Betrieb. Damals, während der harten und schweren Nachkriegsjahre, gab es für die anstrengenden Tag- und Nachtschichten nur wenig Lohn. Mit einundzwanzig heiratete sie und bekam kurz hintereinander zwei Kinder. Ein paar Jahre ruhte der Beruf, bis die Kinder ein wenig älter waren. Zunächst halbtags, ab 1964 dann ganztags, arbeitete sie wieder hier im Betrieb.

Wir, die wir alle die vielen Jahre zusammengearbeitet haben, fühlen am heutigen Tage mit unserer Kollegin. Sie kann nun aufatmen, daß es endlich geschafft ist, der täglichen Berufsbelastung zu entgehen, und sich ausschließlich Familie und Freizeit widmen. Ein wenig Wehmut vielleicht auch bei ihr, daß der vertraute Kollegenkreis nun aus dem Blickfeld rückt. Ganz sicher aber auch ein wenig Unsicherheit, ob es denn nicht vielleicht schwer wird, sich im neuen Zeit- und Lebensabschnitt zurechtzufinden. ... ist eine von uns und wird es bleiben.

Wir alle wünschen ihr von ganzem Herzen zum heutigen Geburtstag viel Glück und für die folgenden Jahre im Ruhestand Gesundheit, Zufriedenheit und niemals Langeweile.

Wir wünschen dir, liebe ..., noch viele Jahre mit deiner Familie als eine kleine Entschädigung für ein mühevolles, hartes Berufsleben. Und vor allem – vergiß deine alten Kollegen nicht!

Mitarbeiter gratulieren der Chefin

Sehr geehrte Frau Dr. ... (Name der Chefin)!

Im Namen der gesamten Belegschaft übermittle ich Ihnen heute die besten Wünsche zu Ihrem Geburtstag und überreiche Ihnen als kleine Aufmerksamkeit dieses Bukett. Es soll Sie wenigstens für einige Augenblicke daran erinnern, daß heute kein üblicher Arbeitstag ist, sondern einer, an dem die täglichen Termine und Pflichten einmal gegenüber Angenehmerem zurückstehen sollen. Da wir wissen, daß Sie diesen Tag am liebsten im kleinen, privaten Kreise verbringen, möchten wir Sie auch nicht sehr lange davon abhalten. Nehmen Sie daher bitte diesen Blumengruß von uns allen entgegen, verbunden mit den besten Wünschen für Sie zum heutigen Geburtstagsfest. Wir wünschen Ihnen für das neue Lebensjahr Glück, Gesundheit und Erfolg. Wir wünschen Ihnen auch weniger Hektik als im abgelaufenen Jahr und dafür mehr Zeit zu Muße und Regeneration. Und schließlich wünschen wir Ihnen einen vergnügten Tag im Kreise Ihrer Familie und Freunde. Noch einmal: Herzlichen Glückwunsch von uns allen!

Mitarbeiter gratulieren dem Chef

Sehr verehrter Herr ... (Name des Chefs)!

Alle Kolleginnen und Kollegen gratulieren Ihnen herzlich zu Ihrem heutigen Geburtstag. Zwar wollen alle Ihnen selbst die Hand schütteln, das versteht sich ja von selbst. Reden aber soll am besten nur einer, haben wir uns gedacht. Sonst bliebe ja keine Zeit mehr für die angenehmen Seiten eines solchen Geburtstages: Ich meine natürlich den traditionellen Umtrunk. Aber für ein paar Worte soll die Zeit schon reichen.

Sie, lieber Herr ..., feiern heute Ihren 48. Geburtstag. Das ist ein gutes Alter, manche sagen, das sei die produktivste Zeit in einem Berufsleben. Wahrscheinlich deshalb, weil man noch jung genug ist, um innovativ und kreativ zu sein, und schon alt genug, um sich dabei nicht durch Alltagsroutine behindern zu lassen. Wahrscheinlich hat man auch inzwischen gelernt, sich seine Zeit besser einzuteilen und damit auch seine Kräfte. Gerade in unserer Branche ist das ja lebenswichtig, wenn uns nichts mehr einfällt, sind wir raus aus dem Geschäft. Und deshalb kommt es bei uns besonders auf erfolgreiches Teamwork an, was voraussetzt, daß keine Zeit vertan wird mit überflüssigen Regularien und brotlosem Bürokratismus. Sie haben es in den Jahren unserer Zusammenarbeit verstanden, das Team zu motivieren und zu inspirieren. Daß darüber hinaus auch die menschlichen Kontakte nicht zu kurz gekommen sind, beweist am besten wohl die Tatsache, daß bei uns Geburtstage nicht als betriebliche Pflichtübung absolviert, sondern gemeinsam gefeiert werden. Heute nun sind Sie an der Reihe. Ihr Team gratuliert Ihnen herzlich zum 48. Geburtstag. Wir wünschen Ihnen und uns weiterhin eine erfolgreiche Zusammenarbeit, immer gute Einfälle und zündende Ideen für ein sattes Auftragspolster und – last but not least – dieses gute Klima, ohne das alles andere wahrscheinlich gar nicht mehr so gut gedeiht. Als Geburtstagsgeschenk überreichen wir Ihnen diesen alten Stich einer Segelpartie auf der Alster. Er soll einen guten Platz in Ihrem Büro erhalten, damit Sie über aller Arbeit doch wenigstens hin und wieder an Ihr Hobby und die Freizeit erinnert werden.

Herzlichen Glückwunsch von uns allen!

Ehrung von Mitarbeiterinnen und Mitarbeitern

Jubiläum eines Lagerhalters

Lieber Herr …, liebe Kolleginnen und Kollegen!

Worte des Geschäftsführers

Ein seltenes Fest hat uns heute alle hier zusammengeführt: das 25. Firmenjubiläum unseres lieben Herrn … Was sind 25 Jahre?

Ein Nichts – im Meer der Zeit
Eine gute Spanne im menschlichen Leben
Fast die Hälfte im Berufsleben
Sehr, sehr viel aber im Dienste einer Firma.

Meine Gedanken, lieber Herr …, gehen heute zurück auf den Tag, als Sie jung, voller Tatendrang direkt von der Schulbank in unsere Firma eintraten. Sehr schnell haben Sie sich hochgearbeitet und sind Stufe für Stufe aufgestiegen zu dem Posten des Lagerleiters, den Sie heute innehaben.

Sie waren immer ein fleißiger, tüchtiger Mitarbeiter und in Ihrer Arbeitsfreude unseren jüngeren Kollegen ein gutes Vorbild.

Ihr Fleiß und Ihr Streben haben Ihnen auch den Erfolg gebracht. Das, was Sie für Ihre Familie und sich erarbeitet haben, ist nicht vom Himmel gefallen, sondern mit viel Mühe und großer Sparsamkeit von Ihnen erworben worden.

Dennoch: Sie haben trotz aller Arbeit, trotz allen Einsatzes für die Firma, auch noch Zeit für Ihre Familie und Ihre Hobbys gefunden. So, wie Sie in Ihrem Familienkreise der geschätzte Vater und Onkel sind, so haben auch wir Sie als einen fröhlichen, immer hilfsbereiten Mitarbeiter kennengelernt.

So möchten wir alle hoffen, daß wir noch recht lange zusammenarbeiten werden und daß Sie Ihren Frohsinn behalten und gesund bleiben.

Im Namen der Geschäftsleitung der Firma darf ich Ihnen als Anerkennung für Ihre 25jährige Einsatzfreude eine Erinnerungsgabe überreichen und darf Sie, liebe Mitarbeiterinnen und Mitarbeiter, bitten, sich zu erheben, die Gläser zu ergreifen und mit mir anzustoßen auf das Wohl von Herrn …. Auf Ihre Zukunft in Gesundheit und Glück!

Eine Jubilarin wird geehrt

Liebe Mitarbeiterinnen und Mitarbeiter!

Der Betriebsleiter spricht

Heute dreht sich alles um unsere liebe Frau …! Wir schätzen uns glücklich, daß wir Frau … seit nunmehr zwanzig Jahren zu unserer Firma gehörig wissen. Frau … war während all der Jahre ihres Wirkens bei uns der ruhende Pol. Immer gleich blieb sie in ihrer Zuverlässigkeit, Pflichterfüllung und in ihrer unerschütterlichen Ruhe und Zuversicht. Sie ist ein Vorbild für uns alle, nicht nur für mich!

Meine liebe Frau …, diese kleine Feier ist also ein Freudenfest, und ich will mich kurz fassen, um der Festfreude einen um so breiteren Platz zu machen. Seien Sie nicht zu bescheiden, sondern seien Sie sich dessen bewußt, daß wir heute einzig und allein um Ihretwillen zusammen sind. Also nochmal: Herzlichen Glückwunsch und viel Freude an Ihrem Ehrentag heute!

Zum 25. Dienstjubiläum eines Beamten

Lieber Kollege …!

Der Vorgesetzte gratuliert

Was unser großer Humorist Wilhelm Busch einmal in Worte faßte, ist natürlich schon vorher erkannt, aber nur selten so treffend, kurz und witzig formuliert worden: „Eins, zwei, drei, im Sauseschritt läuft die Zeit; wir laufen mit." Und eins, zwei, drei sind auch 25 Dienstjahre vorbei! Die Strecke, die Sie, lieber Kollege …, in diesen vergangenen 25 Jahren Ihres Lebens zurückgelegt haben, war nicht immer eine leichte Strecke – wir wissen das. Aber Sie haben sie zurückgelegt, mit Diensteifer und voller Treue zur Sache, ohne zu stolpern – und ich darf sagen, daß man Ihnen den langen Lauf durchaus nicht ansieht!

Fünfundzwanzig Dienstjahre – das heißt: 25 Jahre angefüllt mit Verantwortung und Pflichten! Aber es heißt auch: 25 Jahre vorbildlicher Leistung und mit vielen schönen und lohnenden Erfolgen, zu denen ich Ihnen heute herzlich gratulieren möchte!

Wenn man als junger Dienstanfänger noch am Anfang der Laufbahn steht, dann macht man sich meistens kaum Vorstellungen von den zahllosen kleinen und großen Mühen, die vor einem liegen. Man denkt nur daran, rasch vorwärtszukommen, und ist von einer Begeisterung erfüllt, deren Feuer bei manchem nur zu schnell wieder erlischt. Diese Begeisterung, lieber Kollege ..., haben Sie sich erhalten, und diese Begeisterung für unsere Aufgaben ist auch ein Grund dafür, daß Sie mit den Schwierigkeiten unseres Dienstes ein Vierteljahrhundert lang ohne weiteres fertig geworden sind!

Mit unermüdlicher Ausdauer und anerkennenswerter Einsatzbereitschaft haben Sie 25 Jahre Staatsdienst geleistet und dabei sicher oftmals persönliche Opfer bringen und private Nachteile in Kauf nehmen müssen. Sie haben sie in Kauf genommen in dem Wissen, der Allgemeinheit zu dienen! Und so waren Sie und sind auch noch heute ein Vorbild für die jüngeren Beamten und Beamtinnen, die von Ihnen gewiß viel gelernt haben. Heute sind wir zusammengekommen, um Ihnen für Ihren nimmermüden Einsatz, Ihre Treue zur Verwaltung und für Ihre menschliche und hilfsbereite Haltung als Kollege aufrichtig zu danken! Und wir sind zusammengekommen, um Ihnen, lieber ..., für die nächste Teilstrecke Ihrer Laufbahn als Beamter der ... (Behörde) einen guten neuen Start und einen glatten Lauf zu wünschen!

Im Namen der ... (Regierung) darf ich Ihnen hiermit diese Urkunde überreichen – als Anerkennung Ihrer Verdienste und zur Erinnerung an Ihren heutigen Ehrentag als Jubilar!

40. Dienstjubiläum eines Beamten

Lieber Kollege ...!

Friedrich von Schiller sagt einmal: „So selten kommt der Augenblick im Leben, der wahrhaft wichtig ist und groß." Wir wissen heute nicht, welche Augenblicke im menschlichen Dasein der große Dichter damit gemeint hat – zweifellos gehört aber auch der Tag dazu, an dem man mit Freude und Stolz auf eine vierzigjährige Pflichterfüllung im Beruf zurückschauen kann.

Vierzig Jahre – das ist eine lange, sehr lange Zeit. Vierzig Jahre ununterbrochener Tätigkeit im Dienst am Bürger und am Staat aber sind noch mehr. Der Unterschied ist zwar kein zeitlicher, doch scheint es mir anerkennenswerter zu sein, wenn ein Mensch vier Jahrzehnte nur für andere schafft, als wenn er das nur für sich selbst tut. Mit unermüdlicher Ausdauer haben Sie, lieber Kollege ..., vier Jahrzehnte lang Ihre dienstlichen Aufgaben erfüllt, mancherlei persönliche Opfer bringen müssen und dennoch nicht gefragt, ob sich diese Opfer eines Tages lohnen würden. Es ist Ihnen auch gar nicht um einen solchen Lohn gegangen, sondern es war Ihnen einfach nur darum zu tun, Ihren Pflichten zu genügen. Sie haben sich vielleicht – wie wir alle – des öfteren mit dem berühmten Rädchen im Werk einer großen Maschinerie verglichen – aber Sie wußten zugleich auch, daß diese große Maschinerie ohne die kleinen Rädchen nicht funktionieren könnte. Und dieses Wissen hat Ihnen eine Genugtuung vermittelt, die Sie brauchten wie jeder von uns – die Genugtuung, etwas wirklich Nützliches zu leisten, nicht für sich selbst, sondern für die Allgemeinheit. Die Direktion ... (Ort) unserer Verwaltung hat mich beauftragt, Ihnen als einem verdienten Mitarbeiter dieser Dienststelle ihre Anerkennung auszusprechen und Ihnen gleichzeitig als Zeichen des Dankes und zur Erinnerung an diesen Ihren Ehrentag diese Urkunde (oder diese Plakette usw.) zu überreichen. Wenn unsere Verwaltung seit langem eine erfreuliche Aufwärtsentwicklung erfahren hat, so dankt sie das nicht zuletzt allen Beamten, die in beispielhafter Treue und steter Einsatzbereitschaft ihre Pflicht erfüllten, so wie Sie, lieber Kollege ...! Es spielt dabei keine Rolle, in welcher Dienststelle und an welchem Platz man den immer mehr wachsenden Anforderungen gerecht wird – es spielt keine Rolle, ob man im Schalterdienst eingesetzt ist, als Standesbeamter alle Eheschließungen, Geburten und Sterbefälle registriert, oder ob man am Steuer eines unserer Busse sitzt – entscheidend ist allein, daß man seine Pflicht erfüllt, wie es gefordert wird. Und Sie haben Ihre Pflichten immer musterhaft erfüllt.

Zu danken habe ich Ihnen an dieser Stelle auch für Ihre Kollegialität, die ja nicht zu den Amtspflichten gehört, sondern freiwillig, ja, ein Herzensbedürfnis des einzelnen ist. Denn auch als Kollege haben Sie menschliches Verständnis und Hilfsbereitschaft gezeigt, und auch deshalb hoffen und wünschen wir alle, Sie noch recht lange in unserer Mitte zu sehen.

Dienstjubiläum eines Lehrers

Sehr verehrter Herr ...! Meine Damen und Herren des Kollegiums! Liebe Schülerinnen und Schüler!

Rede des Schulleiters

Als der englische Admiral Lord Nelson im Oktober des Jahres 1805 seine Kriegsschiffe in die Schlacht von Trafalgar führte, rief er seinen Offizieren zu: „England erwartet, daß jeder Mann seine Pflicht tun wird!" In diesem Kampf wurden die französische und die spanische Flotte vernichtend geschlagen. In diesem Kampf fiel aber auch der Mann, für den Pflichterfüllung eine Sache der Ehre war: Admiral Nelson. Dieses Beispiel aus der Geschichte zeigt uns, was wir unter Pflichterfüllung zu verstehen haben. Ich rede damit nicht einem falsch verstandenen Heldentum das Wort. Ich meine vielmehr, daß Pflichterfüllung eine Sache der einmal eingegangenen Verpflichtung ist. Welcher Art diese Verpflichtung auch immer sein mag, ihre unbedingte Verwirklichung ist ein Beweis menschlicher Stärke. Niemand wird glauben, daß Pflichterfüllung immer eine einfache Angelegenheit sei. Unser Beispiel beweist es. Aber gerade weil sie das nicht ist, liefert sie einen guten Maßstab zur Beurteilung eines Menschen. Der Beruf des Lehrers mag für viele, insbesondere für junge Menschen, ein Beruf ohne besondere Schwierigkeiten sein. Man beendet seine Schulausbildung, besucht die Fachhochschulen bzw. Universitäten, in denen man sich das erforderliche Wissen aneignet, macht noch ein paar Prüfungen und zehrt ab diesem Augenblick von dem, was man weiß und was man gelernt hat. Man hat nichts anderes mehr zu tun, als Jahr für Jahr den erlernten Stoff weiterzugeben und im übrigen seiner Freizeitbeschäftigung nachzugehen.

Wenn es so wäre, hätten wir uns heute nicht zu dieser kleinen Feierstunde zusammengefunden. Dann hätten wir auch keinen wirklichen Grund, einen Mann zu ehren, der nun schon ... Jahre in diesem Beruf tätig ist. Oder es wäre zumindest nichts anderes als eine Gewohnheitssache. Das aber ist es gerade nicht. Es geht nicht darum, ein paar unverbindliche Worte zu sprechen, sondern es geht darum, einem Mann Dank zu sagen, der seit vielen Jahren immer wieder aufs neue seine Pflicht erfüllt. Wir alle kennen Herrn ... (Titel und Name) als einen Menschen, auf den Verlaß ist. Die einen als Kollegen, die anderen als ihren Lehrer. Diese Verläßlichkeit erstreckt sich jedoch nicht nur darauf, daß er morgens pünktlich zum Unterricht kommt, daß er zu Hause die Arbeiten korrigiert und während eines Schulausflugs die ihm anvertrauten Schüler beaufsichtigt. Ich meine eine Verläßlichkeit, die ihn zu einem guten und beliebten Lehrer gemacht hat und immer wieder macht. Ich meine die Verläßlichkeit, die uns jederzeit hinter seiner Arbeit als Lehrer seine erzieherische Verantwortung spüren läßt. Der junge Mensch, der ihm in die Hand gegeben wird, ist für diesen Mann nicht in erster Linie ein Wesen, das mit Wissen möglichst voll gestopft werden muß. Vielmehr bedeutet er für ihn so etwas wie ein junges Bäumchen, das es auszurichten und zu biegen gilt.

In den ... Jahren, die Sie, Herr ..., jetzt unserem Lehrkörper angehören, konnte ich oftmals die Feststellung machen, daß Sie über die Sorgen und Nöte der jungen Menschen, die Sie unterrichteten, immer bestens unterrichtet waren. Ich glaube, den Grund hierfür zu wissen. Wirkliche Erziehung ist nur dann möglich, wenn man den einzelnen Menschen kennt, wenn man sich mit seinen geheimen Wünschen und persönlichen Schwierigkeiten befaßt. Diese Überzeugung haben Sie während Ihrer bisherigen Tätigkeit als Erzieher nach besten Kräften erfolgreich verwirklicht. Es konnte daher nicht ausbleiben, daß Sie nicht nur von Schülern, sondern auch von jüngeren Kollegen immer wieder um Rat gefragt wurden und gefragt werden.

Ich wünsche Ihnen, verehrter Herr Kollege, zum heutigen Tage alles Gute. Ich wünsche Ihnen für Ihr weiteres Leben und die Ausübung Ihres Berufes Erfolg und Zufriedenheit. Und ich wünsche uns, daß Sie noch recht lange an dieser Schule wirken mögen.

Beförderung eines Beamten

Sehr geehrter Herr Kollege ... (Name des Beförderten)! Meine Damen und Herren!

Der zuständige Vorgesetzte spricht

Wir sind heute hier zusammengekommen, um Ihnen, verehrter Herr Kollege, für die Arbeit, die Sie in den ... Jahren Ihrer Zugehörigkeit zu unserer Behörde geleistet haben, zu danken.

Wir haben Sie als einen Menschen kennen- und schätzengelernt, der mit Einsatz und Verantwortungsfreude seine Aufgaben erfüllt. Zwar kann jeder, der seinen Beruf ernst nimmt, auf seinem Gebiet seinen Mann stehen. Erst das Wissen um die Verantwortlichkeit für den ihm übertragenen Aufgabenbereich aber macht ihn zu einem besonders wertvollen Mitarbeiter. Erst dieses Wissen versetzt ihn in die Lage, mehr zu sehen und demzufolge auch mehr zu geben als jene, für die ihre Arbeit nichts weiter als eine zum Broterwerb notwendige Tätigkeit ist. Verantwortungsgefühl sowie das Gefühl für Wahrheit und Gerechtigkeit gehören zu den wertvollsten menschlichen Eigenschaften. Leider lehrt die Erfahrung immer wieder, daß viele ganz nach Belieben damit umgehen. Sie bedienen sich ihrer, wann und wo es ihnen gefällt, und vergessen sie, wenn ihnen gerade danach zumute ist. Das Wissen um die eigene Verantwortlichkeit entspricht dem Wissen um die Aufgabe, die einem in der Gemeinschaft der Menschen gestellt ist. Wer sie sich bewußt gemacht hat und in diesem Bewußtsein lebt, erhebt sich über die große Masse derjenigen, die keine klare, positive Stellung innerhalb der menschlichen Gesellschaft bezogen haben. Die Verantwortung ist unteilbar, das bedeutet, man kann sie nicht hier empfinden und dort nicht. Der verantwortungsbewußte Mensch wird sich der Tragweite seiner Aufgabe immer bewußt sein, gleich welcher Art sie auch sein mag.

Solch einen Menschen, verehrter Herr Kollege ..., sehe ich in Ihnen. Ich bin froh, daß ich Sie zu unseren besten und tatkräftigsten Mitarbeitern zählen kann. Und ich bin erfreut darüber, daß ich Ihnen an diesem Tage eine verdiente Anerkennung zuteil werden lassen darf. Ich spreche hiermit Ihre Beförderung zum ... aus und verbinde damit die Hoffnung, daß Sie uns auch weiterhin Ihre ganze Kraft zur Verfügung stellen. Ich beglückwünsche Sie zu dieser Beförderung von ganzem Herzen und wünsche Ihnen für Ihre weitere Arbeit guten Erfolg.

Zur Beförderung

Lieber Kollege ...!

Ein Kollege gratuliert im Namen aller

Wir alle kennen dich lange genug, um zu wissen, daß es dir nicht liegt, im Mittelpunkt zu stehen und Aufsehen zu erregen. Heute aber mußt du es dir schon gefallen lassen, daß wir dich gebührend feiern. Man wird immerhin nur einmal im Leben zum ... (neuer Dienstgrad) befördert, und das ist doch wahrhaftig ein Anlaß, diesen Tag entsprechend festlich zu begehen und gemeinsam Rückschau zu halten auf alles, was hinter uns liegt.

So wünschen wir dir weiterhin Glück, Gesundheit und alles Gute. Und wir wünschen uns auch selbst etwas, nämlich, daß du so bleibst, wie du bist: ein Kollege, auf den man sich in jeder Lage verlassen kann! Wir kennen dich als einen

Mann, für den die Worte Kollegialität und Kameradschaft nicht einfach nur leere Begriffe sind! Ob du unseren jüngeren Beamten etwas von deiner Erfahrung und deinem Wissen vermittelst und ihnen so hilfst, ihren Dienst leichter zu erfüllen, oder ob du tatkräftig einspringst, wenn es gilt, einen kranken Kollegen im Dienst zu vertreten, du bist nicht der Mensch, der nein sagt, wenn man seine Hilfe und sein Verständnis braucht.

Deshalb gratulieren wir dir herzlich zu deiner Beförderung, der noch recht viele andere folgen mögen.

Kurze Dankrede des beförderten Beamten an seine Vorgesetzten und seine Kollegen

Sehr verehrter Herr ... (Titel)!
Liebe Kolleginnen und Kollegen!

Es passiert wirklich nicht alle Tage, daß ein Beamter so sehr geehrt wird wie ich heute. Deshalb freue ich mich aufrichtig über die freundlichen und anerkennenden Worte, die Sie, Herr ... (Titel des Vorgesetzten), und du, lieber Kollege ... (Name des Sprechers der Beamten), im Namen der Kolleginnen und Kollegen für mich gefunden haben.

Gerade weil ich meine, daß es selbstverständlich ist, seine Pflichten zu erfüllen und das zu tun, was man von jedem von uns erwartet – gerade deshalb werde ich den heutigen Tag nicht vergessen können!

Es ist gut zu wissen, daß unser Dienst und die damit verbundene Pflichterfüllung nicht einfach nur hingenommen werden, sondern daß man sie anerkennt!

Für die eindrucksvollen Worte, die vorhin über mich und meine dienstliche Tätigkeit fielen, danke ich sehr herzlich.

Verabschiedung von Mitarbeiterinnen und Mitarbeitern

Verabschiedung eines Mitarbeiters bei Erreichen der Altersgrenze

Meine sehr verehrten Damen und Herren!
Liebe Mitarbeiterinnen und Mitarbeiter!

Der Chef spricht

Der Anlaß, aus dem wir uns heute versammelt haben, ist für unseren Betrieb (Behörde) ein Ereignis etwas wehmütiger Natur, denn mit dem heutigen Tage verläßt uns unser verehrter Mitarbeiter, Herr …, um, wie es so schön heißt, in den wohlverdienten Ruhestand einzutreten. Schmerzlich trifft uns das Ausscheiden dieses bewährten und erfahrenen Mannes, groß wird die Lücke sein, die er in seinem Schaffensbereich wie auch im Kreise seiner Mitarbeiter hinterläßt. Weiß doch ein jeder von uns, der das Glück hatte, mit diesem zuverlässigen und tatkräftigen Kollegen zusammenzuarbeiten, welch eine Fülle von Erfahrung, Gewissenhaftigkeit und Einsatzbereitschaft für das Unternehmen (Behörde) sich im Laufe der Jahre hier segensreich ausgewirkt hat. Auch für unseren Herrn … selbst mag dieser Lebensabschnitt, der das Fehlen der liebgewordenen Tätigkeit mit sich bringt, nicht so ganz leicht zu bewältigen sein. Und trotz aller dieser, ich möchte sagen, traurigen Reminiszenzen hat dieses Abschiednehmen unseres Mitarbeiters etwas Natürliches, Versöhnliches.

Eines möchten wir noch sagen, verehrter Herr Kollege: daß Ihr Rat noch gebraucht wird, daß wir froh sein werden, Sie als guten Geist und Berater noch hinter uns zu haben, wenn die Situation es verlangt. Sie bleiben uns ja nahe. Und wir hoffen, daß Sie uns nicht ganz vergessen werden über Ihrem neuen Feierabenddasein, das Ihnen nun endlich die Gelegenheit geben wird, all das zu tun und zu unternehmen, wozu der Beruf Ihnen bisher keine Zeit gelassen hat. „Nach getaner Arbeit ist gut ruh'n" heißt ein Sprichwort. Aber ich möchte sagen: So rüstig, wie ich Sie heute in unserer Mitte sehe, wird noch kein Bedürfnis zum Ruhen bei Ihnen vorhanden sein.

Und so möchten wir Ihnen wünschen, daß Ihnen noch viele frohe Tage im Kreise Ihrer Familie bei Gesundheit und Zufriedenheit vergönnt sein mögen. Ich will diese kleine Feierstunde nicht abschließen, ohne der Hoffnung Ausdruck zu geben, daß Sie auch weiterhin innerlich mit dem Wohl und Wehe unseres Betriebes (Behörde) verbunden bleiben mögen, wie auch Ihr Vorbild unserer Jugend zum Ansporn im Gedächtnis bleiben soll. Treten Sie in Ihren neuen Lebensabschnitt ein in dem sicheren Bewußtsein, daß Sie sich bei uns für alle Zeiten Vertrauen und Sympathie geschaffen haben, was Ihnen eine Kraftreserve für kommende Zeiten sein möge. In diesem Sinne reiche ich Ihnen, sehr verehrter Herr ..., die Hand zum Abschied, der ja kein Abschied ohne Wiedersehen ist, und bitte Sie, uns alle in guter Erinnerung zu behalten!

Verabschiedung langjähriger Mitarbeiter

Meine sehr verehrten Damen und Herren!

Der Leiter spricht

Als Leiter der Firma ... (oder des Amtes für ...) habe ich Sie heute hierhergebeten, weil es eine Stunde des Abschieds ist. Des Abschieds von einigen Mitarbeiterinnen und Mitarbeitern, die sich um unsere Firma (unser Amt) sehr verdient gemacht haben und uns nun verlassen, um nach einem arbeitsvollen Berufsleben den Lohn ihres Schaffens zu genießen: Freizeit, soviel Sie wollen. Und Sie haben sie sich verdient!

„Ein guter Abend kommt heran, wenn ich den ganzen Tag getan!" heißt es bei Goethe. Unsere Kollegen ... (es folgen die Namen der ausscheidenden Mitarbeiter) haben – um mit Goethe zu sprechen – den ganzen Tag getan. Ihr Tagewerk ist ihnen sicher nicht immer sehr leichtgefallen, so manchen Tropfen Schweiß mögen sie in all den Jahren vergossen, und so mancher Verdruß mag ihnen ihre Pflichten sauer gemacht haben. Aber sie haben treu und redlich durchgehalten, sie haben immer wieder von neuem in die Hände gespuckt und ihre Aufgaben so erfüllt, wie man es von ihnen erwartete. Und oft genug haben sie diese Aufgaben besser erfüllt, als es verlangt wurde.

„Courage ist gut, aber Ausdauer ist besser – Ausdauer, das ist überhaupt die Hauptsache“, sagt Theodor Fontane. Unsere hochgeschätzten Kollegen, für die der heutige Tag der letzte in unserer Gemeinschaft ist, haben Ausdauer bewiesen – und beweisen uns damit, daß es sich lohnt, ausdauernd und zäh zu arbeiten. Diese kleine Feier, aus der heraus sie nun in einen guten Lebensabend treten und ihre verdiente Ruhe genießen werden, ist der Beweis dafür. Sie haben ihr Ziel erreicht und können mit dem stolzen Bewußtsein von uns gehen, daß sie ihren Verpflichtungen gegenüber dem Beruf immer und gut nachgekommen sind. Es ist ihnen nichts geschenkt worden, aber ich bin überzeugt, daß sie sich auch gar nichts hätten schenken lassen!

Sie, die Sie uns heute verlassen, sollen wissen, daß Sie uns fehlen werden! Gewissenhaftigkeit und Treue, in unserer allzu schnellebigen Zeit zwei rare Güter, sind nicht so leicht zu ersetzen. Darum werden wir uns Ihrer immer wieder gern erinnern, und wir werden uns freuen, wenn Sie uns Ihre Wertschätzung und unserer Firma (unserem Amt) Ihre Verbundenheit bewahren.

Wir bitten Sie auch, sich nun nicht etwa für überflüssig zu halten, denn wir wissen ja am besten, daß Sie es nicht sind! Aber wir wissen auch, daß Sie Ihren Feierabend eben bitter nötig haben als Menschen, die lange Jahre ihre Pflicht getan haben. Von nun an brauchen Sie sich nicht mehr zu plagen, um hundert berufliche Probleme zu lösen – von nun an brauchen Sie nicht mehr von morgens bis abends an der Maschine zu stehen (im Büro zu sitzen), sondern können Ihr Leben so einrichten, wie Sie es sich immer erträumten. Von morgen an können Sie sich noch mehr Ihren Lieben widmen, die Sie ebenso nötig brauchen, wie wir Sie immer gebraucht haben. Sie werden Ihren Angehörigen manche schöne Stunde bereiten können, Sie werden auch Ihre Hobbies pflegen und nach Herzenslust Rosen züchten, Briefmarken sammeln oder mit Ihren Enkelkindern auf Abenteuersuche gehen können! Wir danken Ihnen für Ihre Treue und Ihre Kollegialität – wir alle! Und wir alle wünschen Ihnen von Herzen: einen recht frohen und segensreichen Feierabend!

Vorzeitige Pensionierung einer Beamtin

Sehr geehrte Frau (ggf. Titel) ...!
Liebe Kolleginnen und Kollegen!

Rede bei der Abschiedsfeier

Zu unserem Bedauern scheidet heute aus unserer Mitte unsere verdienstvolle Mitarbeiterin, Frau (Titel) ..., aus. Krankheitsgründe zwingen Sie, meine verehrte Kollegin, vorzeitig in den Ruhestand zu treten. Mit besonderer Anerkennung gedenken wir in dieser Abschiedsstunde Ihrer für uns so wertvollen Mitarbeit in den vielen Jahren unserer gemeinsamen Tätigkeit. Nehmen Sie unseren kollegialen Dank entgegen für alles, was Sie während Ihrer Amtszeit zum Wohle unserer Stadt (Land) beigetragen haben.

Nachdem Sie zuvor mehrere Jahre als Oberinspektorin tätig waren, wurden Sie Amtsleiterin in unserer Behörde. Ihre Tätigkeit war nicht nur für Sie persönlich erfolgreich, sie war segensreich für uns alle.

Wer seinen Beruf so ausübt, wie Sie das taten, muß ihm schon mit innerer Begeisterung und mit Leidenschaft anhängen. Es war Ihnen vergönnt, bleibende ideelle Werte zu schaffen und sich in den Herzen aller Kolleginnen und Kollegen ein Denkmal zu setzen. Viele Ihrer jungen Mitarbeiter können nun das in die Praxis umsetzen, was Sie, verehrte Kollegin, ihnen so beispielhaft vermittelt haben. Sie haben in Ihrer leitenden Position die hohe Aufgabe des Dienstes niemals außer acht gelassen und sich mit allen Ihnen zur Verfügung stehenden Kräften für das Rechte und Wahre eingesetzt. Aber Sie haben nicht nur unserem Amt so vorbildlich gedient, Sie haben sich zusätzlich auch für öffentliche Aufgaben begeistert zur Verfügung gestellt. Nur wer von diesem selbstlosen Dienst an der Allgemeinheit weiß, weiß auch, mit welch ungewöhnlicher Pflichterfüllung Sie Ihre Aufgaben gemeistert haben. Wir schulden Ihnen Dank auch dafür, daß Sie unserem Amt einen so guten Ruf verschafft und erhalten haben. Ihre aufbauende und gestaltende Arbeit wird nicht vergessen werden. Ihr Bestreben, das immer darauf gerichtet war, Ihren Mitarbeiterinnen und Mitarbeitern in allen Situationen eine hilfsbereite und zuverlässige Freundin zu sein, läßt mich auch hoffen, daß wir Ihrer kameradschaftlichen Mithilfe und Freundschaft auch weiterhin sicher sind. Sie scheiden zwar aus unserer Mitte aus und verlassen diese Räume, doch bleiben Sie trotzdem bei uns. Wir werden unseren guten Kontakt aufrechterhalten, und das nicht nur, wenn wir Ihres Rates bedürfen.

Mit den besten Wünschen für Ihre Zukunft und Ihre baldige Genesung danken wir Ihnen für alles.

Abschiedsworte einer ausscheidenden Beamtin

Meine lieben Kolleginnen und Kollegen!

Ich verlasse heute den Kreis meiner Mitarbeiterinnen und Mitarbeiter und meine mir so lieb gewordene Tätigkeit. Es ist für mich nicht leicht, bereits mit 60 Jahren aus diesem Amt zu scheiden, dem ich fast 40 Jahre lang angehört habe. Die guten Wünsche, die mir gegolten haben, sowie die Anerkennung meiner Arbeit in Ihrem Kreise werden mir gewiß den Übergang in den Ruhestand erleichtern. Gern werde ich Ihrem Wunsch entsprechen, liebe Kollegen, Ihnen auch weiterhin bei schwierigen „Fällen“ mit Rat und Tat zur Seite zu stehen.

Meinen Mitarbeiterinnen und Mitarbeitern gilt mein aufrichtiger Dank für die hervorragende Zusammenarbeit und tatkräftige Unterstützung meiner Pläne und Arbeiten. Das mir gezeigte Wohlwollen und die anerkennenden Worte meiner Vorredner sollen aber nicht allein meiner Person, sondern der gesamten Kollegenschaft gelten. Nicht zuletzt diese Zusammenarbeit war es, die mir oft die Schwere der Verantwortung erleichtert hat.

Ich weiß, daß unserer Behörde und Ihnen allen durch die noch nicht voll ausdiskutierten Neuregelungen der bevorstehenden Funktional- und Verwaltungsreform noch viele unruhige Tage ins Haus stehen werden. Es ist noch nicht einmal sicher, ob das vorhandene Aufgabengebiet und der Dienstsitz beibehalten werden. Ständig neue Vorschläge, aber auch viele Gerüchte geistern durch die Amtsstuben.

Mein Rat: Lassen Sie sich nicht irritieren, bleiben Sie ruhig. Auch diese Schwierigkeiten werden bald überwunden sein. Denken Sie aber vor allem daran, daß unser Kunde, der Bürger, kein Verständnis dafür hätte, wenn unsere Probleme, Befürchtungen und Schwierigkeiten unsere Dienstleistung an ihm beeinträchtigen würde.

Ich scheide mit dem Wunsche für eine gute Zukunft unseres Amtes aus dem Dienst. Mögen Sie auch weiterhin eine fruchtbare Arbeit zum Wohle der Allgemeinheit leisten. Ein herzliches Lebewohl Ihnen allen.

Pensionierung einer Lehrerin

Sehr verehrte Frau … (Titel und Name der Geehrten)!
Meine Damen und Herren des Kollegiums!
Liebe Schülerinnen und Schüler!

Rede des Schulleiters

Wir haben uns heute hier zusammengefunden, um eine Frau zu verabschieden, die … Jahre als Lehrerin und Erzieherin an unserer Schule tätig war. In dieser Zeit hatten wir oft genug Gelegenheit, ihre hervorragenden Fähigkeiten auf dem Gebiet der Erziehung kennen- und schätzenzulernen. Allerdings nicht nur auf dem Gebiet der Erziehung, sondern vor allem im Bereich des rein Menschlichen, das so oft in seiner schönsten Form bei ihr zutage trat. Wir erinnern uns an einige Begebenheiten, in denen es ihr gelang, eine verfahrene Situation allein dadurch zu retten, daß sie aus der Fülle ihrer Erfahrung und Menschenkenntnis heraus das einzig Richtige vorschlug und auch tat. Dabei war es oftmals nicht in erster Linie von Bedeutung, ob an irgendwelchen herkömmlichen Meinungen und Ansichten festgehalten wurde, sondern ob eine Entscheidung menschlich zu rechtfertigen war oder nicht. Erziehung heißt nicht nur, dem jungen Menschen fachliches Wissen beizubringen. Erziehung heißt in erster Linie, der jungen, noch unfertigen Persönlichkeit jedes einzelnen Rechnung zu tragen, sie nach ethischen Gesichtspunkten zu leiten, damit sie sich ohne Schwierigkeiten in die menschliche Gemeinschaft einfügen kann. Das Ziel all dieser Bemühungen ist ein freier, sich seiner Verantwortung gegenüber der Gesellschaft bewußter Mensch.

Dieses Ziel, verehrte Frau ..., haben Sie während der ... Jahre Ihrer Tätigkeit nie aus den Augen verloren. Ich bin fest davon überzeugt, daß es Ihnen dabei keinesfalls immer leicht gemacht wurde. Um so anerkennenswerter ist es, daß Sie sich dennoch niemals in der Richtigkeit Ihrer Anschauungen und Absichten haben irremachen lassen. Eine gute Sache zu verwirklichen, ohne daß sich Schwierigkeiten in den Weg stellen, ist gewiß kein unbedeutendes Unterfangen. Diese gute Sache jedoch trotz mannigfaltiger Rückschläge und vielleicht auch Anfeindungen durchzusetzen und zu Ende zu führen ist weitaus ehrenvoller. Wir, Ihre Kollegen und Ihre Schüler, danken Ihnen daher von ganzem Herzen dafür, daß Sie uns klar und unmißverständlich gezeigt haben, wie ein Lebensweg aussieht, wenn er fruchtbar und sinnvoll sein soll. Wir wissen, daß gerade der junge Mensch manche Notwendigkeit des Lebens noch nicht einzusehen vermag. Wir wissen, daß es Dinge gibt, die zu verstehen auch den Erwachsenen schwerfällt. Daraus ergibt sich, daß im Interesse eines zu erreichenden Zieles oft gegen den Widerstand der Unerfahrenheit, der Unvernunft und der menschlichen Einfältigkeit gehandelt werden muß. Wie wäre der Stand der Erziehung im Jahre ... (Jahreszahl, wann die Rede gehalten wird), wenn es nicht immer wieder Menschen gegeben hätte, die es gewagt haben, gegen eine starre Tradition anzukämpfen, die oftmals nichts anderes war als Bequemlichkeit und Angst vor den Konsequenzen des Neuen. Gewiß, die Erziehung ist kein Gebiet für Experimente. Aber sie ist ein Gebiet, das wie kaum ein zweites Einsicht und Aufgeschlossenheit erfordert, wenn sie erfolgreich sein soll. Erfolgreich heißt in diesem Zusammenhang nicht persönlicher Erfolg des Erziehers. Erfolgreich heißt hier, daß es ihr gelingt, junge Menschen heranzuziehen, die den Anforderungen ihrer Zeit gewachsen sind. Diesen Erfolg, Frau ..., hat Ihre Arbeit gezeigt. Und deshalb sage ich Ihnen heute, am Ende Ihrer offiziellen Laufbahn: Es war eine gute Arbeit. Ich wünsche Ihnen im Namen des Kollegiums und der Schülerschaft der ...-Schule für die Zukunft alles Gute. Ich wünsche Ihnen Gesundheit und Kraft, daß Sie Ihren Lebensabend in dem Geiste verleben können, der Sie bis hierher geleitet hat.

Rede bei Firmenwechsel

Liebe Mitarbeiter, lieber Herr ...!

Der Chef verabschiedet seinen Assistenten

Als Sie mir vor wenigen Wochen eröffneten, daß Sie sich nach einer anderen Position umsehen wollten, war ich – ehrlich gesagt – zunächst einmal betroffen. Ich hatte wohl insgeheim gehofft, daß sich die nunmehr drei Jahre bestehende gute und vertrauensvolle Zusammenarbeit zwischen uns noch eine gute Weile fortsetzen ließe. Als Sie mir dann aber die Gründe nannten, habe ich es besser verstanden. Es leuchtet mir ein, daß Sie noch andere Märkte, andere Branchen und andere Aufgabengebiete kennenlernen wollen, um sich für künftige Führungsaufgaben besser zu qualifizieren. Wir alle verstehen und respektieren Ihren Wunsch. Denn wir wissen, daß Sie gerne hier gearbeitet haben und daß die Struktur unseres Betriebes Ihnen derzeit keine Alternative bzw. Möglichkeit der Weiterentwicklung bietet.

Wir wünschen Ihnen daher heute für Ihren weiteren Berufsweg viel Erfolg. Sie sollen aber auch wissen, daß wir Sie jederzeit gerne wieder in unserem Betrieb willkommen heißen. Als Dank für die reibungslose Zusammenarbeit in den letzten drei Jahren und als kleine Erinnerung an Ihre alte Firma überreiche ich Ihnen ein von uns allen signiertes Exemplar unserer Firmenchronik, an deren positivem Verlauf Sie in den letzten drei Jahren entscheidend mitgewirkt haben. Alles Gute für Sie.

Trauerreden

Der Chef für seinen Mitarbeiter

Liebe Trauerversammlung!

Wir nehmen Abschied von ... (Name des Verstorbenen). Der hier zur letzten Ruhe bestattet werden soll, war einer von uns, ein guter und hilfreicher Kollege und Mitarbeiter.

Sein Denken und Wirken galten nie nur sich selbst, sondern uns allen. Oft ordnete er dabei sein Interesse dem gemeinsamen Interesse unter. Stets war er zu jeder Arbeit und zu jeder Hilfe bereit.

Wenn wir auf sein kurzes Leben zurückblicken, so müssen wir bekennen, daß es voller Arbeit gewesen ist. Ja, er hat viel gearbeitet und auch viel erreicht. Schon als ganz junger Mann ist er mit Aufgaben und Verantwortungen betraut worden, die sonst älteren vorbehalten bleiben. Er hat stets mehr getan als seine Pflicht und ist dadurch zum Vorbild für alle und zum unersetzlichen Mitarbeiter geworden.

Was vergangen, kehrt nicht wieder,
aber – ging es leuchtend nieder,
leuchtet's lange noch zurück.

So wird das Leben und Wirken unseres Kollegen ... noch lange als leuchtendes Vorbild in uns lebendig bleiben.

Ruhe in Frieden!

Für einen Vorgesetzten

Viel zu früh hat das Schicksal zugeschlagen und unseren hochverehrten Chef und väterlichen Freund aus unserer Mitte gerissen, aus seinem Werk, dem seine ganze Kraft und Liebe galten.

Sein Wirken war für uns alle segensreich, sein Name wird überall in der Welt gern genannt.

Sein Tod bedeutet für uns einen tiefen Schmerz, aber gleichzeitig auch eine ernste Mahnung, ihm nachzueifern und in seinem Sinne weiterzuarbeiten. Das versprechen wir hiermit.

Tödlicher Betriebsunfall

Hochverehrte Frau … (Name der Witwe)!
Verehrte Trauergemeinde!

Der Chef spricht am Grabe

Wir sind bestürzt und fassungslos, daß Ihnen der Mann, daß euch Kindern der Vater und uns einer der treuesten und besten Mitarbeiter mitten aus der vollen Schaffenskraft eines noch so jungen Lebens gerissen wurde.

Der Verunglückte, Herr …, war schon seit … Jahren in unserem Betrieb. Als Lehrling kam er zu uns (es folgt kurzer Überblick über seinen beruflichen Werdegang). Eine solche ungewöhnliche Karriere war der gerechte Lohn für eine ebenso ungewöhnliche Leistung, für eine seltene Betriebstreue, gepaart mit hoher Intelligenz und einer nie erlahmenden Einsatzfreude an jeder Stelle, an der er stand. Und er nahm oft genug eine Stelle ein, die ihn gefährdete, die gar nicht zu seinen Berufsaufgaben zählte, an die er sich aber von seinem Pflichtgefühl hingerufen fühlte. Das ist ja die Tragik jener Tatsache, daß es immer die Besten trifft. Weil sie sich stets bis zum Letzten einsetzen, weil sie immer eigenhändig zupacken müssen, auch oder gerade wenn Gefahr für Leib und Leben droht, eine Gefahr, die auch angesichts eines fast bis zur Vollkommenheit entwickelten Unfallschutzes nicht völlig auszuschließen ist.

Ich weiß nicht, was ich Ihnen, hochverehrte Frau …, Ihren Kindern und den übrigen Angehörigen als Worte des Trostes sagen soll. Ich sehe mit Ihnen nur die furchtbare Tragik und den unersetzlichen Verlust. Eines jedoch kann ich Ihnen versichern: Für mich und den Betrieb ist es eine selbstverständliche Dankespflicht, daß wir alles tun werden, um den

Angehörigen wenigstens in äußerer, materieller Hinsicht den schweren Verlust zu erleichtern. Und eine Ehrenpflicht wird es für uns alle sein, das Andenken dieses Toten dadurch zu wahren, daß wir ihm nachzueifern suchen. Nachzueifern in jener Pflichterfüllung, Einsatzbereitschaft und Treue, die er uns vorgelebt hat.

Anläßlich des Todes eines Kollegen

Hochverehrte Hinterbliebene!
Liebe Trauergemeinde!

Trauerrede eines Staatsbeamten

Wie man es auch bezeichnen mag, ob als Gott, Schicksal, Zufall: Es ist und bleibt etwas, das zu begreifen für uns Menschen unmöglich ist. Welche Macht auch immer über Tod und Leben entscheidet, sie folgt einem Willen oder einer Gesetzmäßigkeit, die wir nicht verstehen. Unzählige Fragen bleiben unbeantwortet, unsere Vorwürfe finden keine Erwiderung, und unser Weinen und Hadern scheint ins Nichts gerichtet zu sein. Das ausgesprochene oder aber unausgesprochene „Warum“ ist ein Zeichen dafür, daß wir keine Gründe erkennen und keine Erklärung finden können. Dennoch aber wollen wir versuchen, nicht eine Macht oder ein Gesetz zu verfluchen, das wir nicht kennen, allenfalls ahnen.

Der Tod dieses Mannes scheint für uns Lebende so unsinnig und unbegreifbar, daß wir versucht sein könnten, ihn als absurd zu bezeichnen. Er riß ihn mitten aus einem ausgefüllten, vollen und segensreichen Leben. Er löste ihn binnen weniger … (Minuten, Stunden, Tage etc.) aus unserer Gemeinschaft, ohne ihm einen Rückweg zu lassen. Er nahm ihn unwiderruflich von uns und stellte uns vor die schwere Aufgabe, in Zukunft ohne ihn auszukommen. Es ist ein ebenso alter wie wahrer Satz, daß das Leben weitergeht. Es wird auch jetzt, nach seinem Tode, nicht damit aufhören, von uns Lebenden das zu verlangen und uns das zu gewähren, was es für richtig hält. Es wird nicht danach fragen, wie wir ohne ihn zurechtkommen, und vielleicht ist das auch gut so. Denn wir werden alle Kraft brauchen, um einen Teil jener Arbeit mitzuübernehmen, die er nicht beenden durfte. Herr ... (Titel und Name des Verstorbenen) war ... (Anzahl) Jahre lang im Dienst unseres Staates tätig. Sein Wissen, sein Können und seine menschliche Reife haben ihm zu einer Achtung und Anerkennung verholfen, die weit über dem Durchschnitt liegt. Wann und wo er auch immer Dinge in die Hand nahm, durfte man sicher sein, daß sie nach bestem Wissen im Interesse unseres Staates und zum Wohle der Bürger ausgeführt wurden. Es war undenkbar, daß dieser Mann vor einer schwierigen Aufgabe oder einem unüberwindbar scheinenden Problem die Waffen gestreckt hätte. Er stellte an sich selbst Anforderungen, die manchmal geradezu übermenschlich schienen. Dennoch aber wurde er ihnen gerecht, nicht nur einmal, sondern während all der vielen Jahre, in denen er als ... tätig war.

Er gehörte zu jenen Kollegen, die sowohl als Vorgesetzte als auch als Untergebene das uneingeschränkte Vertrauen ihrer Mitarbeiter bzw. Vorgesetzten besitzen. Dieses Vertrauen kam nicht von ungefähr, sondern war die Folge einer beispielhaften Zuverlässigkeit in allen Angelegenheiten. Aus diesem Grunde ist es mir als Kollege und als Mensch ein aufrichtiges Bedürfnis, diesem Manne Dank zu sagen. Dank dafür, daß er für uns alle ein so guter Wegbegleiter war. Dank dafür, daß er für jeden von uns nicht nur ein offenes Ohr, sondern auch ein offenes Herz hatte. Dank dafür, daß er sein Leben in den Dienst einer Sache gestellt hat, an deren Verwirklichung wir Tag für Tag arbeiten: für einen Staat, dessen Grundsätze des Rechtes, der Gleichheit und der Sicherheit mehr sind als Begriffe, die auf einem Stück Papier stehen. Dieser Staat verliert in ... (Name des Verstorbenen) einen wertvollen Mitarbeiter, und wir verlieren in ihm einen unserer besten Kollegen. Wir werden ihn nicht vergessen.

Gedenkrede auf einen verstorbenen Arbeitskollegen

Liebe Kolleginnen und Kollegen!

Eigentlich sollte ich meine Rede beginnen mit den altbekannten Worten: „Ein trauriger Anlaß führt uns zusammen“. Aber das will ich nicht, denn es wäre nicht im Sinne unseres Verstorbenen. Er, der stets Heitere, immer Bescheidene, würde lächelnd den Finger an die Lippen legen, wenn er mich hörte, und würde sagen: „Nicht so, mein Freund!“ Unser lieber … war ein gläubiger Mensch und ohne Furcht vor dem Tod. Und der Himmel hat ihm ein sanftes Einschlafen gegönnt. Wir brauchen also nicht um seinetwillen zu trauern, vielmehr um unseretwillen. Die Lücke, die er hinterlassen hat, wird sich schwer schließen, das wissen wir alle. Wir wollen deshalb geloben, diese Lücke in seinem Sinne auszufüllen. Das können wir am besten dadurch, daß wir ihm nacheifern in unserer menschlichen und kameradschaftlichen Haltung zueinander und daß wir unsere Arbeit genauso gut und gewissenhaft tun, wie er das stets tat.

Erhebt euch, liebe Freunde, und leert still mit mir eure Gläser auf das Andenken an unseren lieben …

Tod eines Lehrers

Hochverehrte Hinterbliebene!
Meine Damen und Herren des Kollegiums!
Liebe Schülerinnen und Schüler!

Der Schulleiter spricht

Wir haben uns heute hier zusammengefunden, um eines Mannes zu gedenken, der … Jahre lang Lehrer an unserer Schule war. Wir haben in ihm einen Erzieher und Kollegen verloren, der durch einen unerwarteten und viel zu frühen Tod aus seiner Arbeit und unserer Gemeinschaft gerissen wurde. Dieser Mann hing mit einer Liebe an seinem verantwortungsvollen Beruf, die für viele schwer zu verstehen und noch viel schwerer nachzuvollziehen war. Beruf bedeutete für ihn Berufung, und dieser seiner Berufung folgte er bis zum Schluß. Sie bestand darin, junge Menschen geduldig und voller Nachsicht, aber mit der ganzen Vielfalt seines Wissens und der Autorität seiner Persönlichkeit das zu lehren, was er in ihrem eigenen Interesse für wichtig hielt. Er selbst hatte das Leben sowohl von seiner Sonnen- als auch von seiner Schattenseite her kennengelernt. Er wußte, wie gering der Wert manch eines materiellen und wie groß und wieviel bedeutungsvoller der Wert des geistigen Besitzes sein konnte. Seine Erfahrung hatte ihn gelehrt, daß man dem Menschen alles, aber auch alles abnehmen kann, nur nicht das, was er gelernt hat. Dieses Gut ist der wertvollste Besitz in einer Zeit, in der das Materielle unablässig bedroht ist von Zerstörung oder Verlust. Mag es angesichts dieser Möglichkeit auch fragwürdig sein, ob in solch einem Falle der menschliche Geist noch in der Lage wäre, sich selbst zu erhalten, so verrät dieser Standpunkt dennoch einen tiefen Glauben an alles Geistige und an den endgültigen Sieg des Logos und der Humanitas. Er erkannte es als eine unumgängliche Notwendigkeit, den jungen Menschen zu selbständigem Denken und Handeln zu erziehen. Dieses Ziel hat er erreicht, indem er ihnen den Zugang zum Wissen unserer Zeit zeigte. Denn Bildung sah er als unerläßlich an, und ihre Vernachlässigung war für ihn so etwas wie eine Sünde am menschlichen Geist. Es liegt in der Natur der schulischen Ausbildung, daß viele an und für sich wichtige Wissensgebiete nur gestreift werden können, ohne daß sie eine genauere oder ganz und gar erschöpfende Behandlung erfahren. Aber gerade hier verwies er immer und immer wieder auf die Notwendigkeit, in eigener Arbeit tiefer hinter die Dinge zu kommen und das Wissen zu vervollständigen.

Freiheit im Denken und Handeln, soweit es möglich ist, Selbstbindung dort, wo es erforderlich ist, das waren seine Grundsätze. Diese Grundsätze verraten ein tiefes Verständnis für die Erfordernisse des Lebens, vor allem auch für die des Lebens junger Menschen. Damit hat er sich sowohl bei seinen Schülerinnen und Schülern als auch bei seinen Kollegen allgemeine Anerkennung und Hochachtung erworben. Seine Bereitschaft, überall dort einzuspringen, wo es erforderlich war, und überall dort zu helfen, wo es die Umstände verlangten, tat das Ihrige, um diese Anerkennung noch zu steigern. Es war daher für uns alle, Lehrer wie Schüler, eine unfaßbare Nachricht, als wir erfuhren, daß er dieses Gebäude niemals mehr betreten wird. Zuerst schien es undenkbar, von nun an ohne ihn auskommen zu müssen. Dennoch aber ist es eine Wahrheit, eine Wahrheit, die zu begreifen für uns alle nicht leicht ist. Aber gerade weil das so ist, wird es uns eine selbstverständliche, wenn auch nicht ohne weiteres zu erfüllende Verpflichtung sein, in seinem Sinne weiterzuarbeiten und dabei mitzuwirken, daß sein Werk und seine Arbeit nicht in Vergessenheit geraten.

Tod eines Lehrers

Verehrte Hinterbliebene!
Verehrte Damen und Herren der Lehrerschaft!
Meine lieben Mitschülerinnen und Mitschüler!

Traueransprache einer Schülerin

Als Vertreterin der Schülerschaft habe ich heute die traurige Aufgabe, mit wenigen Worten an einen Mann zu erinnern, der insbesondere bei uns Schülerinnen und Schülern große Achtung und Beliebtheit genoß. Herr ... (Titel und Name des Verstorbenen) gehörte zu den Lehrern, zu denen wir Jüngeren vom ersten Augenblick an ein uneingeschränktes Vertrauen haben und bei denen es uns nicht schwerfällt, nicht nur mit fachlichen, sondern auch mit unseren privaten Sorgen und Nöten zu ihnen zu gehen, um sie um Rat zu fragen. Ich kann nicht beurteilen, ob es den pädagogischen Forderungen entspricht, daß ein Lehrer zwischen den rein erzieherischen und den rein menschlichen Problemen mitunter einen scharfen Trennungsstrich zieht. Wie dem auch sei, für uns war es immer wieder eine beruhigende und schöne Sache, daß dieser Mann von den Dingen, die wir ihm irgendwann einmal anvertrauten, im Unterricht niemals auf irgendeine Weise Gebrauch machte. Er war so etwas wie ein heimlicher Mitverschworener seiner Schüler, und damit festigte er das Vertrauen, das wir ihm entgegenbrachten.

Herr ... (Titel und Name des Verstorbenen) wird unsere Schule nicht mehr betreten. Er wird zu uns Schülern nicht mehr sprechen, keinen Wandertag mehr mit uns unternehmen und während keiner Klassenarbeit mehr vor uns sitzen. Er hat den Auftrag, den ihm die Gesellschaft erteilt hat, erfüllt. Als Schülerin möchte ich noch sagen, daß er ihn in unseren Augen auf eine vorbildliche Weise erfüllt hat. Seine große Liebe galt der ... (Lieblingsfach des Verstorbenen). Hier hat er uns Dinge beigebracht, die man normalerweise nicht oder nur am Rande mitbekommt. Mit seiner Begeisterung, seinem Wissen und seiner Fähigkeit, dieses Wissen weiterzugeben, hat er es daher fertiggebracht, uns in Geheimnisse einzuweihen und unser Interesse für sie zu wekken, von denen man sonst auf der Schule nur hört, ohne sie jedoch richtig kennenzulernen. Dafür sind wir ihm aus vollstem Herzen dankbar. Wir sind froh, in ihm einen Lehrer gehabt zu haben, der uns gemeinsam mit seinen Kolleginnen und Kollegen selbständiges Denken und Handeln beigebracht hat. Ich glaube, es ist ihm gelungen, uns den Wert der Wissenschaft und darüber hinaus den Wert einer umfassenden Bildung nahezubringen. Wir sind betroffen und erschüttert, daß wir diesen Lehrer verloren haben. Er hat sich in unserer Erinnerung einen festen Platz erworben, den er auch dann noch innehaben wird, wenn wir diese Schule schon längst verlassen haben und selbst mitten im Leben stehen werden.

Im Verein

Im Verein ist es am schönsten, heißt es. Ob Sport- oder Gartenbauverein, ob Schützen- oder Verbraucherschutzverein oder ob eine Bürgerinitiative gegründet werden soll, immer wenn sich Menschen in Gruppen organisieren, müssen auch Reden gehalten werden. Vereinsheime werden eingeweiht oder Vogelschutzgebiete eröffnet. In der Vereinsverwaltung stehen alljährlich Hauptversammlungen an, auf denen dem alten Vorstand gedankt wird und der neue seine Pläne fürs kommende Jahr verkündet. Neue Mitglieder werden willkommen geheißen, langjährige Mitglieder werden für ihre Treue und Mitarbeit geehrt. Und schließlich die Feste, die in einem Verein nicht fehlen dürfen.

Gründungen

Gründung einer Bürgerinitiative gegen eine Ortsdurchfahrt

Gründungsrede

Meine sehr geehrten Damen und Herren!
Liebe Mitbürgerinnen und Mitbürger!

Wer in den letzten Tagen aufmerksam die Presseberichterstattung verfolgt hat, wird festgestellt haben, daß offenbar die Gemeindeverwaltung den Ausbau der Ortsdurchfahrt vorantreiben will. Ohne daß die vielen, oft geäußerten Bedenken der Anlieger entsprechend gewürdigt worden sind, soll nunmehr im Hauruck-Verfahren die Planung durchgezogen und mit dem Bau der Straße möglichst noch in diesem Jahr begonnen werden. Es kommt nun darauf an, vor dem endgültigen Planfeststellungsverfahren noch einmal die Auffassung aller betroffenen Anlieger zu verdeutlichen. Deshalb freut es mich ganz besonders, daß Sie heute hier erschienen sind, um zusammen in einer Bürgerinitiative der Gemeindeverwaltung den Willen ihrer Bürgerschaft darzulegen.

Lassen Sie mich aber zu Beginn noch einmal kurz alle die Punkte zusammenfassen, die wir gegen den geplanten Ausbau der Ortsdurchfahrt bereits in der Vergangenheit angeführt haben. Unser Dorf ist eine der wenigen ursprünglich gebliebenen Gemeinden im südlichen Landesteil. Nunmehr läuft es Gefahr, wie an vielen anderen schlechten Beispielen in unserem Lande bereits vorexerziert, einer planerisch möglicherweise perfekten Reißbrettaktion geopfert zu werden. Der Hinweis der Planer, es erfolge keine Beeinträchtigung des Landschaftsbildes, ist allenfalls vom grünen Tisch her verständlich. Wer die örtlichen Verhältnisse aber kennt, wird diese Aussage – bei viel gutem Willen – noch als Zweckoptimismus durchgehen lassen. Wenn eine Reihe von Vorgärten ganz oder teilweise verschwindet, ein dem Denkmalschutz unterliegender Seitentrakt eines jahrhundertealten Hofes abgerissen werden muß, ein Schlachthaus beseitigt wird, neue hohe Stützmauern gebaut werden müssen und sich statt einer dem alten Dorfbild angepaßten, schmalen Straße ein neun Meter breiter Asphaltlindwurm breitmacht, dann ist dies ein schwerwiegender, nicht mehr gutzumachender Eingriff in eine historisch gewachsene Gemeinschaftsstruktur. Wir müssen uns fragen, warum eigentlich keine neue Verkehrszählung und Lärmmessungen der Planung zugrunde gelegt werden? Die vorliegenden Werte von vor fünf Jahren sind völlig überholt und unrealistisch. Wären neue Werte vorhanden, wäre auch die Rechnung einfacher, weil es nur noch zwei Möglichkeiten gäbe: Entweder ist der Verkehr zu groß und die Lärmbelästigung zu stark für einen Kurort, dann braucht man eine Ortsumgehung, oder sie sind es nicht, dann reicht eine Reparatur der alten Ortsdurchfahrt ohne tiefgreifendere Einschnitte. Warum aber dann auf jeden Fall beides gebaut werden soll, bleibt ein mit jeweils einer Million DM doch zu teuer bezahltes Geheimnis einer Gemeinde, der finanziell ohnehin das Wasser bis zum Halse steht. Fast alle Bewohner des Unterdorfes haben mit erheblichen eigenen Mitteln ihre Anwesen dem Fremdenverkehr erschlossen. Ihre Bemühungen werden unterlaufen durch die örtliche Verkehrssituation. Vor allem aber durch den Kiestransport, der nicht selten nach wenigen Tagen die erholungssuchenden Kurgäste wieder vertreibt. Ein Ausbau der Ortsdurchfahrt bringt hier keine Abhilfe, im Gegenteil. Kiestransporter, die im Akkord fahren, werden die bessere Verbindung noch häufiger und noch schneller nutzen. Eine gut ausgebaute Straße wirkt wie ein Magnet auf andere Fahrzeuge, wenn sie dadurch die Schwierigkeiten einer anderen Strecke umgehen können. Und wer will eigentlich verhindern, daß bei Erschließung eines neuen Kiesvorkommens der Verkehr dann ebenfalls über die neu ausgebaute Straße führt? Den Optimismus des Ortsvorstehers in Ehren, aber da es sich hier um eine Landesstraße handelt, schafft es ja bereits heute die Ortsverwaltung nicht, den Kiesverkehr zumindest zeitlich oder akustisch so einzuschränken, daß die Kurgäste nicht „aus den Betten fallen". Lärm von morgens sechs bis abends sechs, über die Mittagszeit und nicht selten auch noch am Samstag vormittag. Eine neue Ortsdurchfahrt wird das Problem nicht beseitigen, sondern es zusätzlich verstärken. Manchmal drängt sich einem der Verdacht auf, daß die schlechteste Lösung vor allem deshalb gesucht wird, weil im Vergleich zu anderen Lösungen mit weniger lautstarken Einsprüchen gerechnet wird. Bezeichnend und beschämend ist, daß die betroffenen Bürger erst jetzt gehört werden sollen, nachdem die Verwaltung bereits zugestimmt hat und der Baubeginn praktisch schon festliegt. Ein Beispiel dafür, wie man in einer Demokratie mit Bürgern nicht umspringen sollte, wenn man nicht von Amts wegen Resignation und Staatsverdrossenheit weiterzüchten will.

Liebe Bürgerinnen und Bürger, ich bitte Sie im Namen der Gründer unserer Initiative, die Ihnen vorliegende Resolution zu unterzeichnen. Wir werden sie dann der Presse zugänglich machen und dem Gemeinderat übermitteln.

Gründung eines Verbraucherschutzvereins

Sehr geehrte Damen und Herren!

Rede des Vorsitzenden

Betrachtet man die Stellung des Verbrauchers am Markt und seine Rechtsstellung im Vergleich zum Anbieter und Produzenten, so kann man sie nur als katastrophal bezeichnen. Alle, die dies leugnen, verweisen zur Stützung ihrer Behauptungen darauf, daß nicht nur in der Theorie, sondern auch in der Praxis immer noch Angebot und Nachfrage den Preis bestimmen. Wer dies behauptet und ohne Einschränkung der Bevölkerung einzureden versucht, ist entweder dumm oder bösartig. Selbst die Verfechter einer reinen Wirtschaftstheorie haben nie behauptet, daß die These des sogenannten vollkommenen Marktes in die Wirklichkeit umgesetzt werden könne. Nur in diesem theoretischen Denkmodell und nur da sind Verbraucher gleichberechtigte Marktpartner und Arbeitnehmer gleichgewichtig an den Ergebnissen des Produktionsprozesses beteiligt. Dieses theoretische Denkmodell der Wirtschaftswissenschaft kann allerdings nicht in die Praxis umgesetzt werden. Infolgedessen gibt es faktisch auch keine Partnerschaft zwischen Verbrauchern und Anbietern auf dem Markt. Es gibt vielmehr mächtige Wirtschaftsunternehmen, die ihre ökonomische, gesellschaftliche oder auch politische Macht rücksichtslos zur Gewinnmaximierung ausnutzen. Das heißt, die Preisgestaltung in unserem Wirtschaftssystem unterliegt in den meisten Bereichen nicht, wie so oft behauptet wird, dem freien Spiel von Angebot und Nachfrage. Der Unternehmer verlangt in den Bereichen, in denen unzureichender Wettbewerb besteht – und das ist nicht nur auf dem Öl- oder Stahlmarkt so, sondern auch bei vielen Gütern des täglichen Bedarfs –, vielmehr den Preis, den er auf Grund seiner Markt- und Machtposition durchsetzen kann. Er muß dabei nicht fragen, ob der Verbraucher überhaupt bereit ist, diese Summen zu zahlen, oder aber, ob er diese Summen überhaupt zahlen kann. Dies fällt den organisierten Unternehmen um so leichter, als sie einer Vielzahl von individuellen Verbrauchern gegenüberstehen, die nicht organisiert sind. Dem Einzelunternehmen, dem verflochtenen Großkonzern oder aber auch dem weltumspannenden multinationalen Unternehmer steht somit der Marktpartner Verbraucher oft uninformiert, meist unkritisch und in der Regel durch eine intensive Werbung irregeführt gegenüber. Wer dann noch von einem Marktgleichgewicht bzw. von Partnerschaft spricht, verschließt die Augen vor der wirtschaftlichen Wirklichkeit.

Deshalb wollen wir mit der Gründung eines Verbraucherschutzvereines dafür sorgen, daß dem organisationswilligen Verbraucher eine Institution angeboten wird, die Verbraucherschutz betreibt und nicht – entsprechend der bisherigen Praxis – noch vom Staat öffentlich subventioniert und als Alibi für ein nicht bestehendes Partnerschaftsverhältnis benutzt wird. Wir wollen mit unserem Verein sinnvollen Verbraucherschutz betreiben und gehen daher von folgenden Grundsätzen aus:

Erstens: Die notwendigen Gesetze müssen nicht nur geschaffen und in die Tat umgesetzt werden, ihre Einhaltung muß auch überwacht werden.

Zweitens müssen die Rechte des Verbrauchers gegenüber allen Anbietern von Waren und Dienstleistungen sowohl auf dem privaten als auch auf dem öffentlichen Sektor durch einen aktiven Rechtsschutz gewahrt werden.

Drittens ist eine Intensivierung der Aufklärung des weithin uninformierten Verbrauchers nötig. Im schulischen und außerschulischen Bereich sowie durch Rundfunk, Fernsehen und Zeitung muß die Stellung des Verbrauchers am Markt gestärkt werden.

Viertens dürfen öffentliche Mittel zur Subventionierung privater Initiativen im Bereich der Verbraucherberatung, -information und des Verbraucherschutzes nur noch dann gewährt werden, wenn deren Arbeit auf vorstehend genannten Grundsätzen beruht, wenn sie sich ausschließlich mit Verbraucherschutzfragen beschäftigt.

Lassen Sie uns auf dem hier skizzierten Wege den Versuch einer Zusammenarbeit wagen. Grundidee unserer Arbeit soll das ehrenamtliche Prinzip sein. Wenn jeder aus unserem Kreis seine erworbenen Fachkenntnisse und Erfahrungen einsetzt, werden wir ohne größeren bürokratischen Aufwand die berechtigten Belange der Verbraucher formulieren, Aktionen vorbereiten und so die politisch Verantwortlichen auf Fehlentwicklungen rechtzeitig hinweisen können. Nur so wahren und schützen wir die Rechte der Verbraucher.

Gründung eines regionalen Fremdenverkehrsverbandes

Meine sehr geehrten Damen und Herren!

Ein Gründungsmitglied spricht

Der Fremdenverkehr in … (Name der umliegenden Dörfer bzw. Region) ist einer unserer bedeutendsten Wirtschaftszweige und zu einer unentbehrlichen Einkommensquelle geworden. Die Entwicklung in den letzten Jahren beweist, daß im Rahmen der regionalen Strukturpolitik dem Ausbau des Fremdenverkehrs weiterhin wachsende Bedeutung zukommt. Er ist nämlich nicht nur einer der bedeutendsten Einkommensquellen für die Betriebe des Übernachtungsgewerbes, sondern auch unsere Landwirtschaft, unser Baugewerbe, die Betriebe des Handels und der übrigen Dienstleistungsbereiche profitieren mittelbar immer mehr vom Fremdenverkehr. Der so durch unseren Fremdenverkehr erzielte Umsatz beläuft sich pro Jahr zur Zeit auf ... Millionen DM, die Zuwachsrate in den vergangenen drei Jahren auf durchschnittlich ... Prozent. Um nun den Fremdenverkehr weiter zu entwickeln und zu fördern, haben wir beschlossen, einen auf regionaler Ebene arbeitenden Fremdenverkehrsverband ins Leben zu rufen. Wir wollen damit die Konsequenz ziehen aus der nach unserer Auffassung bisher nicht erfolgreich genug arbeitenden Fremdenverkehrswerbung in unserem Lande. Bisher nämlich hat der Landesfremdenverkehrsverband, der vom zuständigen Ministerium bezuschußt wird und dem auch entsprechende Zielvorgaben gestellt werden, unseres Erachtens viel zuwenig für die regionale Touristenwerbung getan.

Während wir bisher sozusagen als Bittsteller beim Landesverband auftreten mußten, wollen wir nunmehr in eigener Verantwortung, aber dann auch mit entsprechend stärkerem Engagement, unsere Fremdenverkehrswerbung betreiben. Wir wissen, daß diese Selbständigkeit und die künftige verstärkte Arbeit mehr Geld erfordern werden als bisher. Wir sind aber der Auffassung, daß dies eine gut eingesetzte Investition für die Zukunft ist.

Wir wollen daher mit unserem neuen Verband die gemeinnützigen Aufgaben der örtlichen Fremdenverkehrsstellen zusammenfassen und durch geeignete Maßnahmen auf Gebietsebene vertiefen. Auf Grund des vorgelegten Satzungsentwurfs wird deutlich, daß der Hauptzweck des Verbandes die Förderung aller dem Fremdenverkehr dienenden Belange und Einrichtungen ist. Hierzu gehören die Werbung für das Verbandsgebiet, die Vertretung gemeinsamer Interessen, Beratung und Erfahrungsaustausch, Mitarbeit bei der Errichtung und Verbesserung von Betrieben des Tourismus, Zusammenarbeit mit Planungsträgern, zum Beispiel zur Berücksichtigung der Erholungsbedürfnisse unserer Bevölkerung, Einwirken auf die Verkehrsträger zur Verbesserung der jeweiligen Fahrpläne und schließlich, um einen letzten wichtigen Punkt zu nennen, die Zusammenarbeit mit den dem Fremdenverkehr dienenden Gewerbezweigen unserer Region.

Die Initiatoren dieses Verbandes haben sich darauf geeinigt, daß nicht nur die Gemeinden und Städte in unserer Region diesem Verband angehören sollen. Auch Kur- und Fremdenverkehrsbetriebe, Kur- und Verkehrsvereine, Sport-, Heimat-, Gebirgs- und Wandervereine sowie jede andere private und öffentliche Organisation, die für Fremdenverkehr und Reiseverkehr in unserem Verbandsgebiet bedeutungsvoll ist, ist herzlich und dringend zur Mitarbeit eingeladen. Das bereits deutlich gewordene Interesse an einer Mitgliedschaft in unserem neu zu gründenden Verband läßt uns hoffen, daß wir auf dem richtigen Wege sind. Nach unseren derzeitigen Planungen werden im ersten Jahr der Verbandsarbeit jährlich rund ... DM an Grundbeiträgen zur Verfügung stehen. Hinzu kommt aber auch die Unterstützung des Landes.

Durch den Zusammenschluß auf Verbandsebene in unserer Region erreichen wir zweierlei: Erstens konkurrieren wir nicht mehr einzeln um die Zuschüsse des Landes an Kreise, Gemeinden und Verbände für den Bau von Freizeit- und Erholungsanlagen, Grünanlagen, Wanderwegen, Campingplätzen, Kureinrichtungen usw. Durch die gezielte und konzentrierte Antragstellung für die gesamte Region erhoffen wir uns eine verbesserte Bezuschussung für das ganze Gebiet. Hinzu kommt zweitens, daß das Land im Rahmen seines ... Programms (zum Beispiel Familienfreundlicher Ferienort) besondere Richtlinien erlassen hat, die auch unserem Verband zugute kommen können. Die Richtlinien sehen nämlich vor, daß die Gemeinden und Verbände, die besondere Leistungen zur Förderung der Familienerholung erbringen, bei der Vergabe von Fremdenverkehrs-Förderungsmitteln bevorzugt berücksichtigt werden. Rechnen wir dies alles zusammen, so werden wir von dem neu gegründeten Fremdenverkehrsverband allesamt nur Vorteile erwarten können. Die bisherigen Vorgespräche und Vorplanungen lassen uns optimistisch in die Zukunft sehen. Helfen Sie alle auf der heutigen Gründungsversammlung mit, daß unser Verband bald erfolgreich mit seiner Arbeit beginnen kann.

Einweihungen

Einweihung eines Tierheimes

Sehr geehrter Herr Bürgermeister!
Verehrte Gäste, liebe Tierfreunde!

Die Vorsitzende des Tierschutzvereins spricht

Mit dem heutigen Tage sind wir bei unserem Bemühen, dem Tierschutz auch in unserer Stadt (Gemeinde) zum Durchbruch zu verhelfen, einen entscheidenden Schritt weitergekommen. Was bisher in privater Initiative an vielen getrennten Stellen unserer Stadt erfolgte, kann jetzt besser zentral erledigt werden. Das hat nicht nur Vorteile für unsere vielen ehrenamtlichen Helfer, die nun ihre Arbeit besser aufeinander abstimmen können. Das hat auch nicht zu unterschätzende Vorteile für alle Bürger, die unseren Rat oder unsere Hilfe benötigen. Sie wissen jetzt genau, wo sie uns schnell und jederzeit erreichen können.

Dies alles wäre nicht möglich gewesen ohne die großzügige Unterstützung unserer Stadt. Daher danke ich Ihnen, sehr geehrter Herr Bürgermeister, sehr herzlich für die Unterstützung unseres langjährigen Anliegens. Sie haben durch eine wahrhaft unbürokratische Meisterleistung in kurzer Zeit die Entscheidungsgremien unserer Stadt zu ihrem positiven Entscheid über unser neues Tierheim veranlaßt. Ich will aber auch von unserer Seite lobend erwähnen, daß es keine nennenswerten Widerstände gegen dieses Projekt gegeben hat.

Dieses neue Tierheim soll mehrere Funktionen gleichzeitig erfüllen. Es soll nicht nur eine Zufluchtstätte für kranke, alte oder ausgestoßene Tiere sein. Es soll auch eine Begegnungsstätte für jene Menschen sein, die sich aus der Verantwortung für das Tier einen neuen Hausgenossen suchen wollen. Ob Hund oder Katze, ob Vogel oder Meerschweinchen, hier sind genügend Tiere, die noch ein neues Zuhause suchen. Deshalb soll dieses Heim auch ein Mahnzeichen für unsere Bürgerinnen und Bürger sein. Es soll sie auffordern, die lebendige Kreatur nicht als Spielzeug oder kurzen Zeitvertreib anzusehen. Ein kleiner Hund unter dem Weihnachtsbaum ist niedlich und possierlich anzusehen, für den Beschenkten und das Tier aber nur dann eine Freude, wenn es nicht ein paar Tage später hier bei uns eingeliefert oder einfach nur irgendwo ausgesetzt wird. Wer sein Tier lieber aussetzt, als auf den Urlaub zu verzichten, wer nicht bereit ist, ihm jene Bedingungen einzuräumen, die ein Tier zum Leben braucht, der soll sich keines anschaffen.

Ein Rundgang in unserem Tierheim zeigt Ihnen, daß diese Mahnung auch heute immer noch oft in den Wind gesprochen ist – leider. Wer die vielen Tiere bei uns hier sieht, muß sich betroffen fragen, welches Maß an Verantwortungslosigkeit, teilweise auch an Brutalität sich eigentlich Menschen unserer Zeit gegenüber wehrlosen Geschöpfen herausnehmen. Hier Hilfe zu leisten, aufklärend zu wirken, daß Tiere ein Teil unseres Lebens sind und auch ein Recht auf angemessenen Lebensraum besitzen, ist Aufgabe unserer Arbeit in diesem neuen Tierheim. Wir danken allen, die an seiner Errichtung tatkräftig mitgeholfen haben. Sie alle lade ich zu dem nun beginnenden Rundgang ein. Vielleicht gelingt es uns, auch Sie für die aktive Unterstützung des Tierschutzgedankens heute als neue Freundin oder neuen Freund zu gewinnen. Seien Sie uns herzlich willkommen.

Einweihung einer Turnhalle

Sehr geehrter Herr Landrat!
Sehr geehrter Herr Bürgermeister!
Sehr geehrte Damen und Herren!
Liebe Sportlerinnen und Sportler!

Der Vorsitzende des Turnvereins spricht

Als Friedrich Ludwig Jahn 1811 den ersten Turnplatz auf der Hasenheide in Berlin eröffnete, ging es dem Vater der Turnbewegung in Deutschland nicht nur um die sportliche Betätigung. Er sah in dem kameradschaftlichen Zusammenschluß von Turnern auch ein burschenschaftliches, ein vaterländisch-nationales Element, als dessen Vorkämpfer er zeitlebens hervortrat. Turnvater Jahn hätte sich kaum träumen lassen, daß aus den früher so heiß bekämpften Zusammenschlüssen Abertausende von Vereinen entstanden sind, die mit Millionen von Mitgliedern heute Spitzen- oder auch Breitensport betreiben. Was früher als burschenschaftliche oder vaterländische Idylle bekämpft oder auch nur belächelt wurde, ist heute aus unserem gesellschaftlichen Leben nicht mehr wegzudenken. Sport ist heute weder Voraussetzung noch Alibi für nationale Bewußtseinsbildung. Es ist sicher auch nicht Therapie für gelangweilte oder zivilisationsgeschädigte Wohlstandsbürger, die nichts mehr mit sich anzufangen wissen.

Sport im guten und vernünftigen Sinne betrieben, lehrt den Menschen Selbstüberwindung, zielbewußtes Handeln, Fairneß und – sofern er in Vereinen betrieben wird – Kameradschaftlichkeit. Hier erfährt der Mensch auf eindrucksvolle Weise etwas von dem tiefen Zusammenhang zwischen Willen und Leistung, zwischen körperlichem Training und Geisteskraft, der uns schon aus der Antike überliefert ist. Alles dies ist im besten Sinne des Wortes Vorsorgemedizin: Medizin gegen die bei unserer Lebensweise unausbleibliche Gefährdung der Kräfte von Körper und Geist. „Mens sana in corpore sano“, nur in einem gesunden Körper wohnt ein gesunder Geist, sagten die Römer. Sie, die letztlich doch den Gefahren und Verlockungen ihrer Zivilisation erlagen, wußten, daß sportliche Betätigung, körperliche Ertüchtigung und geistige Freiheit in unlösbarem Zusammenhang miteinander verknüpft sind. Viele Menschen in unseren Tagen haben sich diese alten Erfahrungen zunutze gemacht. Der Breitensport, nicht nur in den Vereinen, hat sich immer weiterentwickelt. Die Zahl derer nimmt zu, die auf den sonntäglichen Frühschoppen verzichten und stattdessen auf dem Trimmpfad, im Schwimmbad oder auf der Waldwiese ihr mangelndes Wochenpensum an Bewegung nachzuholen trachten.

Mit dieser neuen Turnhalle eröffnen wir eine weitere Möglichkeit, sich sportlich zu betätigen. Sie ist eine dringend notwendige Ergänzung zu den bereits vorhandenen Einrichtungen in unserer Stadt. Notwendig deshalb, weil die bisherigen Belegungspläne der vorhandenen Sporteinrichtungen bereits voll ausgebucht und viele Vereine und andere Interessenten in ihren Spiel- und Trainingsmöglichkeiten doch stark eingeengt sind. Sie alle wissen, daß es manche Probleme zu lösen und Schwierigkeiten der verschiedensten Art zu überwinden gab, bis der Startschuß für diese neue Turnhalle gegeben werden konnte. Daß es dennoch in dieser verhältnismäßig kurzen Zeit gelang, ist das Verdienst all derjenigen, die uns nach Kräften unterstützt haben. Bei dieser Gelegenheit darf ich Herrn Landrat ... sehr herzlich für die großzügige Bezuschussung durch den Landkreis danken. Ebenfalls den Dank aller hier vertretenen Vereine möchte ich Herrn Bürgermeister ... aussprechen, der sich tatkräftig dieses Planungsvorhabens und seiner Finanzierung angenommen hat. Nicht zuletzt danke ich all den Damen und Herren, die dabei mitgeholfen haben, den Bau dieser Halle zu ermöglichen. Bereits jetzt zum Zeitpunkt ihrer Einweihung ist die Turnhalle sozusagen ausgebucht. Die vielen Anfragen und Belegungswünsche durch unsere Vereine und Sportgruppen haben gezeigt, daß mit dem Bau dieser Halle ein lange bestehender Engpaß beseitigt werden konnte.

Ich lade Sie, meine sehr verehrten Damen und Herren, sehr herzlich im Namen der ... Vereine zum anschließenden Schauturnen ein. Danach folgt ein Freundschaftsspiel der Hockeyjugend aus den Vereinen ... und .... Im Anschluß daran sind alle Räume der Halle und alle Einrichtungen bis ca. ... Uhr zur Besichtigung freigegeben. Nutzen Sie diese Gelegenheit, möglicherweise fällt Ihnen dabei ein, daß Sie sich gerade vor kurzem vorgenommen haben, sich doch endlich einmal wieder sportlich zu betätigen. Wenn diese neue Halle dazu beiträgt, daß Sie Ihren Vorsatz in die Tat umsetzen, dann haben sich die hohen Investitionen bereits heute voll bezahlt gemacht.

Ich danke Ihnen.

Einweihung eines neuen Spritzenhauses

Sehr geehrter Herr Landrat!
Sehr geehrter Herr Kreisbrandinspektor!
Sehr geehrter Herr Hauptbrandmeister!
Liebe Feuerwehrleute! – Meine Damen und Herren!

Rede des Bürgermeisters

„Gott zur Ehr, dem Nächsten zur Wehr." Dieser alte Leitspruch der Feuerwehr hat im Laufe unzähliger Reden, Gedenkfeiern und Fahnenweihen vielleicht ein wenig von der Kraft seiner Aussage verloren. Wie bei jedem oft zitierten Wort macht man sich kaum noch Gedanken über das, was eigentlich damit gesagt werden soll. „Gott zur Ehr", das heißt nichts anderes, als daß Hilfsbereitschaft und Opfermut derer, die gegen die verheerende Gewalt des Feuers ankämpfen, letztlich der Ehre dessen dienen, der dem Menschen den Auftrag erteilt hat, sich die Erde untertan zu machen. Die Erde untertan machen, das bedeutet, auch das Feuer zu bezwingen und seiner gefährlichen Macht Einhalt zu gebieten. Wir wissen wohl, daß der einzelne dazu kaum in der Lage ist. Sei es, weil er allein nichts oder nur wenig vermag, sei es, weil er nicht über das nötige Wissen und Können verfügt; im Kampf mit dem Feuer wird er in den meisten Fällen unterliegen, wenn er keine Hilfe erhält. Diese Hilfeleistung, die ihm als „dem Nächsten zur Wehr" durch die Männer und Frauen der Feuerwehr entgegengebracht wird, ist seit jeher ein eindrucksvoller Beweis menschlichen Zusammenhalts. Es ist, eben wegen all der Feindschaft, die in der Welt herrscht, und trotz der Sorgen, die in solch einer Situation entstehen, immer wieder ein ergreifender Augenblick, wenn sich Menschen zusammenfinden, um gemeinsam eine Gefahr zu bekämpfen.

Im Zeichen dieser Aufgabe des Kampfes gegen Unheil und Verderben steht auch unser neues Spritzenhaus. Sie alle wissen, daß es ein weiter und nicht immer leichter Weg war, bis die nötigen wirtschaftlichen Voraussetzungen zur Errichtung dieses Hauses geschaffen waren. Wir haben daher besonderen Grund, uns über seine Fertigstellung zu freuen und all denen zu danken, die uns dabei behilflich waren.

Dieser Dank gilt insbesondere unserem verehrten Herrn Landrat, der gemeinsam mit der Kreisverwaltung alle Möglichkeiten genutzt hat, um uns finanziell zu unterstützen. Er gilt aber auch den Männern unserer Wehr, die in ihrer Freizeit selbst immer wieder Hand angelegt haben, um das gesteckte Ziel möglichst schnell zu erreichen.

Ich glaube, daß wir mit dem Erfolg zufrieden sein dürfen. Wie mir die Herren von der Bauverwaltung bestätigt haben, entspricht das Haus allen Anforderungen moderner Brandbekämpfung. Als dem Vertreter unserer Gemeinde erfüllt es mich daher mit Stolz, dieses neue, große Spritzenhaus hiermit seiner Bestimmung zu übergeben. „Gott zur Ehr, dem Nächsten zur Wehr."

Eröffnung eines Vogelschutzgebietes

Meine sehr geehrten Damen und Herren!
Liebe Vogelfreunde!

Nun haben wir es endlich geschafft. Am heutigen Tage können wir dieses neue Vogelschutzgebiet seiner Bestimmung übergeben. Es war ein weiter Weg bis hierhin. Allen, die dabei mitgeholfen haben, dieses Ziel zu erreichen, danke ich heute und an dieser Stelle sehr herzlich. Mein Dank geht zunächst an die Planungsbehörden von Stadt, Kreis und Land, die das Verfahren zur Ausweisung dieses Gebiets als Vogelschutzgebiet so zügig abgewickelt haben. Danken möchte ich vor allem aber allen Bürgern, die durch ihre Unterschrift unsere Initiative unterstützt, durch Leserbriefe in örtlichen Zeitungen auf unser Anliegen hingewiesen und durch Petitionen an die politischen Entscheidungsgremien letztendlich den gewünschten Erfolg herbeigeführt haben. Dank an dieser Stelle auch allen freiwilligen Helfern, Vereinen und hochherzigen Stiftern, die durch unentgeltliche Arbeit bzw. die Bereitstellung teilweise erheblicher finanzieller Mittel die Herrichtung dieses Vogelschutzgebietes ermöglicht haben. Dank heute an jene, die diese Einrichtung ehrenamtlich und unentgeltlich weiterbetreuen.

Sie alle fühlen sich einem Gedanken verpflichtet, den ich wie folgt zusammenfasse: Rettet die Vögel – damit die Menschen überleben können. Die Zeit zur Umbesinnung ist gekommen. Früher haben in Deutschland 255 Vogelarten gebrütet. Davon sind 18 bereits ausgestorben, weiteren 102 droht das gleiche Schicksal, wenn der Mensch nicht endlich eingreift. Vogelschutz ist aber nicht einfach nur die Hilfe einiger tierliebender Menschen für eine bedrohte Art. Das Aussterben vieler Vogelarten sowie die Gefährdung einer weiteren großen Anzahl signalisiert uns nämlich, daß das ökologische Gleichgewicht in unserer Umwelt gestört, wenn nicht gar schon zerstört ist. Den Gefahren, denen diese Vögel zum Opfer gefallen sind, unterliegen wir auch. Ihre Lebensräume, die sie zum Überleben brauchen, werden immer weiter eingeschränkt oder vernichtet. Diese Lebensräume sind aber auch unsere Lebensräume. Bäche und Flüsse, Mischwälder, Feuchtgebiete, kurz die Landschaft in ihrer früheren Gestalt, fällt immer mehr einem falsch verstandenen Fortschrittsglauben zum Opfer. Und nicht nur die Vögel sind hierbei in Gefahr. Auch die Chancen des Menschen, den von ihm selbst angezettelten Raubbau an der Umwelt unbeschadet zu überstehen, werden immer kleiner. Hier müssen neue Zeichen gesetzt werden. Es reicht nicht aus, einmal im Jahr entrüstet dagegen zu protestieren, daß in unserem Nachbarland Italien Millionen von Vögeln abgeschossen und als angebliche Delikatesse verspeist werden. Genauso frevlerisch und ökologisch widersinnig ist es, ihnen, wie es bei uns geschieht, vorsätzlich oder auch nur gedankenlos die Lebensräume zu zerstören, die Natur mit Umweltgiften zu belasten oder die Tiere als Exemplare einer exotischen Art in engen Käfigen zu halten. Ebenso unsinnig und zerstörerisch ist es auch, wenn abgestumpfte Hobbyornithologen den Nestraub als neue Freizeitbeschäftigung entdecken und durch die Sammlung möglichst seltener Vogeleier sich gegenseitig übertrumpfen wollen.

Wir alle, die wir uns für dieses Vogelschutzgebiet eingesetzt haben, wollen ein Zeichen setzen. Wir wollen durch unser Engagement und unsere Arbeit dokumentieren, daß uns die Rettung dieser bedrohten Lebewesen zu einem ernsten Anliegen geworden ist. Jenen aber, die dieses wichtige Alarmzeichen für eine gefährdete Umwelt nicht sehen wollen oder können, sagen wir heute dennoch: Rettet die Vögel – damit auch wir Menschen eine Chance haben, zu überleben. Im Namen aller, die an diesem neuen Vogelschutzgebiet mitgearbeitet haben, lade ich Sie nunmehr zu einem Rundgang ein. Vielleicht ermutigt dies den einen oder anderen, ebenfalls bei uns mitzuarbeiten. Wir sind für jede Unterstützung dankbar. Ich danke Ihnen für Ihre Aufmerksamkeit.

Eröffnung eines neuen Kleingartengeländes

Meine sehr verehrten Damen und Herren!
Liebe Kleingärtner!

Ein Kleingärtner spricht

Endlich ist der Tag gekommen, an dem ein langgehegter Wunsch von uns in Erfüllung geht. Heute dürfen wir unser neues Kleingartengelände für Sie alle freigeben. Es hat ein langes Tauziehen im Vorfeld stattgefunden, bis die Stadtverwaltung endgültig grünes Licht gegeben hat. In den zurückliegenden Monaten in teilweise harten Verhandlungen ist oftmals die Frage gestellt worden: Muß das eigentlich sein? Ist es in den Zeiten landwirtschaftlicher Überproduktion überhaupt noch sinnvoll, wenn plötzlich noch mehr Kleingärtner ihr Obst und Gemüse selbst anbauen wollen? Ist es nicht ein Anachronismus unserer Tage, wenn Leute viel Geld dafür aufwenden wollen, um auf 200-bis-300-m^2-Grundstücken ihre Freizeit zu verbringen, wo die Welt so nahegerückt ist und Reisen kein unerschwinglicher Luxus mehr sind? Andere wieder haben ironisch angemerkt, so billig kommt die Stadt kaum mehr zu einer gepflegten Grünanlage. Diese Ironie ist fehl am Platze. Wenn man so will, ersparen wir der öffentlichen Hand nicht nur Geld für Grünanlagen. Wir sparen ihr im Endergebnis auch Geld dadurch, daß wir unseren Mitgliedern eine gesunde Tätigkeit an frischer Luft ermöglichen, eine wirksame Vorbeugung gegen Krankheiten. Und wir sparen der öffentlichen Hand Geld dadurch, daß wir unseren Mitgliedern eine Gemeinschaft mit Gleichgesinnten anbieten, in der gute Nachbarschaftskontakte gepflegt werden können; dies wirkt der Vereinsamung der Menschen entgegen und spart dem Fiskus letztendlich ebenfalls Geld. Aber nicht nur dadurch haben Kleingärten ihre Daseinsberechtigung immer wieder unter Beweis gestellt.

Kleingärten sind nämlich mehr als ein Fleckchen Erde, auf dem Tiere leben, Blumen wachsen, Früchte gedeihen und Menschen sich unterhalten können über gemeinsame Hobbys. Kleingärten sind nach unserer Auffassung eine vernünftige Alternative zu noch mehr Straßen, Parkplätzen oder Beton, Lärm und Schmutz. Sie geben ihren Besitzerinnen und Besitzern, die durch Beruf, Wohnen und Verkehr kaum noch direkten Kontakt zu Blumen, Pflanzen und Tieren haben, ein Stück Natur und Umwelt zurück. Über Kleingärtner mag man lächeln, wenn man sie nicht kennt. Wir wissen aber, daß unser Hobby eine vernünftige Freizeitgestaltung mit hohem Stellenwert darstellt. Wir wissen, daß wir damit ein Stück praktizierten Umweltschutz und Naturschutz übernehmen. In diesem Sinne, liebe Gartenfreunde, laßt uns mit unserer Arbeit beginnen.

Einweihung eines Vereinsheimes

Sehr geehrter Herr Vereinsvorsitzender!
Meine Damen und Herren!

Rede des Stifters

Mann mit zugeknöpften Taschen,
Dir tut keiner was zulieb,
Hand wird nur von Hand gewaschen,
Wenn du nehmen willst, so gib!“

Erlauben Sie mir bitte, daß ich dieses Goethewort einigen Überlegungen voranstelle, über die ich hier zu Ihnen sprechen möchte. „Wenn du nehmen willst, so gib!“ Als ich diesen Satz zum ersten Male las, wurde mir klar, daß er einer der Kernsätze unseres menschlichen Zusammenlebens ist. Auf alle nur denkbaren menschlichen Beziehungen übertragen, regelt er gleichsam von selbst das Problem einer sittlichen Handlungsweise. Er entspricht jener berühmten Forderung des Philosophen Immanuel Kant, der von uns verlangt, immer so zu handeln, daß unser Handeln zur Richtschnur für ein allgemein gültiges Handeln werden kann.

Wer in seinem Nächsten ein Mittel sieht, um irgendein Ziel in seinem Leben zu erreichen, der würdigt ihn im Grunde zu einem Gegenstand herab, dessen er sich in einem Augenblick ganz nach Belieben bedient, um ihn vielleicht schon im nächsten wegzuwerfen. Um bei dem Goethewort zu bleiben: Er nimmt lediglich, aber er gibt nicht. Sehen wir in unserem Mitmenschen jedoch einen Zweck, so bedeutet dies, daß wir nicht seine Kraft für unsere Absichten einsetzen, sondern umgekehrt ihm unsere Kraft zur Verfügung stellen und ihm dabei helfen, sein Ziel zu erreichen und seine Aufgaben zu lösen.

Solch eine Aufgabe, meine Damen und Herren, hat sich der ...er (Name des Ortes) ...verein (Name des Vereins) gestellt. Es geht ihm darum, den ... (Gesang, Schießsport etc.) zu pflegen und damit an der Gestaltung des kulturellen Lebens unserer Heimatstadt (Dorf, Gemeinde) mitzuwirken. Ich glaube, in Ihrer aller Namen zu sprechen, wenn ich dafür danke und unserer Freude darüber Ausdruck verleihe, daß sich Menschen hierzu bereitgefunden haben. Selbstverständlich entspricht ihr Vorhaben gleichzeitig ihren eigenen Neigungen und Interessen. Dies beeinträchtigt jedoch in keiner Weise die Tatsache, daß sie damit einen Dienst an der Allgemeinheit tun. Denn diese Allgemeinheit hat ihrerseits wiederum ein Interesse daran, daß jeder einzelne Bürger den Dingen nachgehen kann, die ihm zur Gestaltung seiner Freiheit geeignet erscheinen. Hierzu müssen jedoch gewisse Voraussetzungen erfüllt sein. Eine von ihnen besteht darin, daß überhaupt die Möglichkeit gegeben ist, irgendeiner Beschäftigung dieser oder jener Art nachzugehen. Solche Möglichkeiten bieten die Vereine, und insofern sind sie ein wichtiger Bestandteil des kulturellen Lebens.

Der Verein selbst ist jedoch ebenfalls von einigen Voraussetzungen abhängig, um sinnvoll arbeiten zu können. Eine solche Voraussetzung ist etwa das Vorhandensein eines geeigneten Platzes für Zusammenkünfte und Freizeitgestaltung. Leider haben die meisten Vereine kein Geld, um sich ein eigenes Heim zu bauen. Folglich sind sie in vielen Fällen darauf angewiesen, in öffentlichen Lokalen zu singen, Theater zu spielen oder zu kegeln. Diese Notwendigkeit wirkt sich nun keineswegs immer günstig auf das Leben des jeweiligen Vereins aus. Im Gegenteil, sie stellt sogar in der Mehrzahl der Fälle eine erhebliche Belastung dar.

Solch eine Belastung bestand auch im Falle unseres ...vereins. Eine fruchtbare Vereinstätigkeit wäre unter den gegebenen Umständen in Zukunft nur noch sehr schwer möglich gewesen. Diese Überlegungen, meine Damen und Herren, waren für meine Stiftung von ausschlaggebender Bedeutung. Wenn ich zurückdenke und einmal Zwischenbilanz mache, dann muß ich feststellen, daß ich viele Dinge nur mit Hilfe anderer erreichen konnte. Und, um es noch einmal mit den Worten Goethes zu sagen, ich habe vieles nur dadurch erreicht, daß ich genommen habe, ohne vielleicht immer entsprechend auch zu geben. Daher bin ich davon überzeugt, daß es an der Zeit ist, hier nun Versäumtes nachzuholen und etwas von dem an die Allgemeinheit weiterzureichen, was ich in meinem bisherigen Leben erreicht habe. Ich hoffe, daß das neue Heim den Mitgliedern unseres ...vereins recht viel Freude bereiten und ihnen dazu verhelfen wird, daß sie in Zukunft ihre Arbeit zum Wohle der Allgemeinheit aktiv und engagiert fortsetzen.

Dank an den Stifter eines Vereinsheimes

Sehr geehrter Herr ... (Titel und Name des Stifters)!
Meine Damen und Herren!

Der Vereinsvorsitzende spricht

Es gibt in jedem Leben Augenblicke, in denen man um die richtigen Worte verlegen ist. Man weiß nicht, wo anfangen und wo aufhören, weil es im Grunde zu viel zu sagen gibt. Und dann wieder zweifelt man an der Kraft seiner Worte, von denen man glaubt, daß sie völlig unzureichend seien, um das wiederzugeben, was einen bewegt.

So ähnlich geht es mir heute. Ich habe mir lange hin und her überlegt, auf welche Weise dieser Verein seinen Dank an Sie, verehrter Herr ... (Titel und Name des Stifters), abstatten kann. Zunächst sicherlich einmal dadurch, daß wir ihn ganz einfach aussprechen. Als Sie uns von Ihrer Absicht wissen ließen, uns ein Vereinsheim zu schenken, wird Ihnen unsere Reaktion sicherlich deutlich gemacht haben, wie genau Sie das Richtige getroffen hatten. Zu diesem Zeitpunkt schien ein solcher Bau für uns in unerreichbarer Ferne zu liegen. Unsere Ausgaben waren so hoch, daß an ein solches Unternehmen überhaupt nicht gedacht werden konnte. Auf der anderen Seite jedoch zeichnete sich auf Grund gewisser Umstände immer deutlicher die Notwendigkeit ab, in dieser Hinsicht eine Lösung zu finden. Unsere Situation erschien so schwierig, daß wir mehr als einmal weder ein noch aus wußten. Ich erinnere mich noch deutlich mancher Versammlung, in der diese Dinge so heftig diskutiert wurden, daß es zu erheblichen Auseinandersetzungen kam.

An jenem Tage aber, als Sie uns ein Vereinsheim anboten, gab es dagegen nur eine einhellige Meinung. Und an ihr hat sich bis heute nichts geändert. Diese Meinung kann ich am besten so zusammenfassen: Die Änderung unserer Situation rückte in greifbare Nähe. Sie waren wie ein Retter in der Not, den man sich sehnlichst wünschte, auf dessen Erscheinen man jedoch nicht hoffen konnte und auch gar nicht zu hoffen wagte. Und dennoch, er kam.

Dafür spreche ich Ihnen im Namen unseres Vereins unseren herzlichen Dank aus. Vielleicht können Sie selbst noch nicht ganz ermessen, welchen Dienst Sie uns damit erwiesen haben. Ich versichere Ihnen jedoch, daß er weitaus größer ist, als ich es im Rahmen dieser Ansprache sagen kann.

Wir erlauben uns, Ihnen als Ausdruck unseres Dankes die Ehrenmitgliedschaft in unserem Verein anzubieten, und wären glücklich, wenn Sie sie annehmen würden.

Altennachmittag

Liebe Mitbürgerinnen und Mitbürger!

Der Sozialdezernent spricht

Ich freue mich sehr, Sie hier im Namen unserer Stadtverwaltung begrüßen zu dürfen. Wenn man die öffentlichen Diskussionen in den Zeitungen, im Radio und im Fernsehen in den letzten Jahren verfolgt hat, so könnte man manchmal den Eindruck gewinnen, als gäbe es nur noch Probleme der Jugend. Sicherlich sind die Probleme der Jugend auffälliger, nicht zuletzt deshalb, weil sie allzuoft recht lautstark und provozierend vorgetragen worden sind. Ich glaube aber nicht, daß diese vielleicht etwas einseitigen Diskussionen – auch wenn sie zugegebenermaßen oft auch Probleme betreffen, die dringend einer Lösung bedürfen – dazu geführt haben, daß die Sorge um den älteren Menschen in den Hintergrund getreten ist. Diese Sorge wird unsere Gesellschaft wieder in verstärktem Maße beschäftigen müssen.

Das Auseinanderleben der Generationen, das Auseinanderbrechen der früheren großen Familienverbände hat zu einer vielfach anzutreffenden Vereinsamung und Hilflosigkeit gerade älterer Menschen geführt. Ziel jeder sozial verpflichteten Politik muß es daher sein, daß sich unsere älteren Mitbürgerinnen und Mitbürger nicht isoliert fühlen, sondern in der Gemeinschaft geborgen. Unsere Stadtverwaltung bemüht sich in enger Zusammenarbeit mit der Landesregierung, dem Landkreis und den Wohlfahrtsverbänden die brennendsten Probleme unserer älteren Bürger zu lösen. Von Jahr zu Jahr steigende Mittel sind bisher dafür eingesetzt worden, und wir meinen, daß wir dem angestrebten Ziel schon recht nahe gekommen sind. Wir werden daher auch den eingeschlagenen Weg konsequent weiterverfolgen. Neben einer Verbesserung der wohnlichen und privaten Atmosphäre ist aber die Förderung des Gemeinschaftssinnes eine gute Medizin gegen den eintönigen Alltag. Aus diesem Grunde freue ich mich, daß Sie so der Einladung zu diesem Altennachmittag gefolgt sind, und wünsche Ihnen einige schöne und unterhaltsame Stunden.

Versammlungen, Vereinsverwaltung

Jahreshauptversammlung

Liebe Vereinsmitglieder!
Verehrte Gäste!

Eröffnung durch den Vorsitzenden

Der Vorstand dankt Ihnen für Ihr zahlreiches Erscheinen. Die Jahreshauptversammlung ist nun einmal kein sehr unterhaltsames Ereignis. Aber sie ist sehr wichtig, denn der Verein bedarf ja der Führung und der Verwaltung, und die wiederum – das ist unser Bestreben – sollen demokratisch sein. Ohne das Vertrauen und die Zustimmung der Mitglieder hätte unsere Arbeit im Vorstand keinen festen Boden. Deshalb noch einmal Dank für Ihr Kommen.

Vor Einstieg in die Tagesordnung muß ich leider noch eine besonders traurige Pflicht erfüllen. Im vergangenen Jahre gingen folgende Mitglieder für immer von uns: ... (Namen). Ihr Verlust ist schmerzlich. Unsere Gemeinschaft muß mit ihnen hochgeachtete Menschen entbehren, die uns sehr nahestanden. Wir werden ihnen immer ein ehrendes Andenken bewahren. Ich bitte Sie, sich zu Ehren unserer verstorbenen Mitglieder von den Plätzen zu erheben ...

Ich danke Ihnen.

Es ist festgestellt worden, daß die Versammlung beschlußfähig ist. Die Tagesordnung ist Ihnen durch die Vereinszeitung bekannt. Die Berichte der einzelnen Abteilungen sind ebenfalls dort veröffentlicht worden. Die Tagesordnung umfaßt folgende Punkte: Bericht des Vorstands für das vergangene Geschäftsjahr – Entlastung des Vorstandes – Neuwahlen und Bestätigungen – Anträge – Neubauten und Änderungen unserer Anlage – Wichtige Veranstaltungen des kommenden Jahres – Verschiedenes.

Werden Ergänzungen zu dieser Tagesordnung gewünscht? ... Das ist nicht der Fall. Ich komme also zum Geschäftsbericht für das vergangene Jahr ...

Jahreshauptversammlung

Liebe Mitglieder!
Liebe ... (bisherige Vorstandsmitglieder namentlich nennen)

Verabschiedung bisheriger Vorstands-mitglieder

Sie scheiden aus Ihrem Amt. Wir sind alle ein wenig traurig darüber, denn was unsere Gemeinschaft heute ist, verdankt sie im wesentlichen Ihnen. Wenn ein Wechsel eintritt, ist vielen Mitgliedern etwas unbehaglich. Wir sind im Vorstand eine Mannschaft gewesen, und nun verlassen einige Mitspieler das Feld. Aber wie Sie uns versichert haben, steht uns Ihr erfahrener Rat weiterhin zur Verfügung. Wenn ich bei dem eben benutzten Bilde bleibe: Sie verlassen zwar die Mannschaft, aber Sie bleiben ihre Ratgeber. Das hoffen wir, und das festigt auch den Mut der neuen Vorstandsmitglieder zur übernommenen Aufgabe. Für Ihren Entschluß, nicht mehr für die diesjährige Vorstandswahl zu kandidieren, haben Sie uns verschiedene Gründe genannt. So sehr wir Ihr Ausscheiden bedauern, so gut verstehen wir Ihre Beweggründe. Ob Sie sich nunmehr der bisher vernachlässigten Pflege persönlicher Interessen stärker widmen, ob Sie die Meinung vertreten, Jüngere sollten zur Mitarbeit herangezogen werden, ob Sie Gesundheitsrücksichten bewogen haben – all dies sind verständliche und wichtige Gründe. Wir erkennen Ihre Überlegungen ebenso an, wie wir Ihre Leistungen für den Verein würdigen. So lassen Sie diese Stunde eine Stunde des Dankes an Sie werden. Wir wollen uns die vielen Stunden vor Augen halten, die Sie dem Verein gewidmet haben. Wir wollen der Vielzahl schwieriger Entscheidungen gedenken, die Sie mitgetroffen haben, um für den Verein so manchen gordischen Knoten zu lösen. Sie scheiden in einem Augenblick, da sich unser Schiff dank Ihrer Hilfe in einem guten Fahrwasser befindet. Die neuen Steuerleute, Ihre Nachfolger, werden Ihnen das zu danken wissen. All denen, die manchmal meinen, bei einer Gemeinschaft wie der unsrigen ginge alles von selbst, soll in dieser Stunde einmal deutlich gesagt werden, wieviel Mühe nötig ist, damit alles gutgeht. Ihre Arbeit, liebe Kolleginnen und Kollegen, wird weiter Früchte tragen.

Wahl des Vorsitzenden eines neugegründeten Vereins

Meine sehr verehrten Damen und Herren!

Rede eines Versammlungsmitglieds

Es ist eine Selbstverständlichkeit, daß man sich bei der Wahl eines Vereinsvorsitzenden bemüht, den Besten herauszufinden. Er muß ein Mensch sein, der mit Begeisterung für die Sache des Vereins eintritt, der aber auch wieder kühl und sachlich abzuwägen weiß. Er muß besser als jedes andere Vereinsmitglied über die inneren und äußeren Probleme informiert sein. Er muß entscheiden, führen und sprechen können, kurzum, er muß eine Menge Fähigkeiten mitbringen. Gleichzeitig wird man jedoch auch bemüht sein, ein besonders verdienstvolles Mitglied dadurch zu ehren, daß man ihm den Vorsitz anbietet. Denn wer sich um eine Sache verdient gemacht hat, der wird sicherlich auch das für einen ersten Vorsitzenden nötige Interesse und gleichfalls die erforderlichen Fähigkeiten mitbringen.

Wie unser verehrter Herr ... in seiner Einführungsansprache zum Ausdruck brachte, ist es wichtig, daß man sich für die Aufgabe, die sich ein Verein stellt, wirklich begeistern kann. Nur dann werden sich alle auftretenden Schwierigkeiten meistern lassen, und nur dann wird das zu erreichen sein, was man ein gutes Vereinsleben nennt. Ich glaube, daß wir alle mit diesen Worten übereinstimmen. Ich bin der Überzeugung, daß es niemandem von uns verborgen geblieben ist, wie in dem, was uns Herr ... zu sagen hatte, und darin, wie er es sagte, jene Begeisterung deutlich zu spüren war. In den vorausgegangenen Wochen und Monaten hat er diese Begeisterung immer wieder bewiesen. Trotz mancher Schwierigkeiten hat er sich von seinem Vorhaben weder abbringen lassen, noch hat er an seinem Sinn und seiner Berechtigung irgendwelche Zweifel gehabt. Aber was vielleicht noch wichtiger ist: Er hat bewiesen, daß er es versteht, mit Menschen umzugehen, sie zu überzeugen und für eine Sache zu gewinnen. Diese Eigenschaft, liebe Vereinsmitglieder, ist meines Erachtens die wichtigste Voraussetzung dafür, daß man anderen Menschen in irgendeiner Weise und auf irgendeinem Gebiet vorstehen kann. Jeder weiß, daß es trotz aller gemeinsamen Interessen dennoch zu Meinungsverschiedenheiten kommen kann. Dann ist es wichtig, daß man jemandem die Verantwortung für die Führung des Vereins übertragen hat, der auf Grund seiner Geschicklichkeit größere Zerwürfnisse vermeiden kann. Einen solchen Mann sehe ich in unserem verehrten Herrn ... (Initiator). Wir verdanken ihm nicht nur die Vorbereitungsarbeiten, wir verdanken ihm die heutige Gründung des Vereins und mit Sicherheit noch mehr, als wir im Augenblick überschauen können. Damit haben wir in ihm nicht nur einen geschickten und sachlich bestens informierten Mann, sondern gleichzeitig eine Persönlichkeit, die sich hervorragende Verdienste um unseren Verein erworben hat.

Ich schlage der Mitgliederversammlung daher vor, Herrn ... zum ersten Vorsitzenden unseres neugegründeten ... -Vereins zu wählen.

Dankrede des gewählten Vorsitzenden

Meine lieben Vereinsmitglieder!

Sie können mir sicherlich nachfühlen, daß ich über die Gründung unseres ...-Vereins am heutigen Abend froh und glücklich bin. Es ist ein angenehmes Gefühl, wenn man sich sagen darf, daß die geleistete Arbeit zum erhofften Erfolg geführt hat und nicht umsonst war. Besonders erfreulich ist es jedoch, wenn man ehrlichen Herzens der Überzeugung sein darf, daß man für eine Sache Menschen begeistern konnte, die auch in Zukunft mit aller Kraft an der Weiterführung mitarbeiten werden. Ich bin sicher, daß Sie sich alle an der Erfüllung der von uns selbst gestellten Aufgaben so beteiligen werden, wie es in Ihren Kräften steht. Diese Gewißheit wird mir die Ausübung des mir übertragenen Amtes bedeutend erleichtern.

Nachdem Sie mir durch meine Wahl zur ersten Vorsitzenden unseres neugegründeten Vereins Ihr Vertrauen ausgesprochen und gleichzeitig das von mir vorgetragene Arbeitsprogramm des neuen Vorstandes gebilligt haben, erlauben

Sie mir noch einige Bemerkungen. Zunächst möchte ich jedoch nicht versäumen, Ihnen für das bewiesene Vertrauen meinen Dank auszusprechen und zu versichern, daß ich bemüht sein werde, ihm jederzeit gerecht zu werden.

Niemand von uns weiß, in welchen Bahnen unser Vereinsleben während der nächsten Jahre laufen wird. Es ist unmöglich, eine genaue Entwicklung vorauszusagen. Wir können es ganz einfach deshalb nicht, weil auch für einen Verein das Gesetz der Unberechenbarkeit gilt, das unser ganzes Leben beherrscht. Eines aber können und wollen wir: die Versicherung abgeben, daß wir von uns aus alles tun werden, um das gesteckte Ziel zu erreichen. Erwarten Sie bitte nicht, daß dies immer reibungslos vonstatten gehen wird. Es gibt im Leben jedes einzelnen von uns Situationen, in denen er oder sie kaum noch weiter weiß. Wieviel schwerer sind solche Dinge zu umgehen, wenn sie eine ganze Gruppe von Menschen betreffen. Es ist erfahrungsgemäß nicht immer eine leichte Aufgabe, alle Leute unter einen Hut zu bringen. Meistens ist es sogar völlig unmöglich. Allerdings darf man nicht der irrigen Ansicht sein, eine völlige Übereinstimmung in allen Angelegenheiten sei der einzige Weg zu einem erfolgreichen Schaffen. Im Gegenteil: Ich bin der Meinung, daß gerade dort, wo immer Einstimmigkeit herrscht, irgend etwas nicht ganz stimmt. Entweder hat jemand keine eigene Überzeugung und sagt zu allem ja, was vorgeschlagen wird, oder aber es wird irgendein Druck ausgeübt, der keine andere Entscheidung zuläßt. Im ersten Falle ist ein fruchtbares Schaffen deshalb nicht möglich, weil die Vereinsmitglieder etwaige falsche Entscheidungen oder Vorschläge genauso gutheißen wie die richtigen, im zweiten, weil es keine freiwillige Gemeinschaft mehr ist, sondern eine kleine Diktatur. Also ist Widerspruch nicht nur möglich, sondern geradezu erwünscht. So wie das Zusammenspiel von Regierung und Opposition erst eine demokratische Staatsform ermöglicht, so wird uns die Kritik unserer Mitglieder erst in die Lage versetzen, nach gründlicher Diskussion jene Entscheidung zu fällen, die, im Interesse aller, die beste ist.

Ich bin davon überzeugt, daß ich mein Amt als Vorsitzende unseres Vereins nur dann im Interesse aller wahrnehmen kann, wenn mir jeder von Ihnen mit Rat und Tat zur Seite steht. Wir haben eine gemeinsame Aufgabe, und wir müssen sie gemeinsam durchführen. Daß ich mein Bestes tun werde, dessen dürfen Sie gewiß sein.

Der neugewählte erste Vorsitzende teilt die nächsten Pläne mit

Liebe Mitglieder!

Mit herzlichem Dank nehme ich die einstimmige Wahl zum ersten Vorsitzenden unseres neuen Heimatvereins an und beginne meine Tätigkeit mit der Verlesung aller gewählten Vorstandsmitglieder und deren Funktionen. Herr ... will die Tätigkeit des stellvertretenden ersten Vorsitzenden übernehmen. Als zweite Vorsitzende nenne ich Frau ... und als ihren Stellvertreter Herrn ... Das Amt des Schatzmeisters möchte Herr ... übernehmen. Als Schriftführerin wird Frau ... fungieren, und als ihre Stellvertreterin darf ich Ihnen Frau ... vorstellen. Die Leitung des Museums wird in die bewährten Hände des Herrn ... übergehen, der die notwendigen Vorarbeiten schon seit langem in bester Fachkenntnis und in vorbildlicher Weise leistet. Als Archivleiterin, mit ebenfalls großen Erfahrungen auf diesem Gebiet und einer bereits bemerkenswerten Sammlung, wird uns Frau ... ihr Wissen und ihre Kraft zur Verfügung stellen. Ihnen allen, die Sie sich bereit gefunden haben, die Arbeit unseres Heimatvereins zu fördern, spreche ich meinen Dank aus. Wir hoffen, daß sich die Zahl der Mitarbeiterinnen und Mitarbeiter sowie der Mitglieder in Kürze erheblich erhöhen wird, und rechnen damit, unter den Heimatvereinen unseres Kreises bald eine mitverantwortliche und führende Rolle zu übernehmen.

Ich erwähne an dieser Stelle nochmals die Stiftung der Firma ..., die in so dankenswerter Weise die Verwirklichung unserer Pläne ermöglichte. Durch diese große Spende wurde geradezu der Anstoß zu unserer Vereinsgründung gegeben. Unsere Arbeit hat bereits greifbare Formen angenommen. Die durch die Fürsprache des Landeskonservators zu erwartende größere Summe zur Renovierung eines Teils unserer Stadtmauer sowie unserer unter Denkmalschutz stehenden Kirchenorgel ist dem neugegründeten Verein in Kürze in Aussicht gestellt worden. Es liegt schon eine Einladung unseres Vereins zu einem Treffen aller Heimatverbände in ... vor, das für unsere Arbeit von besonderer Bedeutung sein wird. Auch die Tagung der Heimatschriftstellerinnen und -schriftsteller, die für den Monat August in ... geplant ist, wird ihre Auswirkungen auf unsere Stadt haben. Es ist vorgesehen, daß die Autorinnen und Autoren zum Abschluß ihres Treffens eine Besichtigungsfahrt in unsere Gegend unternehmen und bei dieser Gelegenheit Einblick in unser heimatkundliches Archiv erhalten sollen. Es ist damit zu rechnen, daß die Chronik unserer Stadt meines Kollegen, Herrn Dr. ..., die seit einiger Zeit vergriffen ist, wieder erscheinen kann und daß sie gerade bei diesem Treffen wieder zur Verfügung steht.

Die Schulaufsichtsbehörde wird sicherlich unser Heimatarchiv mit zahlreichen Bänden lokalhistorischer Art und mit Urkunden aus unserer politischen und Kirchengeschichte bereichern. Das von Frau ... in so vorbildlicher Weise geführte Kirchenarchiv unserer Stadt gibt Auskunft über Leben, Wirken und Sterben unserer Vorfahren seit dem 16. Jahrhundert. Der Mithilfe der Archivberatungsstelle ist es zu danken, daß wertvolles Kulturgut vor dem Untergang bewahrt und auch zunächst aussichtslos erscheinende Restaurierungsarbeiten an alten Bänden mit Erfolg durchgeführt werden können. Gerade die heimatkundlichen Fahrten werden, so hoffe ich, dazu beitragen, auch das Interesse der jungen Generation an unserer Arbeit wachzurufen. Bisher sind meine Kollegen an den Schulen unserer Stadt bemüht, die Jugend auf den Schulwanderungen zu unseren historischen Stätten auf die Bedeutung unserer Heimat in Vergangenheit und Gegenwart gebührend hinzuweisen.

Zum Schluß unserer Versammlung gebe ich noch meiner Freude darüber Ausdruck, daß es uns gelungen ist, den Heimatverein aktionsfähig zu machen. Ich danke allen, die mitgeholfen haben, und bitte unsere Mitglieder, bei der nächsten Versammlung möglichst zahlreich zu erscheinen.

Aufnahme neuer Vereinsmitglieder

Sehr verehrte Gäste! Liebe Vereinsmitglieder!

Der Vereinsvorsitzende spricht

Ein Volk ohne Kinder wäre dem Untergang geweiht. Und ein Verein ohne Nachwuchs würde schon bald aufhören zu bestehen. Immer sind es die Jungen, die das Werk der Älteren und Alten fortsetzen, und immer ist es die Jugend, die der Arbeit der Erwachsenen einen über den Tag und das eigene augenblickliche Bedürfnis hinausgehenden Wert verleiht. Die Jugendlichen sollen mit Umsicht und mit Liebe herangezogen werden, denn man weiß, daß die Geschichte der Familie, die Geschichte des Landes und die Gestaltung der Zukunft einmal von ihnen abhängen werden. Es ist daher undenkbar, daß man ihre natürlichen Anlagen und ihre unverbrauchten Kräfte nicht fördert und pflegt, damit sie sie später zum Wohle aller einsetzen können.

Diesem Gesetz und diesem Erfordernis gehorcht auch das Leben in einem Verein. Auch hier geht es darum, Nachwuchs heranzubilden, der das einmal Begonnene nach besten Kräften weiterführt. Kein Verein kann es sich leisten, auf diesen Nachwuchs zu verzichten. Es wird daher immer die Aufgabe derer sein, die für das Geschick eines Vereines verantwortlich sind, nach besten Kräften dafür zu sorgen, daß die Jugend den Weg zu ihm finden kann.

Aus diesem Grunde freut es mich besonders, daß wieder einige junge Menschen zu uns gefunden haben. Es ist jedesmal ein erfreulicher Augenblick zu erfahren, daß die Dinge, mit denen wir uns beschäftigen, neue Freunde gewinnen. Wir haben uns nun einmal der Pflege des ... (Gesangs, Schießsports, Kegelsports etc.) verschworen und finden Freude im Kreise Gleichgesinnter.

Heute abend, meine Damen und Herren, dürfen wir also einige neue Vereinsmitglieder begrüßen. Ich freue mich aufrichtig, daß es ausschließlich junge Menschen sind, die ihre Aufnahme beantragt haben. Die Geschicke unseres Vereins werden eines Tages in die Hände unserer jungen Mitglieder übergehen, und es ist gut, daß dieser Nachwuchs bei uns reichlich vorhanden ist.

Ich begrüße Sie im Namen des ... (Name des Vereins) und danke Ihnen dafür, daß Sie von jetzt an zu uns gehören wollen. Ich wünsche Ihnen einen guten Kontakt zu den übrigen Mitgliedern und hoffe, daß wir Ihnen das geben und bieten können, was Sie von uns erwarten. Daß dies natürlich nicht zuletzt auch von Ihnen selbst abhängt, ist sicher allen klar.

Erlauben Sie mir, daß ich Sie nun unseren Vereinsmitgliedern vorstelle. (Es folgt die Vorstellung der neuen Vereinsmitglieder.)

Ehrungen

Ehrung einer Sportlerin

Sehr geehrte Damen und Herren, liebe Frau … (Name)!

Ansprache des Vereinsvorsitzenden

Ihr Verein ist stolz auf Sie. Bei jenem Wettkampf, in dem Sie alles darangesetzt haben zu siegen, haben wir alle – glauben Sie es uns – mit Ihnen geschwitzt, waren mit Ihnen angespannt und haben uns beim Daumenhalten fast die Finger zerdrückt. Als das Ergebnis feststand, haben auch wir alle erleichtert aufgeatmet. Hoffentlich haben Sie sich während des Wettkampfes nicht zu allein gefühlt, sondern gespürt, daß gute Freunde in Gedanken bei Ihnen waren.

Nun, das Ziel ist erreicht, der Sieg ist errungen, und wir sagen: Herzlichen Glückwunsch! Wir freuen uns dabei besonders, daß Sie ganz die alte geblieben sind. Zwar sollte man meinen, dies sei selbstverständlich, weil der Sport eine Sache frischer, idealistischer Menschen ist. Aber wir haben in unserer modernen, ruhmsüchtigen Gesellschaft leider oft genug erlebt, daß jemandem ein schneller Erfolg zu Kopf gestiegen ist und er diesen dann zu hoch getragen hat. Sie tun das glücklicherweise nicht. Und diese bescheidene Haltung gibt uns Hoffnung, daß Sie es auch weiterhin zu hohen sportlichen Leistungen bringen. Menschen, die keine Bescheidenheit kennen, laufen leicht Gefahr, den Boden der Tatsachen unter den Füßen zu verlieren. Die wichtigste sportliche Tatsache aber heißt hartes, ausdauerndes Training. Sie haben es nicht aufgegeben und werden es nicht aufgeben. So wird Sie die Jugend unseres Vereins noch öfter auf dem Siegespodest sehen. Seien Sie der Jugend weiterhin ein gutes Vorbild.

Verabschiedung einer Mannschaft zu einem Wettkampf

Liebe Sportkameraden!

Der Vereinsvorstand spricht

Wie der Mensch überhaupt, so muß auch der Sportler sein Können und seine Fähigkeiten sich und den anderen ständig beweisen. Er muß zeigen, daß er trainiert und gelernt hat und daß er fähig ist, sich im Wettstreit mit anderen zu messen und zu behaupten.

Dabei darf er jedoch niemals die eigentliche Aufgabe des Sportes aus den Augen verlieren, die darin besteht, daß der Mensch dazu erzogen wird, in Harmonie mit Körper und Geist zu leben. Diese Harmonie erst vermag es, ihm jene Kraft und Sicherheit zu geben, die er für das tägliche Leben benötigt. Die aufeinander abgestimmte Übung des Körpers und des Geistes ist das sicherste Unterpfand für einen gesunden Menschen. Und dieses Unterpfand müssen wir haben, wenn wir nicht in dem bewußten oder unbewußten Gefühl leben wollen, vielleicht schon der nächsten Aufgabe nicht mehr gewachsen zu sein und zu versagen. Das Versagen, liebe Freunde, ist es, wovor jeder Sportler viel öfter Angst hat, als er zugeben will. Die Furcht, plötzlich gerade dann nicht in guter Form zu sein, wenn es darauf ankommt, ist ein uns allen bekanntes Gefühl. Aber der Glaube an die eigene Leistung, das feste Vertrauen in die Kraft und das Vermögen des eigenen Körpers sind gute Mittel gegen solche Depressionen.

Vielleicht werdet auch ihr während der letzten Tage oder Wochen des Trainings Zweifel daran gehabt haben, ob ihr das große Treffen erfolgreich durchsteht. Solch eines Zweifels braucht sich keiner von euch zu schämen. Im Gegenteil. Er ist ein Zeichen dafür, daß ihr nicht ohne Überlegung und nicht mit jener oftmals anzutreffenden Geringschätzung des Gegners in den sportlichen Wettkampf geht, sondern in dem Bewußtsein, daß auch er nicht untätig war und daß er euch sicherlich einen etwaigen Sieg nicht schenken wird. Aber was wäre denn auch ein geschenkter Sieg? Er wäre genauso wertlos, als wenn ihr ihn gar nicht errungen hättet. Wo wäre der Geist des Sports denn geblieben, wenn sich eine Mannschaft oder ein einzelner Mensch seinen Sieg einfach nehmen könnte, ohne wirklich darum gekämpft zu haben? Erst der faire, sportliche Kampf und seine erfolgreiche Beendigung sind für uns alle Grund, uns als Sieger zu fühlen. Darum verschenkt nichts, aber laßt euch auch nichts nehmen. Wenn die Leistungen des Gegners unter eurer Erwartung liegen, so laßt die euren dadurch nicht drücken. Wenn sie aber höher liegen, dann laßt euch nicht entmutigen, sondern nehmt alle eure Kräfte zusammen, und versucht, euer Bestes herzugeben. Überhaupt, wenn ihr im Anschluß an das bevorstehende sportliche Treffen voller Überzeugung sagen könnt, daß ihr euer Bestes gegeben habt, dann war es auf keinen Fall umsonst, im Gegenteil, dann war es eine gute Schule für euch. Die eigene Leistung kann erst an der Leistung des Gegners gemessen werden, und erst durch sie erhält sie ihren sportlichen Wert.

Das soll aber nicht heißen, daß ich euch nicht den Sieg wünsche. Selbstverständlich drücke ich als der Vorsitzende unseres Vereins beide Daumen, daß euer Können zum Siege ausreicht. Ich weiß, wie fleißig ihr geübt habt und daß ihr gut vorbereitet seid. Daher ist mir um den Erfolg nicht weiter bange, wenngleich ich noch einmal darauf hinweisen möchte, daß nicht der leistungsmäßige Erfolg beim Sport die Hauptrolle spielen darf, sondern der körperliche und geistige Erfolg.

Ich wünsche euch eine gute Reise und gesunde Rückkehr. In Gedanken werden wir bestimmt bei euch sein.

Anerkennung verdienter Mitarbeiter eines gemeinnützigen Verbandes

Liebe Mitglieder, verdiente Mitarbeiter!

Ihr Schaffen, das wir heute würdigen, steht selten im Blickpunkt der Öffentlichkeit. Gerade darum müssen wir es um so höher einschätzen. Denn Sie helfen mit bei einer guten Sache, ohne klingenden Lohn oder lauten Ruhm zu erwarten. Sie lieben Ihre Mitarbeit um ihrer selbst willen, als freiwilligen Dienst für andere Menschen. Es scheint in unserer lauten, betriebsamen Zeit manchmal so, als könnte sie ohne die ehrenamtliche Arbeit auskommen. Es scheint manchmal so, als ob unser alltägliches Leben in einer seelenlosen Mühle steckt, die es automatisch bedient. Aber das ist weit gefehlt. Wohin kämen wir, wenn es keine freiwillige Hilfe an dem Nachbarn mehr gäbe, wenn wir nicht mehr alten, schwachen Menschen über die Straße hülfen, wenn es keine Rotkreuzhelfer, Blutspender und wenn es keine Menschen mehr wie Sie gäbe, die einen großen Teil ihrer freien Zeit damit verbringen, für andere dazusein. Gewiß wäre es Ihnen auch manchmal angenehmer, zu Hause bei Ihrem privaten Hobby zu bleiben. Aber Sie haben stets das Gemeinwohl im Auge gehabt und danach gehandelt. Gäbe es Ihre Mitarbeit nicht und nicht eine ähnliche ehrenamtliche Tätigkeit, dann wäre unsere moderne Gesellschaft bald total bürokratisiert. Sie wäre nicht mehr im Gleichgewicht.

Was Sie, liebe Freunde, tun, hat darum nicht nur für unseren Verein Bedeutung, sondern es ist eine wichtige Kraft im heutigen Leben überhaupt. Ihre Uneigennützigkeit, Ihre Einsatzbereitschaft ehren wir ebenso, wie wir Ihre Leistung als Beweis für Gemeinschaftssinn ansehen. Ich weiß, daß Sie manchmal von anderen Menschen angegriffen werden mit den Worten: „Du bist aber dumm, opfere dich doch nicht für andere auf. In dieser Zeit könntest du dir viel besser ein nettes Zubrot verdienen!“ Aber wir sind stark in dem gemeinsamen Bewußtsein, daß es im Leben auch Werte gibt, die höher stehen als Geld. Diese Werte leben Sie in Ihrer stillen allwöchentlichen Mitarbeit. Damit machen Sie vielen Menschen eine Freude. Und so gibt es denn doch einen Lohn, der mehr wiegt als Banknoten und der auch Ihnen mehr bedeuten wird als diese Worte der Anerkennung, nämlich die Freude und Dankbarkeit Ihrer Mitmenschen, für die Sie ehrenamtlich tätig sind. Denjenigen, die nur an sich denken und für sich selbst rackern und schuften, mag das ein zu geringer Lohn sein. Kein Entgelt, für das sich anzustrengen lohne, meinen jene und vertrauen doch darauf, daß andere nicht so denken. Denn auch sie – oder gerade sie – nehmen oft ganz selbstverständlich die Hilfe anderer für sich in Anspruch. Lassen Sie sich von solchen Gedankenlosigkeiten, von solchem Egoismus Ihre Bereitschaft zur tätigen Hilfe nicht nehmen. Möge Ihr Beispiel anderen ein Ansporn sein. Dies kleine Buchgeschenk, das ich Ihnen im Namen des Vorstandes unseres Verbandes überreichen darf, soll Ihnen die Dankbarkeit für Ihre engagierte Tätigkeit und Hilfe zeigen.

Würdigung eines Jubilars bei Verleihung einer Ehrennadel

Mein lieber … (Name des Jubilars)!

Der Vorstand spricht

Du darfst dich jetzt nicht bescheiden abwenden, wenn dir eine Anerkennung zuteil wird, die du im wahrsten Sinne des Wortes verdient hast durch deine langjährige freiwillige, treue und aktive Mitgliedschaft in unserem Verein.

Wie selten ist heute von Treue die Rede in einer Zeit, in der alles im Fluß ist. Kein Wunder, im Sturm der Ereignisse mag es schwer sein, liebgewonnene Gewohnheiten beizubehalten und seinen Lebenskreis unverändert zu erhalten. Auch im Verein folgt oft der anfänglich stürmischen Begeisterung eine gewisse Ernüchterung. Viele verlassen dann unseren Kreis, weil dieser eben auch Pflichten fordert, ja vielleicht persönliches Zurückstehen zugunsten der Gemeinschaft. Ebenso durchlebt der Verein Zeiten der Krise, der Lustlosigkeit, mangelnder Aktivität und schlechten Gemeinschaftsgeistes. Man wird dann leicht mutlos und hält nach anderer Betätigung Ausschau. Was wäre der Verein in solchen Zeiten ohne Menschen deiner Art, ohne Säulen, an denen andere Halt und Vorbild finden, von denen man weiß: Sie sind da, du kannst dich auf sie verlassen! Deine Treue erschöpfte sich nicht in bloßer Teilnahme, sondern fand im tätigen Mitwirken an den Geschicken des Vereins ihren Ausdruck. So bist du auch am meisten befugt, uns zu raten und uns auf etwaige Fehler aufmerksam zu machen.

Heute gilt dir unser Dank und der Wunsch: Bleibe uns, bleibe dem Verein weiter treu!

Würdigung erfolgreicher Mitglieder eines Vereins

Meine lieben Vereinskameraden
(Sanges-, Schützen-, Kegelbrüder etc.)!

Der erste Vorsitzende spricht

Während wir uns an unseren sonstigen Vereinsabenden hier zusammenfinden, um zu ... (singen, schießen, kegeln etc.), geht es heute in erster Linie darum, einige unserer Vereinsmitglieder zu ehren. Wir tun dies um so lieber, als es tatsächlich die Besten unter uns betrifft, also diejenigen, die während des vergangenen Jahres besonders erfolgreich waren.

Es liegt in der Natur unserer Beschäftigung, daß sie in Form eines ständigen Wettkampfes ausgetragen wird und nur hierdurch jene Steigerung und Verbesserung erfahren kann, die sie erfordert. Erst der Vergleich mit der Leistung anderer Mitglieder oder anderer Vereine versetzt uns in die Lage, unser eigenes Können richtig einzuschätzen und immer wieder zu verbessern. Gäbe es die Möglichkeit zu diesem Vergleich nicht oder aber würden wir sie nicht immer wieder wahrnehmen, so hätte dies ein verhängnisvolles Abfallen dieses Könnens und damit des Ansehens unseres Vereins und seiner Mitglieder zur Folge.

Der Wettstreit ist von jeher die einzige Möglichkeit, den- oder diejenigen zu ermitteln, die innerhalb der Gemeinschaft allderjenigen, die sich in einem bestimmten Sport oder aber einer sonstigen Beschäftigung üben, besondere Leistung vollbringen. Dabei ist es keineswegs immer möglich, die Einteilung in weniger gute, gute und beste Leistungen so ohne weiteres vorzunehmen. Jeder von uns weiß, wie hin und wieder lange geprüft und abgewogen werden muß, bis es gelingt, einem Verein oder einem Vereinsmitglied die Ehre zuzusprechen, von allen der Beste zu sein. Aber dennoch, es gelingt.

Es ist auch in diesem Jahre wieder gelungen, und ich freue mich, daß sich dabei ganz nebenher ein erfreulich hoher Stand unseres Könnens ergeben hat. Es beweist wieder einmal, daß wir Frauen und Männer in unserem Verein haben, die sich ohne weiteres mit den Spitzenkräften anderer Vereine messen können, und das sogar mit gutem Erfolg. Es wäre enttäuschend, immer und immer wieder zu üben und niemals einen wirklichen Erfolg zu sehen. Es ist umgekehrt aber ein Ansporn für alle, Mitglieder in ihrem Verein zu haben, die es mit viel Fleiß und durch ständiges Training dazu gebracht haben, im Kreise der Freunde des ... (Gesanges, Schieß- oder Kegelsportes etc.) besondere Anerkennung zu genießen. Diese Vereinsmitglieder verdienen nicht nur Anerkennung, sie verdienen gleichzeitig unseren Dank dafür, daß sie sowohl der Sache des ... (Gesanges, Schieß- oder Kegelsportes etc.) als auch dem Ansehen unseres Vereins einen besonderen Dienst erwiesen haben.

Ich erlaube mir daher, unseren Vereinsmitgliedern ... (Namen der erfolgreichen Mitglieder) im Namen des ... (Name des Vereins, des Verbandes etc., in dem die Ehrung ausgesprochen wird) für ihre hervorragenden Leistungen auf dem Gebiete des ... (Gesanges, Schieß- oder Kegelsportes etc.) eine Ehrenurkunde (Ehrennadel, Ehrenabzeichen etc.) zu überreichen. Gleichzeitig verbinde ich hiermit meine persönlichen Glückwünsche für den verdienten Erfolg.

Ich gebe im Namen unseres Vereins der Hoffnung Ausdruck, daß Sie Ihr Können auch weiterhin in den Dienst unserer Sache stellen.

Ehrung von Mitgliedern

Liebe Vereinsmitglieder! Liebe/r ...!

25 Jahre Mitglied des Vereins

Wir ehren mit Ihnen eine der bedeutsamsten Tugenden: die Treue, die Beständigkeit. Sie blicken auf eine 25jährige Mitgliedschaft zurück, während der Sie mit den Geschicken des Vereins immer eng verbunden waren. Sie waren sich nicht zu schade, einen Teil Ihrer freien Zeit über 25 Jahre einer Gemeinschaft zu widmen. Was das bedeutet, begreift besonders die Jugend häufig nur schwer. Wenn wir unserer Jugend aber erzählen, was in diesem Vierteljahrhundert alles geschehen ist, wie unser persönliches Leben durcheinandergewürfelt wurde, wie wir politische Stürme, wirtschaftliches Auf und Ab, Verlust teurer Menschen ertragen mußten, dann wird in ihr schließlich die Einsicht entstehen, was Beständigkeit und Treue der Mitgliedschaft während der Auflösung so vieler Bindungen bedeuten. Sie, meine Kameraden, sind im Boot einer Gemeinschaft bis heute mitgefahren. Sie haben mit dafür gesorgt, daß das Vereinsleben keine Unterbrechung erfuhr. Gäbe es nur die Meisterschaft, das Training, das ...fest (zum Beispiel Turnfest, Schützenfest usw.), gäbe es nur diese einzelnen Ereignisse, so würde das noch keinen Verein mit eigenem Gesicht ausmachen. Es ist erst die dauernde Mitwirkung, dieses unsichtbare Band der Beständigkeit, was einen Verein erhält.

Mit Ihrer langjährigen Mitgliedschaft ist ein bedeutendes Kapitel Vereinsgeschichte verbunden. Und so möchten wir hoffen, daß Sie durch Ihre weitere Treue am nächsten Kapitel, dem der Zukunft, mitwirken. Denn wenn wir Sie ehren, dann geschieht das nicht, um Sie aus der ersten Reihe des Vereinslebens zu verabschieden. Nein, wir ehren Sie dankbar für die Treue in Vergangenheit und Gegenwart und als Mitwirkende an der Zukunft unseres Vereins.

Diese silberne Nadel verleihe ich Ihnen als Anerkennung, und wir hoffen, daß wir Ihnen in 25 Jahren auch die goldene Nadel für 50jährige Mitgliedschaft anstecken können.

Ehrung bei 50jähriger Mitgliedschaft

Lieber ... (Name des Jubilars)!

Als Sie gerade hier die Treppe zum Podium heraufstiegen, hätte wohl keiner, der es nicht wußte, Ihnen 50 Jahre Vereinsmitgliedschaft angesehen. So elastisch und voller Spannkraft sind Sie heraufgekommen! Eigentlich müßten wir zu Ihnen gehen und nicht Sie zu uns. Denn der Verein ist es, der Ihnen zu danken hat, der Ihnen so vieles zu verdanken hat. Wenn wir dennoch die Ehrung hier oben vornehmen, dann deshalb, weil wir unseren Stolz über soviel Treue auch allen Anwesenden offen zeigen wollen. Wir wollen zeigen, welche Art Menschen es sind, die unseren

Verein stützen. Sie, liebe Anwesende, wissen ja, daß die Stützen eines Hauses meist nicht sichtbar sind; sie halten das Ganze zusammen, ohne sich zur Schau zu stellen.

50 Jahre Stütze des Vereins, wieviel liegt darin verborgen! Was haben Sie alles mitgetragen! Als Sie Mitglied wurden, war der Zweite Weltkrieg gerade zu Ende. Seit jener Zeit ist so vieles brüchig geworden und deshalb kaputtgegangen. Daß der Verein aber weiterbestanden hat, das verdankt er den unbeugsamen und treuen unter den Mitgliedern, unter denen Sie eines der ersten sind.

Heute wird oft und hämisch von Vereinsmeierei gesprochen. Welch ein oberflächliches, dummes Wort ist das, wenn man Sie als Beispiel nimmt. Sie sind nie in Ihrem Leben einseitig gewesen. Neben Ihrer Arbeit im Verein haben Sie immer auch Zeit für Ihre anderen Neigungen gefunden, für Ihre Familie, für Ihren Garten, für Ihre Bücher, für die Briefmarkensammlung. Es gibt heute viele Menschen, die mit ihrer freien Zeit nichts anzufangen wissen und sie irgendwie totschlagen. An Ihnen sollten sie sich ein Beispiel nehmen.

50 Jahre erfüllte Zeit allein für unseren Verein waren nicht immer kurzweilig. Sie haben sich auch mit vielen Schwierigkeiten abmühen müssen, so wie damals, als Sie uns bei der Besatzungsmacht die Genehmigung für unseren Verein erkämpften. Womit sollen wir danken? Alles wäre zu gering, gemessen an dem, was wir Ihnen schulden. Aber unser Dank soll den höchsten Ausdruck erhalten, der uns möglich ist. Neben dieser goldenen Ehrennadel, die ich Ihnen anhefte, ernenne ich Sie auf Beschluß des Vereins zum Ehrenmitglied auf Lebenszeit.

Jubiläen, Feste im Verein, Wettkämpfe

Stiftungsfest des Turnvereins

Sehr geehrte Gäste!
Liebe Turnschwestern und liebe Turnbrüder!

Der Vorsitzende spricht

Ein herzliches Willkommen Ihnen allen! Es ehrt uns, daß Vertreter der Stadt, befreundeter Vereine und der Presse erschienen sind. Wenn jemand Geburtstag feiert, dann kann er feststellen, wie viele Freunde er hat. Da heute kaum ein Stuhl freigeblieben ist, können wir mit Recht von einem großen Freundeskreis sprechen. Wer Geburtstag hat, empfängt seine Gäste und Freunde nicht in der Werkstatt. Deshalb haben wir für heute unsere Werkstatt, die Turnhalle und den Sportplatz, verlassen, unser Arbeitskleid – wenn ich unsere Turnkleidung so nennen darf – abgelegt und einen festlichen Rahmen für die gesellige Veranstaltung gewählt.

Das vergangene Jahr ist ein gutes Jahr gewesen. Wenn unser Verein nach der Zahl der Jahre auch ein beachtliches Alter erreicht hat, er hat den Schwung der Jugend behalten. Er hat sich im Wettkampf gut geschlagen und hat im stillen Höchstleistungen ganz besonderer Art erzielt, nämlich die Gesunderhaltung von mehreren hundert Kindern, Jugendlichen, Frauen und Männern. Wir haben uns bemüht, unser Bestes zu tun für die Gesundheit, für die Gemeinschaft und für eine gute turnerische Leistung.

Unser Bestes wollen wir Ihnen auch heute geben. Ich meine, unser alljährliches fröhliches Stiftungsfest soll eine Art Dank des Vereins an alle die sein, die für ihn gewirkt und die ihm die Treue gehalten haben. Über die Anstrengungen des Trainierens und Kämpfens wollen wir heute die Entspannung setzen. Wir wollen die andere Seite unseres Gemeinschaftslebens, die ganz und gar gesellige, betonen, bei der es nicht um Punkte geht, sondern nur um die gute Laune. So schön der Wettstreit auf der Aschenbahn und an den

Turngeräten ist, es fehlte dem Vereinsleben etwas ganz Entscheidendes, wenn es nicht auch dies aufzuweisen hätte: den fröhlichen Tanz, die festliche Begegnung und das Gespräch bei einem guten Tropfen. Willkommen bei unserem Jubiläumsfest!

Stiftungsfest der freiwilligen Feuerwehr

Verehrte Gäste!
Liebe Feuerwehrfrauen und Feuerwehrmänner!

Ansprache des Feuerwehrhauptmanns

Schwierige Aufgaben, die Menschen immer wieder für das Gemeinwohl übernehmen, schmieden sie in einer unlöslichen Kameradschaft aneinander! Menschen, die sich bei Feuer und Wasser bewährt haben, verstehen es auch, frohe Feste zu feiern. Deshalb sind wir in diesem Jahr wieder vollzählig zu unserem traditionellen Jubiläumsfest zusammengekommen. Es ist gewiß nur ein kleiner Ausgleich für die vielen Mühen und die Einsätze bei Gefahren, aber es ist ein Ausgleich, den wir sehr zu schätzen wissen. Ganz bewußt feiern wir dieses Fest nicht nur unter uns. Heute sind uns jene die liebsten Gäste, die wir sonst allein lassen müssen, wenn wir zum Einsatz gerufen werden: unsere Familien. Manche Nacht und manche Stunde müssen sie in Sorge um uns verbringen. Aber wir vergessen sie nicht; unsere Mühe gilt ja gerade auch der Sicherheit ihres Lebens. Das Persönliche nicht über den freiwillig getragenen Pflichten zu vergessen, das ist der Sinn dieses Abends. Die freiwilligen Feuerwehren haben wie unsere Gemeinschaft eine lange Geschichte. In dieser Geschichte haben die Jubiläumsfeste stets einen besonderen Platz eingenommen. Diese gute Tradition wollen wir heute fortsetzen. Dabei soll wieder der Humor zu Wort kommen. Denn wer sich häufig in Situationen befindet, in denen es hart auf hart geht, der macht sich gerne einmal Luft mit fröhlichem Scherzen. Bevor Sie sich dem Tanz und dem guten Wein widmen, noch eine kleine Mahnung: Heute abend darf nur eines brennen, der Durst, und den löschen wir mit guten Getränken. Viel Spaß dabei!

Begrüßungsrede zum Frühlingsball

Liebe Freunde!

Wenn der letzte Schnee geschmolzen ist, die dicken Wintermäntel weggehängt werden, die Heizung in der Wohnung nicht mehr auf vollen Touren läuft und die Tage wieder länger werden, dann, liebe Freunde, ist es höchste Zeit für eine Frühlingskur. Wir wollen heute gemeinsam den Winter verjagen. Und wir wollen den Winterspeck abtrainieren. Eine flotte Kapelle sitzt bereit. Wer nur zuhören will, dem wird allein schon durch das ausgewählte Musikprogramm die Wintermüdigkeit vergehen. Wer aber tanzen möchte, hat gleich hierzu so viel Gelegenheit, daß es auch dem letzten Eisheiligen hier im Saale zu warm wird.

Natürlich haben wir die guten Geister reichlich bereitstehen, die uns den Kreislauf beleben. Im Wein liegt nicht nur Wahrheit, sondern auch Fröhlichkeit. Wollen wir nicht gleich zwei Fliegen mit einer Klappe schlagen? Erstens schlagen wir den Winter in die Flucht. Zweitens schlagen wir dem Alltag ein Schnippchen. Tut das nicht gut, einmal den Ernst des Berufs zu vergessen und den Spaß regieren zu lassen? Pause vom Alltag! Miesepeter erhalten das Eintrittsgeld zurück. Fegen wir die Sorgen fort! Jeder ist so jung, wie er sich fühlt. Liebe Freunde! Morgen lassen wir erst einmal morgen sein. Der Abend ist noch jung. Starten Sie mit uns in den Frühling. Seien Sie uns alle herzlich willkommen. Die fröhliche Frühjahrskur beginnt. Auf den Notenpulten liegen zum Auftakt die Blätter für einen schnellen Walzer. Dabei holen uns kein Winter und kein Alltag mehr ein. Freie Bahn der guten Laune!

Begrüßungsrede zum Sommernachtsball

Sehr geehrte Gäste! Liebe Mitglieder!

Petrus hat es gut mit uns gemeint. Er schenkt uns eine sternenklare, warme Sommernacht! Wir wollen dieses herrliche Wetter als eine gute Vorbedeutung für das Gelingen unseres Sommernachtsballes nehmen. Wie in den Vorjahren ist auch heute wieder jeder gekommen, der es irgendwie ermöglichen konnte. Wir begrüßen unsere Frau Bürgermeisterin, Frau ..., und ihren Mann, die zusammen mit uns die Sommernacht hindurch tanzen wollen. Wir begrüßen auch die Damen und Herren der Presse und wünschen, daß sie sich heute nicht nur der beruflichen Arbeit widmen, sondern auch Zeit finden, sich in froher Geselligkeit zu entspannen. Noch eine sehr angenehme Freundespflicht habe ich zu erfüllen. Wir begrüßen nämlich heute alte Freunde bei uns, die den weiten Weg aus der Ferne nicht gescheut haben, um wieder einmal als alte Mitglieder in unserer Mitte zu sein und mitzufeiern. Es sind unsere alten Mitglieder ... (Namen nennen) aus ... (Orte nennen). Seid herzlich in unserer Mitte willkommen!

Wir haben uns dieses Sommerfest redlich verdient. Alle unsere Aktiven und unsere Jugend stehen mitten in der Ausführung des Sommerprogramms. Der heutige fröhliche Ausgleich soll sie zu neuen Taten und Leistungen ermuntern. Unsere Sommerfeste sind seit langer Zeit beliebt. Hoffen wir also, daß auch der heutige Abend diese schöne Tradition fortsetzt. Nun keine langen Worte mehr. Wir haben ein Programm für Sie vorbereitet, kurzweilig und heiter soll es sein. In der Tombola liegen schöne Preise für Sie bereit. Nach dem Festprogramm ist die Tanzfläche hier unter den bunten Lampions für viele Stunden frei. Unsere Musiker sitzen bereit, für gute Speisen und Getränke ist gesorgt, und um die Stimmung brauchen wir nicht zu bangen. Machen wir gemeinsam Halbzeit in der Sommersaison. Viel Vergnügen auf unserem Sommernachtsball.

Eröffnung des Weihnachtsbasars einer gemeinnützigen Organisation

Verehrte Gäste!
Liebe Freunde und Mitglieder!

Der Vorsitzende spricht

Wie jedes Jahr darf ich heute unseren schon zur Tradition gewordenen Weihnachtsbasar (zum Beispiel der Arbeiterwohlfahrt, des Roten Kreuzes, des Kindergartens usw.) eröffnen. Ich begrüße Sie alle sehr herzlich als unsere Gäste. Auch in diesem Jahr zeugt unser Weihnachtsbasar vom eifrigen Wirken und stillen Engagement aller unserer Mitglieder und von ihrer Bereitschaft, sich für andere einzusetzen. Ein Rundgang durch unsere Säle wird Ihnen zeigen, wie sehr sich alle angestrengt haben, um Ihnen ein paar schöne und besinnliche Stunden in dieser Vorweihnachtszeit zu bieten. Unsere Jugendgruppe hat in vielen Stunden Bastelarbeiten hergestellt, die Sie käuflich erwerben können. Es ist für jeden etwas dabei, Nützliches für den Haushalt, Praktisches fürs Büro oder einfach nur Lustiges zum Spielen. Machen Sie alle rege von diesem Angebot Gebrauch, Sie unterstützen damit gleichzeitig einen guten Zweck. Die reichgedeckte Kaffee- und Kuchentafel steht bereit, gebakken und gespendet von unseren Mitgliedern. Auch dieser Erlös wird einem guten Zweck zugeführt, über den ich gleich noch etwas sagen werde. In unserer großen Tombola können Sie schöne Preise gewinnen. Jedes Los kostet ... DM; ich verspreche Ihnen, daß es fast keine Nieten gibt. Ich danke allen Geschäften und Firmen unserer Stadt, die durch großzügige Sach- und Geldspenden die Durchführung dieser Tombola ermöglicht haben. Aber auch allen, die bei der Vorbereitung und Durchführung unseres diesjährigen Weihnachtsbasars so tatkräftig mitgearbeitet haben, danke ich von Herzen.

Unser diesjähriger Weihnachtsbasar wird wie folgt ablaufen: Zunächst wird der Sozialdezernent unserer Stadt, Herr ..., den ich in unserer Mitte sehr herzlich willkommen heiße, ein paar Worte an uns richten. Danach gibt es Gelegenheit zu gemütlicher Unterhaltung bei Kaffee und Kuchen. Es unterhält Sie unsere Musikgruppe mit vorweihnachtlichen Klängen. Ab 19.00 Uhr spielt die … Kapelle zum Tanz auf. Sie tut es, wie sollte es anders sein, auch dieses Mal unentgeltlich zur Unterstützung unserer Arbeit.

Der Erlös unseres diesjährigen Weihnachtsbasars wird unserer Altenarbeit zugute kommen. Es ist geplant, im Frühjahr des kommenden Jahres alle über 70 Jahre alten Mitbürgerinnen und Mitbürger unserer Stadt zu einer schönen Tagesfahrt ins Grüne einzuladen. Denken Sie bitte daran, daß Sie mit Ihrem Einkauf hier, durch Loskauf für die Tombola sowie eifriges Essen und Trinken dieses Ziel fördern. Vielen Dank für Ihr Kommen und viel Spaß und Freude in den nächsten Stunden. Der diesjährige Weihnachtsbasar ist eröffnet.

Eröffnung eines Flohmarktes

Liebe Mitbürgerinnen und Mitbürger!

Die Initiatorin spricht

Herzlich willkommen zu unserem Flohmarkt. Fleißige Helfer haben in den vergangenen Tagen und Wochen alles zusammengetragen, was großzügige Spender uns für diesen wohltätigen Zweck zur Verfügung gestellt haben. So mancher Speicher wurde entrümpelt, so mancher Keller ausgeräumt. Kleiderschränke wurden durchgeforstet, Regale und Truhen überprüft. Auch manches Möbelstück wurde auf diesem Wege der Sperrmüllabfuhr entrissen. Was dabei herausgekommen ist, sehen Sie heute auf unserem Flohmarkt: ein reichhaltiges Angebot vom alten Buch über das Kofferradio zur Waschschüssel aus Großmutters Zeiten; vom großen Abendkleid über die Stehlampe zum alten Schaukelpferd. Sehen Sie sich in den nächsten Stunden dieses vielfältige Angebot an unseren Ständen an, prüfen Sie es, und kaufen Sie es auch. Möglichst alles, wenn es geht. Denn, wie Sie wissen, fließt der Erlös dieses Flohmarktes einem guten Zweck zu. Wir wollen den Erlös, der, wie wir hoffen, durch die eine oder andere freundliche Spende noch erhöht wird, der … (Altenarbeit, Jugendarbeit, behinderten Kindern usw.) zuwenden. Wir als veranstaltende Organisation (zum Beispiel Arbeiterwohlfahrt, Amnesty International, Terre des Hommes usw.) verbürgen uns dafür, daß jede hier umgesetzte Mark und jeder Pfennig unmittelbar und ohne Abzug diesem Zwecke zufließen. Wir werden Sie morgen in der Presse über den Gesamterlös unterrichten. Allen, die durch Sach- und Geldspenden diesen Flohmarkt ermöglicht haben, danke ich schon im Namen der ... Organisation. Unser Flohmarkt ist für Sie geöffnet, nutzen Sie die günstige Gelegenheit. Helfen Sie uns bei unserer Arbeit.

Verbandsfest

Meine sehr geehrten Damen und Herren!

Ein Vertreter des Roten Kreuzes spricht

Es entspricht sowohl unserer ethischen Auffassung als auch den medizinischen Tatsachen, daß der kranke Mensch mehr Hilfe benötigt als der gesunde. Er, der entweder einer Krankheit oder einem Unfall in Freizeit oder Beruf zum Opfer fällt, sieht sich plötzlich einer völlig neuen Situation gegenüber, die sich in erster Linie durch die Einschränkung oder völlige Aufhebung seiner Bewegungsfreiheit kennzeichnet. Unter Bewegungsfreiheit verstehe ich hier nicht nur die Fähigkeit des Laufens oder der Körperbewegung allgemein. Die Folgen eines Unfalls oder einer Krankheit beeinträchtigen oft viele Bereiche der Lebensführung, die nun neu berücksichtigt werden müssen. In dieser Situation ist es Aufgabe und Verpflichtung des Gesunden, helfend einzuspringen und das Los des Erkrankten zu erleichtern, indem er versucht, die Folgeerscheinungen auf ein Mindestmaß einzuschränken. Mit anderen Worten, der Kranke ist auf unsere Hilfe angewiesen, weil er in vielen Fällen selbst nichts oder nur sehr wenig zu seiner Gesundung oder auch nur zur Verbesserung seiner augenblicklichen Lage tun kann.

Der Gesunde, meine Damen und Herren, das ist jeder von uns. Alle, die wir hier versammelt sind, können im entsprechenden Augenblick jenem beispringen, der unserer Hilfe bedarf. Und wir alle können zur Rechenschaft gezogen werden, wenn wir es unterlassen. Dennoch gibt es eine Vielzahl von Fällen, in denen mehr erforderlich ist, als die Frau oder der Mann auf der Straße auf Grund ihres mangelhaften Wissens um die Erfordernisse der fachgerechten Hilfeleistung tun können. Diese Aufgaben, meine Damen und Herren, haben in aller Welt Frauen und Männer übernommen, die sich freiwillig in den Dienst der Kranken und Verletzten gestellt haben. Seit der Gründung des Roten Kreuzes durch den Schweizer Henri Dunant, der im Jahre 1901 dafür den Friedensnobelpreis bekam, darf jeder in der erfreulichen Gewißheit leben, daß es eine Organisation gibt, die ohne Ansehen der Religionszugehörigkeit, der Hautfarbe oder der Rasse jedem hilft, der ihrer Hilfe bedarf. Diese Organisation ist international und genießt durch die Genfer Abkommen völkerrechtlichen Schutz. Es zählt zu ihren Aufgaben, im Kriege für die Pflege von Verwundeten und Kranken zu sorgen, die Kriegsgefangenen zu betreuen, bei öffentlichen Notständen und Unglücksfällen Hilfe zu leisten, Krankentransporte durchzuführen und Helfer auszubilden, die auf Grund ihrer Sachkenntnisse ihre Aufgaben fachgemäß durchführen können. Das alles geschieht aus dem Wissen um die Verpflichtung zur Hilfeleistung gegenüber dem Nächsten.

Vielleicht hatte manch einer von Ihnen schon selbst mit dem Roten Kreuz zu tun, vielleicht mußte er sogar schon seine Hilfe in Anspruch nehmen. Sicherlich aber haben Sie alle schon indirekt seine Arbeit verfolgen können – sei es, wenn sich ein Verkehrsunfall ereignet hat, sei es im Krankenhaus oder bei großen Veranstaltungen, überall finden Sie die Frauen und Männer des Roten Kreuzes. Wenn Ihnen die heulenden Sirenen eines Unfallwagens auch nicht angenehm sein mögen, so denken Sie bitte daran, daß es ein Zeichen ununterbrochener Bereitschaft im Dienste des Mitmenschen ist. Wenn Sie vielleicht auch über die stillen Männer und Frauen in der grauen Kleidung lächeln mögen, die so aufmerksam den Ablauf einer großen Kundgebung oder Versammlung verfolgen, vergessen Sie nicht, daß sie es nicht um ihrer selbst willen tun, sondern um dazusein, wenn sie gebraucht werden. Denken Sie aber auch dann an die Aufgabe der Menschen, die vielleicht auch einmal in Ihr Leben entscheidend eingreifen müssen, wenn Sie um irgendeine kleine Spende gebeten werden.

Das Rote Kreuz bittet Sie um Vertrauen in seine Aufgabe und in sein Wirken. Es sichert allen Menschen seine Hilfe zu, ganz gleich, wer oder was oder wo sie sein mögen. Für seine Arbeit gibt es keine Grenzen und keine unterschiedlichen sozialen oder staatlichen Ordnungen. Sein Dienst ist der Dienst am leidenden Menschen. So wie das Leid ohne Ansehen der Person jeden überfallen kann, so helfen wir jedem, der unserer Hilfe bedarf.

Begrüßung zum Schützenfest

Liebe Schützen!

Das Schützenfest ist da. Und jemand, der es noch nicht wüßte, könnte es sofort an den geschmückten Räumen erkennen: Bunte Fahnen, Wimpel, Bänder flattern. Alles hat Farbe bekommen und gibt mit der grünen Farbe der Schützen den Straßen und Häusern ein buntes Kleid. So wird schon äußerlich sichtbar, daß wir unser Fest feiern, wie es unsere Väter und deren Väter taten. Schützen heraus! Eure schöne Zeit ist angebrochen.

Wir Schützen sind gastfreundliche Leute. Nicht für uns allein, nicht für einen engeren Kreis veranstalten wir diese Festtage. Nein, der ganze Ort soll mitfeiern, die Alteingesessenen und die Zugezogenen.

Der Festplatz ist für alle offen. Zum Schützenfest jedoch fühlt sich die ganze Bevölkerung eingeladen. Wir erinnern uns, wie wir schon als Kinder diese Tage herbeigewünscht haben, wie uns die bunten Buden und Karussells, die süßen Sachen genauso wie die Umzüge gefesselt haben. Diese Stimmung hat uns auch als Erwachsene nicht verlassen. Schützenfeste gehören für uns zur Heimat. Wer einmal längere Zeit fort war, der vermißt mit der Heimat auch ihre Feste.

Sind die Schützen früher ausgezogen, um die Heimat zu verteidigen, so widmen sie sich heute einer friedlicheren Beschäftigung. Sie pflegen den Heimatgedanken und das Volkstum auch in unserer Zeit und schaffen damit einen Halt- und Ruhepunkt in dem lauten Getriebe. Unsere Waffen sind heute Sportgeräte. Wir benutzen sie eifrig, aber wir pflegen auch das gesellige, kameradschaftliche Leben. Die bunten Fahnen flattern wieder, das Schützenfest beginnt!

Eröffnung eines Königsschießens

Liebe Schützenschwestern, liebe Schützenbrüder!

Der Vorsitzende des Schützenvereins spricht

Dieser Tag bedeutet innerhalb unseres Vereinslebens immer wieder einen Höhepunkt. Das ganze Jahr über haben wir uns darauf vorbereitet, haben geübt, gelernt und uns angestrengt, damit wir in diesem sportlichen Wettkampf bestehen können. Jeder von uns möchte beweisen, was er als Schütze zu leisten vermag, er möchte sein Können mit dem Können anderer vergleichen und, wenn es Diana (Hubertus etc.) so will, die Würde eines Schützenkönigs erlangen. Jeder von uns weiß, daß Schießen nicht nur eine Sache der ruhigen Hand und des sicheren Auges, sondern auch eine Sache des Glücks ist.

Wie oft haben wir nicht schon am eigenen Leibe erfahren, daß trotz guter und bester Vorbereitung nichts gelingen wollte? Wie oft haben wir schon mit leichtem Neid auf die Scheibe unseres Nebenmannes geblickt und uns darüber gewundert, daß ausgerechnet er, der doch sonst nie besser war, diesmal eine weitaus höhere Punktzahl erreicht hatte? Glück gehört dazu, wie immer im Leben, wenn man ein Ziel erreichen will. Darum laßt mich nicht versäumen, uns allen für dieses Königsschießen auch Glück zu wünschen.

Seit Bestehen unseres Vereins ist dies das ...te Königsschießen. Immer hat es einen Besten gegeben, und unsere Vereinschronik lehrt, daß es oftmals mehrere Jahre lang derselbe war. Das bedeutete selbstverständlich mit vollem Recht eine besondere Ehre, denn in diesem Falle mußte man wohl doch auch von einem besonderen Können sprechen. Alle haben das stets als eine ganz außerordentliche Leistung anerkannt. Nun, meine lieben Schützenschwestern und Schützenbrüder, sollt ihr endlich Gelegenheit haben, die Spannung, wer in diesem Jahr Schützenkönig wird, ganz ausleben zu dürfen.

Ich eröffne daher das diesjährige Königsschießen unseres Vereins und wünsche ihm einen erfolgreichen Verlauf.

Eröffnung eines Schwimmwettkampfes

Liebe Schwimmerinnen und Schwimmer!
Liebes Publikum!

Es ist wieder einmal soweit. Unser traditionsreicher Schwimmwettkampf steht kurz vor dem ersten Startschuß. Alles ist bestens vorbereitet. Die Schwimmerinnen und Schwimmer haben lange trainiert und viele Bahnen zurückgelegt, um sich in bester körperlicher Verfassung dem Gegner zu stellen. Der ausrichtende Verein hat für eine reibungslose Organisation gesorgt. Schon liegen auf dem Tisch im Hintergrunde wohlverpackt die Siegerurkunden bereit. Auf ihnen fehlen natürlich noch die Namen. Das konnten wir selbstverständlich nicht vorbereiten. Denn es weiß niemand, wie diese Wettkämpfe ausgehen werden. Aber das ist ja das Schöne am Sport, das macht seine Spannung aus. Bis zum Anschlag des ersten Schwimmers in jedem Rennen ist alles offen. Viele könnten theoretisch Sieger werden. Wer es aber letztendlich wird, das hängt von vielen Faktoren ab. Das hängt ab von der guten Tagesform, von der guten Renneinteilung und von der Willenskraft, dem Körper das Letzte abzuverlangen.

Ihr Schwimmerinnen und Schwimmer seid zum Wettkampf bereit. Denkt aber immer daran, daß dieser Sport nur ein Spiel ist. Laßt den Kopf nicht hängen, wenn es diesmal nicht klappt. Beim nächsten Male habt ihr eine neue Chance. Wäre der Schwimmsport nur für die Sieger da, dann wäre er gar keine spannende Sache mehr. Nicht das Rennen gegen die Stoppuhr, sondern gegen den lebendigen Gegner ist ja das Reizvolle in unserem Sport.

Genug der Worte, jetzt wollen wir Taten sehen. Bietet uns einen guten, fairen Kampf, gebt euer Bestes. Wir, die Zuschauer und Kampfrichter, wünschen jedem, daß er erreicht, was er sich vorgenommen hat. Ich eröffne unseren Schwimmwettkampf. Ich danke den Zuschauern für ihr Kommen und wünsche euch, den Aktiven, einen spannenden, sportgerechten Wettkampf. Bahn frei!

Eröffnung eines Reit- und Fahrturniers

Meine Damen und Herren!

Ansprache des Vorsitzenden

Als Vorsitzender des hiesigen Reit- und Fahrvereins begrüße ich Sie aufs herzlichste. Alljährlich soll bei diesem Turnier unsere Verbundenheit und Liebe zum edlen Pferd bekundet werden. Überzeugen Sie alle sich von dem Fortschritt, den unsere Reiterinnen und Reiter im Laufe des Jahres gemacht haben. Wir glauben die Erwartung aussprechen zu dürfen, daß Sie, liebe Gäste, auf diesem Turnier einen weiteren Aufschwung der sportlichen Leistungen feststellen können. Der Reitsport wird immer mehr zu einer Sportart, die, wie der König Fußball, die Massen anzieht. Das gilt nicht nur für den Turf, wo die Möglichkeit, einer Wettleidenschaft zu frönen, seit eh und je eine starke Anziehungskraft auf die Menge ausgeübt hat, sondern seit einigen Jahren immer mehr auch für den Turniersport. Denn hier zeigt sich das Ästhetische in der Einheit von Pferd und Reiter. Die Beherrschung des edlen Tieres durch den Menschen, die Höchstleistungen, die beiden abverlangt werden, sowie das festliche Bild einer gleichgestimmten Gemeinschaft von Zuschauern reizen zum Besuch.

Das Publikum hat sich längst seine Lieblinge, seine Stars unter den Reitern und Reiterinnen ausgewählt. Dieser Situation hat daher auch unser Reit- und Fahrverein Rechnung getragen und sich die Mitwirkung einiger international bekannter Reiter und Reiterinnen sichern können. Zum Gelingen dieses unseres ... Turniers hat eine Reihe von Persönlichkeiten in dankenswerter Weise beigetragen. Ich möchte deshalb nicht versäumen, mich im Namen des Vereins bei ihnen für diese wertvolle Mithilfe zu bedanken. Als Vorsitzender unseres Reit- und Fahrvereins habe ich die ehrenvolle Aufgabe, den Herrn Landwirtschaftsminister aufs herzlichste zu begrüßen. Ebenfalls freuen wir uns besonders, Frau Oberbürgermeisterin ... sowie die Herren vom Sportdezernat bei uns zu sehen.

Und nun, meine Damen und Herren, wünsche ich Ihnen allen einen guten Verlauf unseres Turniers und damit „Bahn frei" für unser Eröffnungsjagdspringen.

Siegerehrung beim Sportfest

Liebe Sportlerinnen und Sportler!

Der Wettkampf ist beendet. Ihr habt in fairer Weise die Kräfte gemessen. Der Letzte wie der Erste in jedem Wettbewerb haben sich bis zum äußersten angestrengt. Es war eine schöne sportliche Begegnung. Es war ein großartiges Spiel mit Freude an der Leistung. Wir sind euch dankbar dafür. Und wenn auch nicht der Sieg, sondern die Teilnahme wichtig ist, wollen wir doch die Besten ehren. Wer gesiegt hat, ob um Brustbreite beim Lauf, um Fußlänge beim Sprung, der ist heute der Meister. Bewußt sage ich „heute", denn sportliche Ehren müssen immer wieder neu erkämpft werden. Im Sport kann der, der heute geschlagen wurde, das nächste Mal schon der Sieger sein.

Ich ehre die Besten dieses Tages und rufe allen zu: Wer heute Erster war, der soll sich beim nächsten Kampf doppelt anstrengen. Wer heute aber nicht Erster wurde, der kann es bei einem der nächsten Male werden.

Siegerehrung beim Volksmarsch

Sehr geehrte Damen und Herren! Liebe Wanderfreunde!

Unser diesjähriger Volksmarsch ist zu Ende. Wir danken dem veranstaltenden ... Verein, daß er nunmehr zum ...ten Male die Wanderstrecke ausgesucht und gut präpariert hat und in geradezu vorbildlicher Weise die Betreuung aller Wanderer am heutigen Tage übernommen hat. Die Urkunden und die Plaketten für die Teilnehmer unseres ...er (Name des Ortes) Volksmarsches sind verteilt. Die Übergabe des Pokals, unseres diesjährigen Ehrenpreises für die größte Vereins-Wandergruppe, steht aber noch aus.

Ich habe die große Freude und Ehre, diesen schönen Pokal unseren Wanderfreunden aus ... zu überreichen. Obwohl Sie ja nun schon viele Jahre aus traditioneller Freundschaft an unserem Volksmarsch teilnehmen, ist es Ihnen diesmal auch noch geglückt, mit ... (Zahl) Wanderern die stärkste Gruppe zu stellen. Dafür gebührt Ihnen unser Ehrenpreis. Möge er Sie bis zum nächsten Zusammentreffen ein wenig an uns erinnern. Wir bedanken uns für Ihre Teilnahme und freuen uns auf ein Wiedersehen beim ... (Zahl) ... (Ort) Volksmarsch.

Rede bei einer Veranstaltung

Sehr geehrte Damen und Herren!

Der Schirmherr spricht

Es ist mir eine Ehre, für die heutige Veranstaltung die Schirmherrschaft zu übernehmen. Als ich von der Absicht des ...vereins (Name des Vereins, der die Veranstaltung abhält) erfuhr, dieses ...fest (Schützenfest, Sängerfest etc.) zu gestalten, und ich gebeten wurde, als Schirmherr dafür zur Verfügung zu stehen, stolperte ich zunächst einmal über den Begriff Schirmherrschaft und seine eigentliche Bedeutung. Ich glaubte mich noch von der Schule her erinnern zu können, daß es bereits sehr früh einen Schirmherrn für irgendwelche Veranstaltungen gegeben hat. Meine Vermutung war schon bald bestätigt, als ich in einem alten Geschichtsbuch herumblätterte und dabei entdeckte, daß es früher in der Regel die Kaiser und Könige waren, die im Falle einer großen Veranstaltung auf Landes- oder Reichsebene diese Funktion ausübten. Schirm ist enthalten in beschirmen, und das bedeutet soviel wie schützen und gegebenenfalls verteidigen. Für die Herrscher jener Zeit mag es nicht schwer gewesen sein, diese Aufgabe zu erfüllen. Sie hatten Soldaten, mit deren Hilfe sich ein wirksamer Schutz ausüben ließ, wenn von irgendeiner Seite Gefahr drohte.

Nun, meine Damen und Herren, ich bin weder ein Kaiser noch ein König, noch habe oder brauche ich Soldaten. Auch sitzen hier weder nur die Wohlhabenden, denen man auf Raubritterart mit Gewalt etwas abnehmen könnte, noch finden sich Unterdrücker oder verhaßte Lehnsherren, denen man bei dieser Gelegenheit eine Lehre erteilen könnte. Wir sind lediglich Menschen, die gemeinsam fröhlich sein wollen. Es ist mir also in Anbetracht der Gefahrlosigkeit meines Amtes als Schirmherr eine angenehme Pflicht, Ihnen allen für die heutige Veranstaltung recht viel Vergnügen zu wünschen. Denen, die sich bei ihrer Vorbereitung so viel Mühe gegeben haben und sich auch weiterhin Mühe geben werden, wünsche ich, daß ihr Vorhaben zu einem vollen Erfolg wird. Allen Gästen viel Freude bei diesem ...fest.

Trauerreden

Totenehrung im Verein

Lieber … (Name des Verstorbenen)!

Am Grabe eines Altmitglieds

Immer haben wir den Gedanken weit von uns gewiesen, daß du uns so plötzlich verlassen könntest. Deine Rüstigkeit war sprichwörtlich, dein aufrechter Gang, deine Frische beschämten manchen Jungen, und dein Humor war so voller Treffer, daß dein eigentliches Alter fast vergessen wurde. Viele werden die Anzeige deines Todes mit Verwunderung gelesen haben, denn sie glaubten dich erheblich jünger an Jahren. Der Tod hat dich aus diesem Leben genommen. So plötzlich, so unerwartet gingst du von uns, daß wir uns immer wieder sagen wollen: Es kann nicht sein. Aber es ist wahr. Durch deinen Tod fehlt nun vielen Menschen der Freund, fehlt der Ratgeber, das Vorbild, fehlt auch ein lebendiges Glied in der Geschichte unseres Vereins. Lange, lange Jahre gehörtest du ihm an. Du warst einer der Treuesten, der Verläßlichsten, einer der Hilfreichsten. Du hast dem Verein viel Zeit und manches andere mehr geopfert. Deshalb wirst du unvergessen bleiben. Du hast nie laute Worte geliebt, hieltest dich lieber zurück, warst ein Mensch der guten alten Schule und zeigtest dich doch aufgeschlossen für so manches Neue unserer Zeit. Du gingst als Optimist durch das Leben, griesgrämig warst du nie. Du hast uns oft genug bewiesen, wie man trotz aller Härten des Lebens zuversichtlich und lebensfroh bleiben kann. So werden wir dich immer im Gedächtnis behalten: als heiteren, hilfreichen, lebensklugen Menschen, der vielen ein Freund war.

Ruhe in Frieden!

Unfalltod eines jungen Mitglieds

Liebe Trauergemeinde!

Schreck, Bestürzung und tiefe Trauer haben uns ergriffen, als wir von dem tragischen Unfalltod unseres jungen Freundes erfuhren. Warum wird ein blühendes Leben zerstört? Warum konnten sich die Hoffnungen nicht erfüllen, die in diesen jungen Menschen gesetzt wurden? Warum, warum? Unerklärlich für uns hat das Schicksal zugeschlagen. Es hat einen Menschen getroffen, dem unser aller Herz gehörte. Er war einer von uns und wird es im Gedenken immer sein. Sein Tod trifft eine Familie, die ihm das Liebste war. Sein Tod hinterläßt eine große Lücke auch am Arbeitsplatz, den er mit Fleiß und Eifer ausfüllte. Sein Tod trifft eine Vereinsgemeinschaft, die in ihm einen der Besten ihrer jungen Generation verlor. Er hat das Leben so geliebt und hat es so früh hergeben müssen. Sein Unfall ist eine Anklage zugleich gegen unsere Zeit, die den Menschen überfordert. Sein Unfall soll aber auch eine Mahnung sein für alle, die in die gleiche Lage kommen können. Uns trägt der Tod unseres Freundes auf, die Erinnerung an sein Leben in ehrendem Andenken zu bewahren. Er hatte sich unser aller Achtung und Freundschaft erworben. Sie soll ihm für immer zugeeignet sein. In tiefer Trauer sagen wir den Eltern und den Freunden: Ein guter, liebenswerter, tüchtiger Mensch ging von uns; sein Leben ging zu Ende, bevor es sich erfüllen konnte. Möge ihm ewiger Friede beschieden sein.

Im öffentlichen Leben

In jeder Gemeinde, in jeder Stadt gibt es Ereignisse, die in einer öffentlichen Veranstaltung begangen werden. Sei es die Begrüßung der Schulanfänger oder die Grundsteinlegung für ein Rathaus, das Richtfest für eine Kirche oder die Einweihung eines Schwimmbades, immer werden Reden und Ansprachen zum Anlaß erwartet.
Wenn es sich nicht gerade um eine kleine Gemeinde handelt, kennen Sie in der Regel Ihr Publikum nicht so genau. Bei einem großen Ort kann es passieren, daß Sie die Ehrengäste, die Sie in Ihrer Rede als Bürgermeisterin oder Elternbeiratsvorsitzender begrüßen oder beglückwünschen sollen, vorher nicht persönlich kennen. Versuchen Sie daher unbedingt vor Ihrer Rede, sich mit ihnen bekannt zu machen.

Rund um die Schule

Begrüßung der Eltern der Schulanfänger

Verehrte Eltern!

Die Schulleiterin spricht

Ihre Kinder sind nun Schülerinnen und Schüler dieser Schule. Als Leiterin dieser Schule ist es meine Aufgabe, darüber zu wachen, daß sie hier bei uns die richtige Grundlage und Ausbildung erhalten für ihr zukünftiges Leben. Ich habe schon so manchen ersten Schultag miterlebt und glaube daher, daß ich Ihre neue Lage gut verstehen kann.

Ab heute haben Sie Ihre Kinder nicht mehr für sich alleine. Ab heute müssen Sie sie mit Mitschülerinnen, Mitschülern, Lehrerinnen und Lehrern teilen. Das Klassenzimmer, das Ihre Jungen und Mädchen gerade mit Neugierde in Besitz nehmen, ist fortan ein fester Bestandteil ihres Schulalltags, den Sie als Eltern nur als Außenstehende miterleben.

Und doch liegt es gerade jetzt bei Ihnen, Ihr Kind verständnisvoll zu leiten – gemeinsam mit den Lehrerinnen und Lehrern –, um ihm vor allem auch die Umstellungs- und Eingewöhnungszeit zu erleichtern. Der Dank für Sie ist ein Geschenk, das wohl das wertvollste für uns alle ist: Vertrauen. Ein Verhältnis Eltern – Kind, Lehrer – Schüler und nicht zuletzt zwischen Lehrer und Eltern, das auf Vertrauen aufgebaut ist, kann sich nur segensreich für alle Beteiligten, vor allem aber für Ihr Kind auswirken.

Es würde hier zu weit führen, näher darauf einzugehen, wie Vertrauen wächst, eines aber ist Grundbedingung: unbedingte Ehrlichkeit – gegenüber dem Kinde, gegenüber sich selbst.

Versprechen Sie nichts, was Sie nicht zu halten bereit sind. Aber genauso wichtig ist: Fordern Sie nichts, was Sie nicht auch durchsetzen wollen! Seien Sie verständnisvoll in Ihren Ansprüchen, aber verlangen Sie unnachgiebig, daß sie erfüllt werden. Junge Menschen brauchen Eltern, die ihnen Halt geben und die notwendigen Grenzen setzen. Sie belohnen sie dafür mit Achtung, Vertrauen und einem gesund entwikkelten Selbstvertrauen.

Nun, liebe Eltern, unser Beruf fordert von uns, daß wir täglich mit neuem Eifer darangehen, Ihren Kindern eine Bildungsgrundlage zu geben, die als Voraussetzung für den späteren Lebensweg nicht gut genug sein kann. Der Schüler, die Schülerin lernen für sich selbst, und weil in diesem Alter häufig noch die Einsicht fehlt, müssen wir mit unseren Hilfsmitteln hin und wieder einen gewissen Druck ausüben. Anfangs spielen wir Schule, da macht der Unterricht auf alle Fälle Spaß. Später aber muß doch schon gearbeitet werden, das bedeutet für den einen mehr, für den anderen weniger hartes Lernen.

Glauben Sie uns: Bei allem, was wir in der Schule tun, wollen wir nur das Beste für Ihre Kinder. Sollten Sie aber einmal der Meinung sein, daß Ihr Sohn oder Ihre Tochter ungerecht behandelt wurden – auch das kann vorkommen, denn wir sind auch nur Menschen und können irren –, dann versäumen Sie es nicht, um eine Aussprache zu bitten.

Erst wenn alle Mißverständnisse ausgeräumt sind, kann ein Verhältnis entstehen, wie wir es anstreben: Zusammenarbeit zwischen Eltern und Lehrern voller Vertrauen im Interesse des Kindes.

Einschulung

Sehr geehrtes Lehrerkollegium!
Liebe Eltern, liebe Kinder!

Ein Elternvertreter spricht

Der heutige Tag bedeutet sicherlich einen Einschnitt im Leben unserer Kinder. Zunächst werden sie das Schulleben als eine interessante Abwechslung ansehen. Sie denken noch nicht daran, daß sie hier bald angestrengt werden lernen müssen, um – wie man so schön sagt – auf das Leben mit seinen Sorgen und Mühen vorbereitet zu werden. Dieser neue Lebensabschnitt stellt eine entscheidende Wendung dar, auch wenn viele schon im Kindergarten spielerisch auf die Schule vorbereitet worden sind. Durch die Einschulung unserer Kinder ist von uns Eltern ein Teil der Verantwortung für die Erziehung und Charakterbildung auf die Lehrerschaft übergegangen. Dies legt ihnen, aber auch uns ein besonderes Maß an Verantwortung auf. Denn wir wissen nur allzugut, daß ein so junger Mensch den guten, aber auch schlechten Einflüssen einer neuen Umgebung sehr schnell unterliegen kann. Für ihn sind ab heute die Lehrerin oder der Lehrer neue Autoritätspersonen. In ihnen sieht er Vorbild und Leitbild seines jungen Lebens. Worte und Handlungen der Lehrer sind für die Kinder in vielen Fällen wichtiger als die der Eltern. Für sie gilt von jetzt ab das Motto: „Das hat unser Lehrer gesagt." Wir Eltern sind uns bewußt, daß wir nur durch enge, vertrauensvolle Zusammenarbeit und ständige Gesprächsbereitschaft verhindern können, daß dieser Wechsel der Bezugspersonen an zwei Tageshälften zu Lasten unseres gemeinsamen Erziehungszieles geht. Wir Eltern kennen die schwierige Aufgabe, die der Lehrerschaft gestellt ist.

Wir entlassen unsere Kleinen aus unserem häuslichen Einwirkungskreis in der Gewißheit, daß sie in dieser Schule in guten Händen sind. Deshalb möchte ich Ihnen, mein sehr verehrtes Lehrerkollegium, im Namen der Elternschaft zu Ihrer schwierigen Aufgabe viel Glück wünschen. Danken möchten wir Ihnen heute im voraus für alle Mühen, die Sie sich um unsere Kinder machen werden. Den Dank der Kinder werden Sie meist erst viele Jahre später, wenn sie erwachsen geworden sind, erfahren, wenn sie im Berufsleben stehen, wenn sie kritisch beurteilen können, was ihre Ausbildung ihnen genützt hat. Wir hoffen heute, daß dann viele, wie auch viele von uns, gerne an die Schulzeit zurückdenken können.

Begrüßung der Eltern von Schulanfängern

Meine sehr geehrten Damen und Herren!
Liebe Eltern!

Der Schulleiter eines Gymnasiums spricht

Mit dem heutigen Tage haben Sie Ihr Kind einer neuen Schule, dem ...-Gymnasium, anvertraut. Sie werden sich, nachdem Sie von dem äußeren Bild dieser Schule einen Eindruck gewonnen haben, fragen, wie sieht es eigentlich im Innern dieser Schule aus? In welchem Geist, in welchem Klima wird mein Kind hier erzogen? Viele haben sich bei der Anmeldung ihrer Kinder an unserer Schule bereits erkundigt. Sie haben andere Eltern gefragt oder Auskünfte beim Schulamt eingeholt.

Im Namen unseres Lehrerkollegiums möchte ich Ihnen daher heute nur kurz noch einmal das geistige Klima unserer, Ihrer Schule vorstellen.

Wir wollen, daß Ihr Kind Freude an der Schule hat. Das bedeutet, daß wir versuchen wollen, es so zu fördern, daß es möglichst nahe an die Grenzen seines eigenen Leistungsvermögens herankommt, allerdings ohne selbst darunter zu leiden. Das heißt, Ihr Kind soll insbesondere in der ersten Klasse unserer Schule lernen, selbständig zu arbeiten. Selbständiges Arbeiten bedeutet, daß weder die Klassengemeinschaft noch Sie selbst als Eltern unter diesem Lernen zu leiden haben. Wir wollen keine verkrampften, egoistischen Streber fördern, sondern partnerschaftliches Lernen im Klassenverband vollziehen.

Zweite Richtschnur an unserer Schule ist die Offenheit der Lehrer untereinander, die Offenheit der Lehrer gegenüber den Schülern und umgekehrt. Hier gibt es keine vorausgesetzten, keine vorgesetzten Autoritäten. Deshalb bemühen wir uns in Gesprächen miteinander, aber auch in Gesprächen mit den Schülern, intensiv um Lösungen. Wir wollen auf gar keinen Fall einen angepaßten Schüler, der sich kritiklos irgendwelchen Regeln unterwirft; wir wollen auch keinen Schüler, der die gemeinschaftlich erarbeiteten Spielregeln nicht anerkennt, ohne die an unserer Schule demokratisches Zusammenleben und -arbeiten nicht möglich sind.

Die dritte Richtschnur unseres Handelns ist unsere Zusammenarbeit mit den Eltern. Wir bitten Sie herzlich und dringend, Ihr Recht und Ihre Chance wahrzunehmen, aktiv an der Weiterentwicklung des Schullebens mitzuwirken. Ich meine damit nicht nur die rechtlich vorgeschriebene und mögliche Mitbestimmung der Elternbeiräte, sondern auch den Kontakt der einzelnen Eltern zu den Lehrern und der Schulleitung. Gerade durch Ihre intensive Mitwirkung beweisen Sie Ihrem Kind, wie wichtig diese Schulzeit auch für Sie ist.

Ich habe diese drei Punkte, die für unser Schulleben uns allen so wesentlich erscheinen, hier noch einmal kurz angerissen, um die eine Gruppe von Eltern zu bestätigen, um die andere Gruppe von Eltern zu ermutigen. Helfen Sie uns allen, daß Ihr Kind sich in seiner Schule schnell wohl fühlt. Dies ist die Grundvoraussetzung dafür, daß es unverkrampft und gerne die Strapazen auf sich nimmt, die die Umstellung von der Grundschule auf das Gymnasium mit sich bringt.

Ich wünsche Ihrem Kind einen angenehmen und erfolgreichen Besuch unserer Schule. Ihnen und uns wünsche ich einen guten gegenseitigen Kontakt und eine enge und vertrauensvolle Zusammenarbeit für die Zukunft.

Schulentlassungsfeier

Meine sehr geehrten Damen und Herren!
Liebe Kolleginnen und Kollegen!
Liebe Schulabgängerinnen und Schulabgänger!

Ansprache des Schulleiters

An diesem Tage erinnere ich mich gerne an meine eigene Schulentlassungsfeier. Damals sang der Schülerchor: „Nehmt Abschied, Brüder“ und „Heut’ noch sind wir hier zu Haus’“. Wir haben damals bis zum letzten Augenblick gebangt und gezittert, ob die Zeugnisse denn tatsächlich so ausfallen, wie wir es uns gewünscht haben. Wir haben gerätselt, welchen Beruf unsere Eltern denn für uns ausgesucht hätten und ob er uns auch Spaß machen würde. Wir sind gemahnt worden, in dankbarer Erinnerung an unsere Lehrer und Erzieher zu scheiden, die uns das Rüstzeug für das Leben mitgegeben hätten.

Heute sieht das alles anders aus. Eure Noten wurden vorher mit euch im Klassenverband diskutiert und festgelegt. Durch Besuche in Ausbildungsfirmen und Gespräche mit der Berufsberatung haben wir euch das Ausbildungsangebot erläutert und mit euch zukünftige Berufschancen diskutiert. Auf vielen Elternabenden und auch Sitzungen der Schülermitverwaltung haben wir die Probleme dieser Schule mit euch diskutiert und gemeinsam nach Lösungen gesucht. Wir haben versucht, berechtigter Kritik nachzugehen, Mißstände abzuschaffen, Verbesserungen durchzuführen. Allein an diesem veränderten Verhältnis von Lehrern, Schülern und Eltern könnt ihr erkennen, welch tiefgreifende Veränderungen in unserer Gesellschaft in den letzten 20, 30 Jahren vor sich gegangen sind. Das hat sein Gutes, für euch, aber auch für uns. Niemand von uns braucht heute von euch Dank, Respekt oder dankbare Erinnerung zu fordern. Wir haben uns mit euch bemüht, unsere Aufgaben – eure Aufgaben – nach bestem Wissen und Gewissen zu lösen. Wenn uns das gelungen ist, wenn ihr heute von dieser Schule weggeht in dem sicheren Gefühl, gut gerüstet zu sein für die nächste Etappe eures Lebens, dann war unsere Arbeit nicht umsonst.

An diesem Tage werdet ihr von einem Zwang entbunden, nämlich täglich die Schule zu besuchen. Andere Zwänge werden folgen. Wir hoffen, daß euch das hier Gelernte und gemeinsam Erarbeitete später immer in die Lage versetzen wird, mit diesen Zwängen fertig zu werden. Erinnert euch dann immer in den schwierigen Situationen daran, wie wir hier mit euch gemeinsam versucht haben, Zwänge zu vermeiden und Probleme zu lösen. Das war nach unserer Auffassung das Wichtigste, was wir euch vermitteln wollten. Wir hoffen, daß es uns gelungen ist. Freut euch eurer neuen Freiheit. Denkt aber daran, daß ihr ständig neu um sie kämpfen müßt. Das gesamte Lehrerkollegium und ich wünschen euch von Herzen, daß ihr bald einen Ausbildungsplatz findet, der euren Vorstellungen und Neigungen entgegenkommt. Gute Startbedingungen habt ihr durch das, was ihr in den vielen Jahren gelernt habt, und durch euren erfolgreichen Schulabschluß. Versucht, in einen Beruf hineinzuwachsen, der euch auch später noch ausfüllt. Ich wünsche euch viel Glück auf eurem weiteren Lebensweg.

Entlassungsfeier in einer kleinen Konfessionsschule

Liebe Jungen und Mädchen!

Rede einer Lehrerin

Jeder gute Baum trägt gute Früchte! Mit diesem Satz aus der Bergpredigt möchte ich am heutigen Entlassungstage den 140 Jungen und Mädchen unserer Schule die Richtschnur für das weitere Leben auf den Weg geben. Als ihr an der Hand eurer Eltern zum ersten Male diese Schule betreten habt, wart ihr wie junge, schwache Bäumchen, die einer kräftigen Stütze bedurften, um standfest zu werden. Jahre sind seit dieser Zeit vergangen. Und aus den schwachen Bäumchen sind, wenn wir bei diesem Vergleich bleiben wollen, junge Stämme geworden, die der Stütze nicht mehr bedürfen, soweit es sich um die Schule handelt. Alles, liebe Jungen und Mädchen, was ihr jetzt tun müßt, ist: wurzelstark und wurzelfest zu werden. Vergeßt dabei nie, daß ihr den Kontakt braucht und auf eure Mitmenschen angewiesen seid. Zum Leben in der Gemeinschaft gehört als wichtiger Faktor das Dienen, und zum Dienen gehört auch Mut. Den Willen zum Dienen und den Mut zur Verantwortung wünsche ich euch von ganzem Herzen. Handelt dabei nach dem Wort: „Stets hab' ich andere froh gemacht und an mich zuletzt gedacht. Ich diente und bekam Freunde!" Fest und eindeutig muß euer Wille zur Pflichterfüllung sein. Sagt nicht: „Ich muß", sondern sagt: „Ich darf". Am notwendigsten ist eine starke, echte Nächstenliebe und Nächstenhilfe. Wenn es auch oft schwerfällt, solche Liebe zu üben und zu schenken, so geht doch nicht an den Sorgen und Nöten anderer vorbei.

Seid euch dessen bewußt, daß ihr jetzt das erste große Ziel eures Lebens erreicht und eure erste große Prüfung abgelegt habt. Ihr nehmt nun Abschied von euren Lehrerinnen und Lehrern, und diese Stunde ist ein Rückblick und gleichzeitig ein Ausblick. Wir wünschen, daß die leitende Hand Gottes weiterhin über allen unseren Schülerinnen und Schülern, die heute entlassen werden, bleiben möge. Laßt die Wurzeln eures Handelns stets Liebe sein.

Verabschiedung von Abiturienten

Liebe Lehrerinnen und Lehrer!
Liebe Eltern!
Liebe Mitabiturientinnen und -abiturienten!

Ein Schüler spricht

Wir verlassen heute die ...-Schule, an der wir neun Jahre lang gelernt, oft gezittert, Durchschnittsnoten ausgerechnet und in den letzten drei Jahren nur noch nach dem Numerus Clausus geschielt haben. Reicht es oder reicht es nicht, war bei vielen von uns die Kernfrage. Denn wir wußten ja schon früh genug, daß nicht wie vor ein paar Jahren noch das bestandene Abitur alle Türen und Tore der Hochschulen öffnen würde. Deshalb – und das soll heute hier nicht verschwiegen werden – haben einige von uns im letzten Endspurt resigniert. Sie haben überlegt, daß selbst die härtesten Anstrengungen nicht garantieren, den begehrten Studienplatz zu erringen. Sie haben sich beizeiten nach etwas anderem umgesehen.

Eine seltsame Zeit: Durchschnittsnoten, die früher vielleicht einmal in zwei Jahren an einer Schule vergeben wurden und dem Glücklichen den Ruf eines Genies einbrachten, reichen heute nicht mehr dazu aus, ein Studium nach Wahl an einem beliebigen Ort zu beginnen. Zusatzauslesen sind erforderlich, Zusatztests, lange Wartezeiten, manchmal sollen aber auch schon Beziehungen ausreichen. Ich sage das heute, um deutlich zu machen, daß Leistungsdruck und Konkurrenzverhältnisse bereits in der schulischen Ausbildung unsere Belastbarkeit bis aufs äußerste gefordert haben. Um so mehr möchte ich im Namen aller meiner Mitschülerinnen und Mitschüler Ihnen, dem Kollegium, danken, daß Sie versucht haben, uns aus diesem Teufelskreis zu helfen. Die Art und Weise, wie Sie in den vergangenen Jahren mit uns zusammen gearbeitet haben, hat vielen von uns auch trotz mancher Enttäuschung Lösungsmöglichkeiten für später aufgezeigt. Daß nicht alle persönlichen Blütenträume reifen können, haben Sie dabei ebensowenig zu vertreten wie wir. Als eines der wichtigsten Ergebnisse unseres Lernens nehmen wir von hier aber mit, daß sich bestehende Probleme gemeinsam am besten lösen lassen. Und ein weiteres: Gleichgültig, wo wir nach dieser Schule weiterarbeiten werden – an der Universität, bei der Bundeswehr oder an einem anderen Arbeitsplatz –, wir müssen uns verstärkt für weitere bildungspolitische Anstrengungen in unserer Gesellschaft einsetzen. Nur so kann sichergestellt werden, daß das geistige Potential in unserer Bevölkerung da eingesetzt werden kann, wo es sich am besten verzinst.

Ich meine konkret: Wenn Abiturienten die Arbeitsplätze von anderen Schulabgängern besetzen, weil sie keine Chance an der Universität haben, dann drängen die dort Verdrängten in die Berufe, die früher noch für Jugendliche ohne höhere Schulabschlüsse offengestanden haben. Das wird soziale Folgewirkungen nach sich ziehen, die wir heute in ihrem ganzen Ausmaß gar nicht abschätzen können. Wir haben mit Ihnen zusammen in vielen Kursen und Arbeitsgruppen gesellschaftspolitische Zusammenhänge diskutiert. Auch wenn wir insgeheim in früheren Jahren immer gehofft haben, daß nicht ausgerechnet wir von tatsächlichen oder vermeintlichen Fehlentwicklungen getroffen werden, können wir heute die Situation realistischer einschätzen. Ich hoffe und wünsche mit allen meinen Mitabiturienten, daß wir künftig noch so viel Zeit und Engagement aufbringen, um über unser eigenes Interesse hinaus an der Lösung dieser gemeinsamen Probleme weiterarbeiten zu können.

Ihnen allen, die Sie sich in den vergangenen Jahren so viel Mühe und Arbeit mit uns gemacht haben, darf ich an dieser Stelle noch einmal, im Namen aller Abiturienten und -innen, unseren herzlichen Dank aussprechen.

Eröffnung des Schulparlaments

Sehr geehrter Herr Direktor!
Sehr geehrtes Lehrerkollegium!
Liebe Mitschülerinnen und Mitschüler!

Rede der Schülersprecherin

Manch einer mag bei dem Gedanken an ein Schülerparlament lächeln. „Parlament" klingt zu gewaltig. Man denkt an den Bundestag oder an die Landtage. Brauchen Schüler eigentlich ein solches Parlament?

Parlament im eigentlichen Sinne des Wortes ist eine Vertretung des Volkes. Damit wird dokumentiert, daß das Volk an den Entscheidungen in einer Demokratie mitwirken kann. Warum soll das in einer Schule anders sein? Gewiß, um bei dem gewählten Vergleich zu bleiben, unsere Entscheidungskompetenz ist viel geringer. Wir können beispielsweise zu unserem Bedauern nicht darüber befinden, zu welchem Zeitpunkt die Ferien beginnen oder, was noch viel wichtiger ist, ob sie verlängert werden sollen. Wir können auch nicht entscheiden, ob eine neue Aula gebaut wird oder nicht. Wir können aber mitwirken, mitbestimmen in allen Fragen, die der Schülerselbstverwaltung unterliegen. Unsere Aufgabe, die Interessen der Schüler gegenüber der Schule, den Schulaufsichtsbehörden und der Öffentlichkeit zu vertreten, gibt uns die Chance, uns an allen schulischen Entscheidungen und Maßnahmen, mit Ausnahme der Notengebung und der Versetzung, zu beteiligen. Daß dies ein weitgehendes Recht ist, kann man daran ersehen, daß alle Schüler ihre Vertretungen in geheimer Wahl nach demokratischen Grundsätzen wählen und daß die gewählten Sprecher der Schülervertretung keiner Bestätigung bedürfen und auch nicht von der Schule abgesetzt werden dürfen. Dieses Schülerparlament hat damit für uns die Möglichkeit eröffnet, zu lernen, wie in einer Demokratie Entscheidungen vorbereitet, getroffen und dann verteidigt werden können. Auch wenn uns bis zu unserer Volljährigkeit das allgemeine Wahlrecht noch nicht zusteht, können wir doch, in einem für uns so entscheidenden Abschnitt unseres Lebens, bereits aktiv an der Erarbeitung jener Vorschriften und Ordnungen mitwirken, die uns selbst betreffen. Damit beinhaltet dieses Recht aber auch eine Pflicht. Das Schülerparlament sowie der Gedanke der Schülermit- und -selbstverantwortung hätten ihren Sinn verloren, wenn die Schüler nicht aktiv und engagiert von diesem Recht Gebrauch machen würden, wenn sie die Ausübung dieses Rechts nicht gleichzeitig auch als ihre Pflicht ansehen würden. Wir, die gewählten Vertreter der Schülerschaft, wollen mitarbeiten. Wir freuen uns auf eine gute und vertrauensvolle Zusammenarbeit mit der Schulleitung und dem Kollegium. Die erste Sitzung unseres Schulparlaments ist hiermit eröffnet.

Abiturientenbegrüßung im Altschülerverein

Liebe junge Altschülerinnen und Altschüler!

Ansprache des Vorsitzenden

Wieder einmal ist ein Schuljahr vergangen, und wie in jedem Jahr um diese Zeit dürfen wir auch heute einen neuen Abiturientenjahrgang als jüngste Altschüler in unserer Mitte begrüßen.

Die herzlichen Glückwünsche aller ehemaligen Schülerinnen und Schüler zum Bestehen der Reifeprüfung habe ich Ihnen schon während der Entlassungsfeier in der Aula übermittelt. Heute abend möchte ich daher nur einige Gedanken laut werden lassen, die sich mit dem Wesen, vielleicht mit der eigentlichen Anziehungskraft des Vereins auf seine Mitglieder, beschäftigen. Sicherlich haben Sie schon manchesmal im stillen gelächelt, wenn Sie die hin und wieder etwas pathetisch gehaltenen Rundschreiben der Altschülerschaft am Schwarzen Brett in der Schule gelesen haben. Oh, diese Vereinsmeierei! – und damit haben Sie in einem gewissen Sinne recht; doch was wäre ein Verein ohne die Leute, die sich mit ihrer ganzen Kraft dem Verein verschrieben haben.

Ist eine Altschülerschaft überhaupt so viel Mühe wert? Lohnt sich dieser Einsatz? Man könnte – glaube ich – stundenlang über dieses Thema reden, so viele Rechtfertigungen gibt es. Es wurde auch schon genug darüber gesprochen und geschrieben. Überlegen Sie doch einmal, mit welchen Menschen Sie persönlich Kontakt haben. Da werden Sie feststellen, daß es fast ausschließlich ganz fest abgegrenzte Interessen sind, die Sie mit Ihren Bekannten gemeinsam haben. Wenn Sie dann zur Probe einmal Ihre Eltern nach deren Bekannten fragen, dann finden Sie Rechtsanwälte, Ärzte, Handwerker oder Sportler, Kleingärtner, Briefmarkensammler unter sich. Es sind also oft ein gemeinsames Interesse oder ein bestimmter Zweck, die die Menschen verbinden. Genau wie im Beruf das Spezialistentum vorherrscht, so daß im Büro kaum noch jemand in der Lage ist, die Arbeiten des Nachbarn am Nebentisch zu übernehmen, wie die Allgemeinbildung bewußt zugunsten des speziellen Fachwissens vernachlässigt wird, genauso sind die menschlichen Beziehungen einseitig! Die meisten Menschen finden außerhalb ihrer beruflichen und privaten Interessen kein gemeinsames Gesprächsthema mehr!

Nun besuchen Sie einen Klubabend Ihrer Altschülerschaft, und Sie stellen erstaunt fest, daß alle Gräben Brücken haben. Da unterhalten sich Angestellte, Ärzte, Handwerker, Beamte, da sind Kegler, Kaninchenzüchter und Briefmarkensammler, Direktoren und Lehrlinge zusammen, und alle haben Gesprächsthemen. Man spricht über Goethe und Wasserleitungsreparaturen, von den Kindern, vom Urlaub. Man wird auf einmal vielseitig. Daß es eine Altschülerversammlung ist, hört man nur am Rande aus den Worten des Versammlungsleiters.

Die gemeinsame Schulzeit ist zu einem Band geworden, das alle Unterschiede ausgleicht. Ist es nicht lohnend, dafür ein wenig Vereinsmeierei zu treiben, notfalls auch mit ein wenig Pathos dafür zu werben, für eine Gemeinschaft außerhalb aller beruflichen und privaten Interessen, für eine Gemeinschaft, die als einzige Gesamtheit den Besuch der gleichen Schule aufweist? Auch Sie werden, wenn Sie sich darüber Gedanken machen, bei unseren Altschülerabenden feststellen: „Hier bin ich Mensch, hier darf ich's sein!“

Eröffnung der Bundesjugendspiele

Liebe Schülerinnen und Schüler!

Ansprache des Schulleiters

Prüfungen sind ja im allgemeinen bei euch nicht besonders beliebt. Aber wenn es darum geht, im Sport zu beweisen, was man kann, dann seid ihr Feuer und Flamme. Wir Lehrer verstehen das sehr gut. Ihr wollt zeigen, was in euch steckt. Viele Wochen habt ihr geübt, und ihr seid nun stolz, den Schlagball so gut schlagen und werfen zu können, in die Sprunggrube so weit hineinzuspringen und so schnell über die Laufbahn spurten zu können, daß ihr es nun auch bei einem Sportfest versuchen wollt.

Wir freuen uns über diesen Eifer, denn eure Schule will euch ja nicht nur schreiben, lesen und rechnen lehren, sie will für euch auch eine Stätte des frohen sportlichen Spiels sein. Wenn wir schon so viel im Klassenzimmer sitzen, dann wollen wir auch einmal hinaus in die frische Luft und uns bewegen. Denn wer immer nur sitzt und rastet, der rostet bald ein, das sagt schon ein Sprichwort. Deshalb zeigt, wieviel Schwung ihr habt, wie ihr rennen, werfen und springen könnt. Dann schafft ihr es, genug Punkte für einen Sieg zu sammeln.

Ich will euch am Beispiel einer Frau, die früher die schnellste Läuferin der Welt war, erzählen, was fleißiges Üben vermag. Ich meine Wilma Rudolph. Sie war als Mädchen bis zum neunten Lebensjahr gelähmt. Als sie wieder laufen konnte, hat sie lange Jahre fleißig geübt und sich immer wieder so gefordert, daß sie später wie eine Gazelle über die Aschenbahn flog und gewann. Wer einen festen Willen hat, kann viel erreichen. Er wird auch nicht den Kopf hängen lassen, wenn nicht alles so gelingt, wie er es gerne möchte. Unser heutiges Sportfest ist ein Spiel, das wir mit lachenden Mienen betreiben. Ihr sollt euch freuen, wenn euch alles gut gelingt, und ohne Neid anerkennen, wenn eine Mitschülerin oder ein Mitschüler besser abschneidet als ihr. Beim nächsten Mal könnt ihr dann zeigen, daß noch mehr in euch steckt. Nun aber auf zum Kampf um die sportlichen Punkte. Holt euch davon, soviel ihr könnt.

Bundesjugendspiele

Verteilung der Siegerurkunden

Seht euch diesen Packen Urkunden an! So viele sind es bei unseren diesjährigen Bundesjugendspielen geworden. ... (Zahl) von euch haben ... Punkte und mehr errungen. Wir sind stolz auf eure Leistung. Bleibt weiterhin so fleißig. Es könnte ja gut möglich sein, daß ihr später einmal den einen oder anderen Meister des Sports stellen werdet, denn als Sportlehrlinge habt ihr euch schon sehr tüchtig gezeigt. Wie ihr seht, spornen euch eure Lehrerinnen und Lehrer nicht nur immer wieder an, tüchtig zu üben und mit Fleiß bei der Sache zu bleiben, sie erkennen auch eure Leistung an und beglückwünschen euch dazu. Es wird euch in der Schule wie im Leben, beim Sport wie bei der Arbeit nichts geschenkt. Ob es eine gute Note beim Aufsatz oder eine gute Punktzahl bei den Bundesjugendspielen ist, nicht nur der Zufall, nicht allein das Glück geben sie euch, nein, ihr selbst könnt entscheiden, ob es eine gute Leistung wird. Das sportliche Spiel bietet hierfür ein sehr gutes Beispiel. Wer beim 75-Meter-Lauf nur träge über die Aschenbahn spaziert, anstatt sie mit größter Geschwindigkeit herunterzufegen, der wird keine hohe Punktzahl erreichen.

Ihr habt es selbst in der Hand, ob ein Hochsprung gelingt oder eine Rechenaufgabe, ob ein Ball weit fliegt oder nach kläglichem Wurf hinfällt wie eine unüberlegte, falsche Antwort im Unterricht. Euren erwartungsvollen Blicken entnehme ich auch den Stolz über die eigene Leistung. Wo man sich abgemüht hat, da ist man über das Gelingen viel froher, als wenn einem das Glück in den Schoß fällt. Eben darum bin ich auf so manchen von euch, der unter Anspannung aller seiner Kräfte gerade 40 Punkte erreicht hat, stolzer als auf andere, die mit Leichtigkeit 50 Punkte errungen und sich nicht einmal mit aller Kraft angestrengt haben.

Wem es im Sport und im Leben leichter fällt, eine Aufgabe zu lösen, der sollte sich an immer schwerere Aufgaben heranwagen, nur so erlangt er Höchstleistung. Euch Mädchen und Jungen darf keine Aufgabe zu schwer, keine Übung zu langwierig sein.

Grundsteinlegung, Richtfest und Einweihung

Grundsteinlegung für eine Schule

Meine sehr verehrten Damen und Herren!

Der Schulrat spricht

Hinter den großen und lichten Fenstern der Schule, die an dieser Stelle errichtet werden soll, wird man im Laufe der Jahre zweifellos viele Probleme und Themen sehr trocken und lehrsam behandeln müssen. Deshalb möchte ich wenigstens heute, an ihrem Grundstein stehend, einmal andere Töne anschlagen. Es ist eben recht schwierig, arithmetische Formeln und grammatische Regeln humorvoll mit Zitaten von Wilhelm Busch oder Aphorismen von Lichtenberg zu würzen, ohne mißverstanden zu werden. Vor einem schlichten Grundstein und einem wohlgesinnten, erwachsenen Publikum aber darf man das riskieren. Sie wissen bereits, daß wir hier nicht versammelt sind, um den Lehrsatz des Pythagoras oder die Formeln des gelehrten Herrn Thales zu besprechen. Wir haben vielmehr ein Werk hinter uns zu bringen, das eine ganze Reihe von Jungen und Mädchen schlichtweg als Gemeinheit bezeichnen würden – wir legen den Grundstein zu einer neuen Schule!

Wir wollen unserer Jugend damit gute räumliche Voraussetzungen schaffen zu lernen und unseren Lehrern zweckmäßige Voraussetzungen zu lehren.

„Ein Kind ist ein Buch, in dem wir lesen und in das wir schreiben sollen!" sagte Peter Rosegger, der Dorfschulmeister, einmal. Mögen die Lehrer, die in der hier entstehenden Schule unseren Jungen und Mädchen das notwendige Wissen als Rüstzeug fürs Leben vermitteln, zuweilen an dieses Wort Roseggers denken. Mögen sie in den Kindern lesen, mögen sie ihre kleinen und großen Schwächen verstehen und mit Güte und Sanftmut zu beeinflussen versuchen. Mögen sie auch die Stärken des einzelnen erkennen und mit Nachdruck fördern. Und mögen sie in die kleinen Seelen und

Hirne recht viel von dem hineinpflanzen, was ihnen für das ganze Leben nützt und sie zu wertvollen Mitgliedern der Gesellschaft macht.

Die an diesem Platz stehende Schule wird für viele Kinder jahrelang ein zweites Zuhause werden. Ihre Erbauer haben diesen Umstand berücksichtigt – schon die Pläne der Architekten beweisen das deutlich. Auf diese Schule mit ihren großen hellen Räumen, mit ihrer Turnhalle, ihrer Lehrküche und ihrer Aula für Schulfeiern können die hier unterrichtenden Lehrer, die Schüler und die Bürger der Stadt … gleichermaßen stolz sein.

Grundsteinlegung für ein Rathaus

Sehr geehrter Herr … (Titel des Regierungsvertreters)!
Meine sehr verehrten Damen und Herren!

Der Bürgermeister spricht

„Abgeredet vor der Zeit, gibt es nachher keinen Streit!" Als ich dieses Sprichwort in der Schule lernen mußte, ahnte ich noch nicht, daß es seine Gültigkeit für ein ganzes Menschenleben behalten könnte. Aber heute, eben zu dieser Stunde, beweist sich einmal wieder seine Wahrheit.

Abgeredet vor der Zeit, gibt es nachher keinen Streit. Mancherlei Hin und Her, stundenlange Planungen und Debatten, zufriedene und unzufriedene Kritiken, objektive und unobjektive Pressemeldungen, ja, auch manche erhitzte Köpfe hat es gegeben, bis die Vorbereitungen für den Bau des neuen Rathauses so weit abgeschlossen waren, daß wir alle sagen konnten: Jetzt haben wir die Pläne und die Gelder (und die tausend Wünsche) für unser neues Rathaus endlich unter Dach und Fach. Nun können wir anfangen!

Um anzufangen, sind wir also heute zusammengekommen. Die Debatten sind vorbei, die Pläne sind klar, und jedermann ist mit ihnen zufrieden, auch die finanziellen Mittel liegen bereit. Der Bau kann beginnen. Der Bau, zu dem wir heute den Grundstein legen und der, wenn er beendet ist, kein Streitobjekt mehr werden kann, weil wir alle – die Bürgerschaft der Stadt – uns vor der Zeit beraten und miteinander abgestimmt haben. Trotzdem – noch sind nicht alle Schwierigkeiten aus der Welt geschafft. Und ehe wir unser neues Rathaus in einem feierlichen Zeremoniell auch einweihen und der Öffentlichkeit übergeben können, wird die Bürgerschaft noch einige Opfer bringen und Unannehmlichkeiten hinnehmen müssen, die leider nicht zu vermeiden, aber doch durchaus zu ertragen sind. Der Lärm dieser Baustelle mitten in der Stadt wird vielleicht manchen von uns stören, und die aus verkehrstechnischen Gründen notwendigen Umleitungen werden dem einen oder anderen gar unliebsam ins Auge fallen – aber was sein muß, muß sein. Der fertige Rathausbau in seiner schlichten, sachlichen Schönheit wird uns dann diese kleinen und großen Mißhelligkeiten rasch vergessen lassen.

Von morgen ab wird nun an dieser Stelle verwirklicht werden, was sich viele von uns schon seit Jahren gewünscht und erträumt haben. Stein um Stein soll hier ein Gebäude in die Höhe wachsen, das durch einen völlig neuartigen, modernen Stil nicht nur die Bürger unserer Stadt, sondern auch unsere Gäste gewiß ansprechen und bestechen wird. Es wird ein Bauwerk werden, das nicht für einige wenige errichtet wird, sondern ein Haus, das der Allgemeinheit dient – dem Zusammenleben aller Menschen unserer Stadt. Ein Haus der Gemeinschaft, wie mein Vorsprecher so treffend und schön bemerkte.

Noch residieren die Beamten und Angestellten der verschiedenen Ämter und Verwaltungen in provisorischen Räumen. In wenigen Monaten aber werden sie ein Gebäude beziehen, das wegen seines eigenwilligen Äußeren schon jetzt im Gespräch der Öffentlichkeit ist. Als Bürgermeister unserer Stadt wünsche ich mir, daß dieses Bauwerk auch nach seiner Fertigstellung im Gespräch der Bürger bleibt – doch dann nicht nur wegen seines Äußeren, sondern vor allem wegen des Geistes, der in ihm herrscht. Möge die äußere neue Fassade dann ein Symbol dafür sein, daß man in diesem Bauwerk nicht nach den hinfälligen starren Regeln einer aufgebauschten Bürokratie seinen Dienst tut, sondern nach den Regeln eines gemeinschaftlichen Zusammenlebens, in dem jederzeit jeder für jeden dazusein und einzutreten hat. Als Bürgermeister erwarte ich von den Bürgern unserer Stadt, daß sie von den Frauen und Männern, die im neuen Rathaus ihre Aufgaben zu erfüllen haben, nichts Unmögliches verlangen, und von den Beamten und Angestellten erhoffe ich, daß sie ihrerseits immer ihr Bestes geben – zum Wohl und zum Nutzen der Allgemeinheit.

Grundsteinlegung zum Erholungsheim für Arbeitnehmer

Meine sehr verehrten Damen und Herren!

Rede des Bürgermeisters der Stadt

Einer für alle – und alle für einen!" Gemäß diesem alten Schweizer Wahlspruch wurde die Idee entwickelt, hier – inmitten unserer herrlichen Wälder (mit dem herrlichen Blick auf unsere Berge, auf die Brandung der See usw.) – ein Erholungsheim für Arbeitnehmer zu bauen!

Auch die Bürgerschaft unserer Stadt (unseres Landkreises) bringt dem Bauvorhaben des Arbeitnehmer-Verbandes (der Firma ...) viel Interesse und Aufgeschlossenheit entgegen, ist es doch eine Freude für uns, daß man die Landschaft unserer schönen Heimat für besonders geeignet hält, arbeitenden Menschen ein paar Wochen wirklicher Erholung zu bieten. Wir alle freuen uns darüber, und wir glauben, daß unsere Gäste nicht enttäuscht sein werden – ja, wir sind sicher, daß sie sich immer nur schweren Herzens von unseren herrlichen Bergen und Wäldern (Dünen und dem Meer usw.) trennen werden. Wir wollen auch unsererseits alles tun, damit sich die Bewohner des neuen Heimes in dieser Umgebung in jeder Hinsicht wohlfühlen! Sosehr sie es sich verdient haben, hier in der zauberhaften Natur des ... (Schwarzwaldes, Oberharzes usw.) eine Schaffenspause einzulegen, sosehr haben sie es auch verdient, daß wir einheimische Bürgerinnen und Bürger für ihr Erholungsbedürfnis Verständnis zeigen und es ihnen leicht machen, vollkommen auszuspannen! Der Magistrat (das Bürgermeisteramt) unserer Stadt (unseres Kreises) wird den Damen und Herren, die das neue Heim im Auftrag des Verbandes ... (der Firma ...) führen werden, auf Wunsch jederzeit behilflich sein, damit sie ihre segensreiche Arbeit bewältigen können. Möge das Erholungsheim, das hier entstehen soll, eine eigene kleine Welt der Ruhe und Freude werden – auf einem Fleckchen Erde, wie es in der Umgebung kaum ein schöneres gibt.

Im Auftrag der Bürgerschaft der Stadt … (des Kreises …) wünsche ich Glück und Segen für den Bau und für die schöne Aufgabe, die er erfüllen soll!

Richtfest einer Kirche

Sehr geehrter Herr Bürgermeister, verehrte Gäste!
Liebe Gemeinde!

Ein Geistlicher spricht

Richtfest! Das hat doch offensichtlich etwas mit richten zu tun, vielleicht im Sinne von ausrichten, begradigen, ins Lot bringen. Wenn das geschehen ist, ist eigentlich die Hauptarbeit getan. Der Rohbau steht, der Raum, in dem sich später einmal Menschen aufhalten werden, nimmt allmählich auch seine endgültigen äußeren Formen an. Wir wissen, jetzt beginnt die Arbeit der inneren und äußeren Gestaltung dieses Raumes, wie es weitergehen soll, ist kein grundlegendes Problem mehr. Wenn das Dach gedeckt ist, könnte die Kirche zur Not so bleiben, wie sie ist, und dennoch ihre Aufgabe erfüllen, die darin besteht, Menschen zu versammeln.

Dieser Bau dient, wenn er fertiggestellt sein wird, aber nicht nur den Menschen, er soll vielmehr ein Zeichen der Ehrfurcht vor demjenigen sein, dem wir alles verdanken. Er soll eine Stätte der Ruhe, des Friedens und der Andacht werden, und er soll ein Ort der Gemeinschaft zwischen Gott und uns Menschen sein. Bitte glauben Sie nicht, daß ich Ihnen jetzt eine Predigt halten werde. Ich möchte Sie lediglich daran erinnern, daß dieses Bauwerk kein Haus im üblichen Sinne ist. Die Menschen, die es betreten werden, wollen nicht darin wohnen. Sie kommen vielmehr deshalb, weil sie etwas suchen, etwas, das sie ganz besonders hier zu finden hoffen. Gewiß, die Heilige Schrift lehrt uns, daß Gott überall ist, und er braucht gewiß kein eigens für ihn errichtetes

Haus, um zu uns Menschen zu sprechen. Aber wir brauchen ein solches Haus. Wir brauchen einen Ort, an dem wir uns mit denjenigen versammeln können, die genau wie wir in aller Stille mit ihrem Schöpfer sprechen wollen.

Ich werde immer wieder gefragt, ob man denn nicht zu Hause, sonntags vormittags im Radio, einen Gottesdienst abhalten könne? Ob es denn tatsächlich erforderlich sei, deswegen in die Kirche zu gehen? Jeder deutsche Sender bringt Andachten, in denen gesungen, gebetet und gepredigt wird. Warum also in die Kirche gehen, wenn man zu Hause genau das gleiche haben kann? Diese Frage ist, wenn man sie genau betrachtet, ein Zeichen dafür, daß derjenige, der sie stellt, in Wahrheit gar keinen rechten Kontakt mehr zu Gott hat. Denn für den lebendigen Christen ist es eine Selbstverständlichkeit, daß er die Bindung an die Gemeinde sucht. Für ihn wäre es unmöglich, die Menschen förmlich zu meiden, die genau wie er ihr Leben Gott gewidmet haben. Es wäre geradezu widersinnig, ihnen aus dem Weg zu gehen, als würden sie einem Götzen dienen, vor dem man sich vorzusehen hat. Der Christ ist in die Gemeinde hineingestellt, und er ist immer ein Teil von ihr. Die Gemeinde aber versammelt sich im Gotteshaus, in der Kirche, um dort in gemeinsamer Andacht Gott auch gemeinsam nahezusein.

Dieses Haus, dessen Richtfest wir heute feiern, wird also einmal die Aufgabe haben, die Gemeinde Jesu Christi aufzunehmen. In ihm wird der Tisch des Herrn gedeckt, sein Wort gelehrt, werden Menschen in den Kreis seiner Anhänger aufgenommen und wird um seinen Beistand gebetet werden. Es wird eine Stätte sein, an der sich die Gläubigen versammeln, weil sie wissen, daß ihr Platz dort ist, wo der Altar unseres Herrn steht. Ich erbitte für diese Kirche den Segen Gottes, und ich bitte um Gnade und Barmherzigkeit für diejenigen, die darin ein und aus gehen werden.

Einweihung einer neuen Schule

Sehr geehrter Herr … (Titel des Regierungsvertreters)!
Sehr verehrte Damen und Herren!

Der Schulleiter spricht

Monate sind verstrichen, seit wir uns an dieser Stelle versammelt haben, um den Grundstein zu der neuen Schule der Stadt … (des Kreises …) zu legen. … Monate lang wurde unermüdliche Arbeit geleistet, um hier ein Bauwerk zu errichten, das unserer Schuljugend jahrzehntelang Nutzen bringen soll! Lassen Sie mich deshalb zunächst den Erbauern dieser Schule herzlich danken – den Architekten wie den Baumeistern, den Handwerkern, den Planern wie den Gestaltern und nicht zuletzt auch den Künstlern, die das Äußere wie das Innere der Gebäude mit Dekors und Skulpturen, Fresken und Mosaikarbeiten geschmückt und verschönt haben.

Noch einmal also Dank all denen, die als Arbeiter des Geistes oder der Faust ihr Bestes gaben, damit diese prächtige Schule so erstehen konnte, wie wir sie jetzt vor uns sehen! Lehrerinnen und Lehrer sowie Schülerinnen und Schüler können gleichermaßen stolz auf sie sein.

Denken wir aber immer daran, daß die Schule nicht nur Wissen vermitteln, sondern auch erziehend wirken soll, daß sie den Gemeinschaftsgeist fördern, das Verständnis für die Probleme anderer Völker, anderer Religionen und anderer Rassen wecken soll. Vorrangiges Ziel der Schule muß jedoch die Regelung aller schulischen Probleme durch Gemeinschaftsarbeit der Schulgemeinde sein, die von Pädagogen, Eltern und Schülern gleichermaßen gebildet wird.

Viele Generationen junger Menschen soll das neue Schulgebäude im Laufe der kommenden Jahrzehnte aufnehmen. Schon in wenigen Tagen wird es widerhallen von den Geräuschen, die wir alle von früher her noch kennen: vom Getrappel vieler Füße, vom Lärmen und Toben der Schüler während der Pausen, von den interessanten Diskussionen im Deutsch- und Geschichtsunterricht, von den sachlichen Erklärungen der Mathematik-, Chemie- und Physiklehrer, vom Knarren der Turngeräte in der modernen Sporthalle und vom Ertönen des Pausensignals zwischen den Stunden. Ein paar Tage noch, dann wird hier gelehrt und gelernt werden. Unser Ziel: Ganze Schülergenerationen sollen diese Schule später auch so verlassen können, daß sie in der Lage sind, draußen im Leben ihren Platz einzunehmen und sich als verantwortungsbewußte Staatsbürger privat wie beruflich jederzeit zu bewähren!

Übergabe eines Kindergartens an die künftige Leiterin

Sehr geehrte Frau … (Name der Leiterin)!
Meine sehr verehrten Damen und Herren! Liebe Eltern!

Der Bürgermeister spricht

In froher Stimmung sind wir heute hier zusammengekommen, um ein Ereignis zu feiern, das von zahlreichen jungen Müttern und Vätern schon sehnlichst erwartet wurde. Unser neuer Kindergarten ist endlich bezugsfertig. Lassen Sie mich bei dieser Gelegenheit zunächst einmal all jenen danken, die für Planung, Bauleitung und Ausführung verantwortlich sind. Sie haben in kurzer Zeit ein Bauwerk geschaffen, das die Sorgen, Nöte und Mängel mit und an dem alten Kindergarten schnell vergessen lassen wird. Die alten Räume im früheren Kindergarten waren einfach nicht mehr geeignet, moderne Inhalte in der Kindergartenarbeit umzusetzen. Dieser rundum gelungene Bau entspricht nun den neuesten Forderungen und Ansprüchen an eine kindgerechte Einrichtung.

In diesem neuen Haus können wir künftig drei Gruppen betreuen, die jeweils eine Gruppenstärke zwischen 15 und 20 Kindern aufweisen werden. Pro Gruppe steht uns dann eine Erzieherin zur Verfügung, zusätzlich aller Voraussicht nach eine Vorpraktikantin oder Anerkennungsschülerin. Dadurch wird im neuen Kindergarten die Leiterin von einer eigenen Gruppenleitung freigestellt werden können. Ihre Aufgaben, nämlich Planung, Verwaltung, Organisation und Weiterbildung des Personals, können so besser als vorher gelöst werden. Jeder Gruppe im neuen Haus stehen zwei Räume zur Verfügung, davon ein Studio oder Intensivraum, der bei gezielten Beschäftigungsarten die Bildung von Untergruppen ermöglicht bzw. bei spontaner Gruppenbildung erlaubt, daß Kinder für sich alleine sein können. In den Gruppenräumen haben wir durch ein Raumteilverfahren die jeweilige Einrichtung des Raumes je nach den Spielideen der Kinder ermöglicht. Auf diese Art und Weise können wir eine Bauecke, eine Rollenspielecke (Puppenecke) oder auch eine Leseecke mit Bilderbuchregal, Malwand, Naßspieltisch einrichten. An Gemeinschaftsräumen haben wir eine komplett ausgestattete Kinderküche eingerichtet und einen Turnraum mit Sprossenwand sowie Gymnastik- und Turngeräten. Ferner gibt es für jede Gruppe separate Garderoben- und Toilettenräume. Ein Werkraum steht zur Verfügung sowie ein Musikzimmer mit Orffschem Instrumentarium. Für letzteres dürfen wir der Firma ... sehr herzlich danken, die unsere vorhandene Ausstattung durch eine großzügige Spende erweitert hat. Vor dem Haus ist eine große Spiel- und Rasenfläche gestaltet worden. Neben Klettergeräten und Möglichkeiten zum Hüttenbauen gibt es Sandkästen und eine Feuerstelle. Eine überdachte Spielhalle im Anschluß an den Kindergarten erlaubt das Draußenspielen auch an Regentagen; sie wird bei allzu starker Sonnenstrahlung auch Schatten spenden. Die Einrichtung von Außentoiletten soll die Benutzung der Außenflächen und der Spielhalle erleichtern.

Bereits an dieser Aufzählung werden Sie erkennen, daß dieses Haus für unsere Jüngsten für uns alle schon in der Planung und dann in der Ausführung eine sehr schöne und dankbare, wenn auch teure Aufgabe war. Ich nehme an, daß Sie sich bei dem nun anschließenden Rundgang davon überzeugen werden, daß diese Aufgabe allen Beteiligten viel Freude bereitet hat. Wir hoffen, daß das Haus auch unseren Kindern gefällt und daß es unseren Erzieherinnen jene Möglichkeiten gibt, deren Fehlen im alten Haus eine sinnvolle Kindergartenarbeit doch wesentlich erschwert hat. Mögen unsere Kinder hier lernen, sich in eine Gemeinschaft einzufügen, die kleinen und großen Nöte des anderen zu verstehen und Freundschaften zu schließen. Hiermit übergebe ich den neuen Kindergarten der Stadt ... seiner Bestimmung. (Es folgt die Übergabe der Schlüssel an die künftige Leiterin.)

Übernahme des neuen Kindergartens

Sehr geehrter Herr Bürgermeister!
Meine sehr geehrten Damen und Herren! Liebe Eltern!

Die Leiterin spricht

Zunächst einmal danke ich Ihnen im Namen der Kinder und der Erzieherinnen für die großzügige und schnelle Lösung. Ich möchte auch danken dafür, daß wir bereits im Planungsstadium unsere Vorstellungen, Wünsche und Hoffnungen äußern konnten und daß vieles von dem, was wir angeregt haben, auch in die Tat umgesetzt worden ist. Ich möchte die Gelegenheit nutzen, ein paar kurze Worte zu unserer künftigen Kindergartenarbeit zu sagen. Sie richten sich nicht nur an die Eltern, die heute zum ersten Mal hiersind, weil ihnen nun endlich der langersehnte Kindergartenplatz zur Verfügung gestellt werden kann. Sie richten sich auch an jene, die schon den alten Kindergarten kennen, aber oft mit uns gedacht haben, daß bessere räumliche Verhältnisse auch ein intensiveres Angebot erlauben.

Vorschulische Erziehung, wie wir sie verstehen und wie wir sie in diesem neuen, schönen Haus umsetzen wollen, muß eine ganzheitliche Erziehung sein, eine gezielte und bewußte Förderung kindgerechten Verhaltens. Diese Förderung geschieht in verschiedenen Lernbereichen. Sie sehen an der sorgfältig ausgewählten Einrichtung im Innern unseres Hauses, aber auch an den großzügigen Außenanlagen und der überdachten Spielhalle, daß wir dem sogenannten Freispiel viel Zeit und großen Platz einräumen wollen, weil gerade hier Ihr Kind Gelegenheit hat, sich erst einmal „auszuspielen". Hier erfährt und bewältigt es seine Umwelt, hier wächst es in die soziale Wirklichkeit hinein, übt verschiedene Fähigkeiten, Ausdauer und Konzentration. Gemütswerte werden freigelegt und gestärkt, die Phantasie wird entwikkelt. Die Förderung der sozialen Fähigkeiten unserer drei- bis sechsjährigen Kinder erfolgt in altersgemischten Gruppen, mit altersspezifischen Angeboten.

Der sozialen Erziehung muß eine ebenso hohe Bedeutung wie der geistigen Förderung beigemessen werden. Eine bewußt einseitige Förderung geistiger Einzelfähigkeit führt letztendlich zur Verkümmerung der Gesamtpersönlichkeit. Sozialerziehung in diesem Sinne heißt Erziehung zur Gemeinschaftstüchtigkeit, zu bewußtem sozialen Verhalten. Das heißt, bereits im Kindergarten müssen alle Grundlagen geschaffen werden, die den Kindern später ein menschen würdiges, demokratisches und soziales Leben in einer vielschichtigen Gesellschaft ermöglichen. Einer der wichtigsten Lehr- und Lernbereiche ist die Erziehung zur Selbständigkeit. Nur durch eine selbsttätige und selbständige Auseinandersetzung mit einem Stoff, mit einer Sache, durch Beobachten oder durch Fragen werden dem Kind die Dinge vertraut. Die Freude wird geweckt und führt zu Selbständigkeit im Denken und Handeln. Selbstvertrauen und Selbstverantwortung werden gestärkt.

In unseren Intensivräumen wird es besser als bisher möglich sein, die Sprache, die Sprechlust und die Ausdrucksfähigkeit der Kinder zu wecken und zu fördern. Darstellende Spiele, gemeinsames Erzählen und Gesprächeführen, den Kindern in kleinen Gruppen freie Äußerungsmöglichkeiten einräumen – dies alles wird durch die neuen Räumlichkeiten besser als bisher gefördert werden können. Auch die Förderung der Kreativität Ihres Kindes, die Entwicklung seines Interesses an sich und seiner Umwelt wird durch das großzügige Raum- und Materialangebot verstärkt. Ihr Kind kann besser als vorher beim Experimentieren und im bildnerischen Gestalten seine Vorstellungen und Absichten mit Hilfe verschiedener Materialien und Arbeitstechniken verwirklichen. Im neu eingerichteten Turnraum und im gut ausgestatteten Musikzimmer können künftig durch Gymnastik, Tanzspiel und Rhythmik die Grob- und Feinmotorik der Kinder weiterentwickelt werden. Zunehmende Geschicklichkeit hier trägt auch entscheidend zur Stärkung des Selbstvertrauens bei.

Auch der Ausbau separater Garderoben und Toilettenräume trägt bei zur Entwicklung der Selbständigkeit Ihrer Kinder: Das An- und Ausziehen und die Sorge für den eigenen Körper in gesundheitlicher und hygienischer Hinsicht werden in diesem neuen Kindergarten den Kleinen besser nähergebracht werden können.

Ich habe einige dieser Gesichtspunkte hier nur angerissen. Wir werden künftig Wochen-, Monats- und Jahrespläne für alle Lernbereiche erarbeiten und Ihnen, den Eltern, vortragen und erläutern. Wir wollen Sie mehr als bisher in unsere Arbeit mit einbeziehen und deshalb regelmäßig Elternabende veranstalten. Die von Ihnen gewählten Elternbeiräte haben die Möglichkeit, außerhalb der Elternabende eine ständige und gute Verbindung zwischen Elternhaus und Kindergarten sicherzustellen. Ich lade Sie nun zu einem Rundgang und zu einer Besichtigung aller Einrichtungen ein. Wir hoffen alle sehr, daß Sie auch später recht häufig unseren – Ihren – Kindergarten besuchen werden.

Einweihung eines Schwimmbades in einer kleinen Gemeinde

Liebe Mitbürger!
Verehrte Ehrengäste!
Sehr geehrter Herr Landrat!

Der Bürgermeister spricht

Dieser Tag ist für unsere Gemeinde sehr bedeutungsvoll. Wir haben verwirklicht, was seit Jahrzehnten unser großer Wunsch war: das kleine Waldschwimmbad. Nun ist es fertig.

Wir haben Dank zu sagen für die großzügige Unterstützung durch den Kreis. Ich möchte aber zugleich auch allen Mitbürgern sehr, sehr herzlich danken, die in ihren freien Stunden die Ausschachtungsarbeiten und die Herrichtung der Außenanlage unentgeltlich ausgeführt haben. Unser kleines Schwimmbad ist so der sichtbare Beweis für den Gemeinschaftssinn unserer Bürger. Wenn wir damit eine gestärkte Gesundheit und größere Lebensfreude für die Menschen in unserer Gemeinde und für unsere Gäste erreichen können, wird das für uns alle ein zwar unausgesprochener, aber stets sichtbarer und fühlbarer Ausdruck der Anerkennung sein.

Ich sehe, die Jungen und Mädchen unserer Schule stehen am Rand des Schwimmbeckens bereit, einen kleinen Wettkampf auszutragen. Sie wollen uns damit zeigen, wie lange und sehnsüchtig sie auf dieses Bad gewartet haben. Ich möchte nochmals allen Beteiligten danken und nun unseren Herrn Direktor ... bitten, das Startzeichen für den Wettkampf zu geben.

Einweihung eines Krankenhauses

Meine sehr verehrten Damen und Herren!

Der Bürgermeister spricht

Langer Verhandlungen mit Kreis und Land hat es bedurft, bis wir die Planung und Durchführung unseres neuen Krankenhauses durchgesetzt hatten. Letztlich hat jedoch die Einsicht gesiegt, daß das alte Haus unpraktisch, zu klein und in der Unterhaltung zu teuer, der Verweis unserer kranken Mitbürger auf umliegende Krankenhäuser dagegen vom medizinischen Standpunkt aus kaum zu rechtfertigen war. Heute dürfen wir mit Befriedigung feststellen, daß wir eine der vordringlichsten Aufgaben unserer Gemeinde mit Erfolg gelöst haben. Das gibt mir Veranlassung dazu, allen, die daran beteiligt waren, meinen besonderen Dank auszusprechen. Dank an dieser Stelle auch unseren Ärzten und unserem Pflegepersonal, die in der Zwischenzeit, bis zur Fertigstellung dieses neuen Hauses, mit viel Geduld, großer Einsatzfreude und bereits bekannter Improvisationskunst die medizinische Versorgung unserer Bevölkerung im alten Haus noch aufrechterhalten haben. Nehmen Sie die gemeinsamen Anstrengungen unserer Gemeinde, des Kreises und des Landes zur Errichtung dieses neuen Hauses als Anerkennung für Ihre bisher geleistete Arbeit entgegen. Ich übergebe Ihnen daher heute, Frau Dr. ... (Chefärztin des Krankenhauses) den Schlüssel für unser neues Krankenhaus. Wir tun dies in der beruhigenden Gewißheit, hier immer dann Hilfe zu finden, wenn wir sie benötigen.

Feste der Gemeinde, Ausstellungseröffnungen

Eine Gemeinde wird fünfhundert Jahre alt

Sehr geehrter Herr Landrat!
Liebe Mitbürgerinnen und Mitbürger!

Wir feiern heute das 500jährige Bestehen unseres Städtchens. Das heißt, wahrscheinlich reicht unsere Geschichte ja noch viel weiter zurück. Aber trotz aller Vermutungen und mehr oder minder verdeckten Hinweisen gibt es halt keine gesicherten urkundlichen Eintragungen. Deshalb gilt die Eintragung des Weilers Rohrbach in die Schenkungsurkunde des Klosters Fischbach als Geburtsstunde unserer Gemeinde. Vielleicht gelingt es eines Tages dem Chronisten Zufall nachzuweisen, daß wir heute gewissermaßen mit unserem Alter kokettiert, daß wir – wer weiß – vielleicht ein paar Jahrzehnte oder gar Jahrhunderte unseres Alters einfach unterschlagen haben.

Aber bis dahin zählen wir wie gewohnt weiter. Allein, 500 Jahre in einem kurzen Vortrag nachzuzeichnen ist ganz und gar unmöglich. Wer Interesse hat, darüber nachzulesen, kann es in unserer Festchronik tun, die Herr ... in dankenswerter Weise zusammengetragen hat. Es ist ganz gewiß eine lohnende und überdies spannende Lektüre.

Gewiß geht es uns heute sehr viel besser als den Menschen der vergangenen Jahrhunderte. Sind wir aber deshalb glücklicher, zufriedener, freier, unabhängiger? Gibt es heute für den einzelnen weniger Probleme und Belastungen als früher, oder sind es nur andere Probleme, die aber nicht weniger gespürt oder als geringer empfunden werden? Die Angst vor innerer und äußerer Bedrohung und Gefahr ist geblieben, oder die Sorgen um den Arbeitsplatz, um das Schicksal geliebter und vertrauter Menschen. Heute sind es nicht mehr die fremden Heere vor der Stadt oder die ausbeuterischen kleinen und großen Herrscher und Fürsten, die Seuchen und

Naturkatastrophen, die den Menschen ängstigen. Dafür geht es heute um eine saubere Umwelt, genießbares Wasser, Lebensmittel und eine Luft, die sich noch atmen läßt. Es geht um sterbende Flüsse, Seen, Wälder, um Tiere und Pflanzen, die keinen natürlichen Lebensraum mehr finden. Unsere Vorfahren konnten viele der drohenden Gefahren noch sehen, hören, riechen und fühlen. Die uns heute bedrohenden Gefahren sind oft unsichtbar, lautlos und ohne Geruch. Aber ihre Auswirkungen kommen genauso unmittelbar, unwiderruflich, grausam und manchmal unausweichlich. Viele der früheren Gefahren haben die Menschen damals gemeistert, weil sie zusammenstanden und gemeinsam dagegen ankämpften. Viele der heutigen Gefahren sind erst dadurch entstanden, daß Wohlstand und Fortschritt die Menschen in die Isolation getrieben haben. Viele müssen erst wieder lernen, miteinander zu reden und sich gegenseitig zu helfen.

Vielleicht kann ein solches Jubiläum ein wenig dazu beitragen, den Geist der Gemeinsamkeit wieder wachzurufen. Eine solch lange Tradition einer kleinen Gemeinde wäre nicht möglich gewesen, wenn ihre Bürger nicht Gemeinsinn vor Eigennutz gestellt hätten, vor allem dann, wenn Gefahr für das Gemeinwohl drohte.

Wer die Augen nicht verschließen will vor den Problemen unserer Tage, sollte wissen, daß es an der Zeit ist, sich dieser alten Tugenden wieder zu erinnern. Nur dann wird es uns gelingen, wieder jene Freiräume zu schaffen, die nachfolgende Generationen selbstverantwortlich ausfüllen können. Diese Verpflichtung haben uns unsere Vorfahren in fünf Jahrhunderten vorgelebt und auferlegt. Wir wollen und dürfen uns ihr nicht entziehen.

Erntefest

Sehr geehrte Damen und Herren!

Rede des Bürgermeisters

Wer in den letzten Tagen Gelegenheit hatte, durch die Äcker und Felder zu gehen, konnte feststellen, mit welchem Fleiß die Bauern und ihre Helfer dabei waren, die

Frucht einzubringen. Wohin man auch sah, überall Menschen, die hart arbeiteten, um die Ernte von den Feldern zu holen, sie gleich zu verarbeiten oder so, wie sie war, nach Hause auf den Hof zu schaffen. Schon früh morgens fuhren die Wagen durch unsere Straßen, und abends, wenn andere die Arbeit des Tages schon lange hinter sich hatten, kamen sie zurück. Sie alle wissen, daß das Wetter nicht immer das allerbeste war. Aber dennoch: Unsere Felder sind abgeerntet, die Ernte ist unter Dach und Fach, und wir können in aller Ruhe für den nicht mehr allzu fernen Winter vorsorgen.

Schon als Kind empfand ich es als beruhigend, wenn meine Eltern nach der Ernte davon sprachen, jetzt könne es getrost Winter werden. Es schien, als sei die Spannung von den Menschen genommen, unter der sie während der Wochen vor und bei der Ernte standen. Die Gesichter waren weniger hart, die Menschen sprachen wieder mehr, und sie waren wieder fröhlich. Was wir als Kinder nur dunkel empfunden haben, können wir heute als Erwachsene wohl verstehen. Auf den Schultern unserer Bauern lastet in dieser Jahreszeit eine große Verantwortung. Sie betrifft nicht nur ihr eigenes Wohl und das ihrer Familie, sie betrifft das Wohl der gesamten Bevölkerung. Denn von ihnen hängt es ab, ob wir alle ausreichend und preiswert mit einwandfreien Nahrungsmitteln versorgt werden können. Sie arbeiten dafür, daß Millionen von Menschen in dem gleichen Gefühl der Sicherheit auf die kalte, unfruchtbare Jahreszeit warten können wie sie selbst. Ihre Arbeit und ihr Fleiß stellen sicher, daß wir ohne Sorge warten können, bis die Natur uns erneut die Früchte unserer Äcker und Gärten bereithält.

Meine Damen und Herren, es fällt uns wohl nicht schwer, in Anbetracht dieser großen Aufgaben den Ernst zu verstehen, der uns während der letzten Zeit in den Gesichtern unserer Landwirte auffiel. Es ist eine schwere Arbeit, die Ernte einzubringen. Wer selbst einmal dabei mitgeholfen hat, der weiß, wie müde man am Abend ist. Der weiß auch, daß einem nicht der Kopf danach steht, Feste zu feiern und ausgelassen und lustig zu sein. Denn am nächsten Tag geht es weiter: Wieder braucht man Kraft und Ausdauer, wieder verlangt der Ernteeinsatz den ganzen Menschen.

Dann kommt jedoch der Tag, an dem es geschafft ist. An diesem Tag darf der Bauer stolz und zufrieden auf seine Äcker schauen. Er hat den großen Kreis des Jahres geschlossen, indem er das geerntet hat, was er zuvor säte. Jener Kreis, der im Frühjahr begann und der sich über den Sommer bis hinein in diese Jahreszeit erstreckt, ist aber nicht nur ein Zeichen für die wunderbare Arbeit von Erde, Luft, Sonne und Regen, er ist gleichfalls ein Beweis für die harte Arbeit unserer Bauern. Wo sollte die Frucht herkommen, wenn sie nicht die Felder bestellt und gesät hätten? Wie hätte sie gedeihen können, wenn sie sie nicht gepflegt hätten? Und wie könnte sie jetzt in den trockenen Scheunen liegen, wenn die Hände des Bauern sie nicht geerntet hätten?

Haben sie nicht allen Grund, zufrieden zu sein? Dürfen sie diesen Tag nicht in der freudigen Gewißheit begehen, daß es ihr Ehrentag ist? Erntefest bedeutet schon seit Jahrtausenden den Dank des Menschen an die Natur. Es bedeutet aber gleichzeitig den Dank an diejenigen, die das Werk der Natur vollendet und für uns alle nutzbar gemacht haben.

Diesen zweifachen Dank wollen auch wir heute abstatten, indem wir unserer Freude darüber Ausdruck verleihen, daß diese alljährliche Arbeit wieder einmal beendet ist. Freude, das heißt, wir wollen gemeinsam mit denen, für die dieser Tag heute ein Ehrentag ist, in geselliger Runde zusammensein. Wir wollen tanzen, lachen und fröhlich sein. Darüber wollen wir aber nicht vergessen, daß wir alle dem Dank schuldig sind, der unseren Feldern Jahr für Jahr Fruchtbarkeit verleiht.

Eröffnung des Erntedankfestes

Liebe … (hier kann der Ortsname in der Anrede verwendet werden, zum Beispiel in der Gemeinde Sachsenhausen: „Liebe Sachsenhausener!“)

Rede eines ansässigen Landwirts

Der Anlaß unseres Festes ist der Erntedank. Wir haben in diesem Jahr wirklich Dank zu sagen. Was die Felder und Gärten uns brachten, ist mehr als in den vergangenen

Jahren. Der Herr Pfarrer hat heute morgen schon in zu Herzen gehenden Worten während des Erntedankgottesdienstes unseren Dank an Gott abgestattet. Ich möchte unserem Herrn Pfarrer für seine Worte sehr herzlich danken.

Die Früchte, die heute morgen vor dem Altar aufgebaut waren und die symbolisch unseren Dank ausdrücken sollten, sprechen eine beredte Sprache. Nun wollen wir uns gemeinsam über die Ernte freuen. Aber wir wollen dabei auch nicht übermütig werden. Nicht jedes Jahr bringt eine so reiche Ernte, und wir sollten an künftige Zeiten denken.

So möchte ich alle Anwesenden bitten, unter diesem Gesichtspunkt das heutige Fest zu begehen. Wir wollen dankbar sein, wollen uns vor Augen halten, daß auch von unserem persönlichen Arbeitseinsatz und einer vernünftigen Feldbestellung viel abhängt.

Und nun, um die Rede nicht allzu ernst ausklingen zu lassen: Sie alle sehen hier neben dem improvisierten Rednerpult einen dicken Sack, in welchem sich allerlei Früchte, die von den Äckern unseres Landes stammen, befinden. Wir wollen nachher, während der Pause, diesen Sack versteigern. Der Erlös soll den alten Menschen unseres Dorfes zugute kommen.

Jetzt wollen wir zum gemütlichen Teil übergehen. Unser bewährtes Orchester unter der Leitung von ... wird uns dabei gewiß alle Möglichkeiten dafür bieten, daß wir uns gut unterhalten.

Weinfest

Meine lieben Gäste!

Der Bürgermeister spricht

In Griechenland gibt es heute noch unter den Landbewohnern den Brauch, den letzten Schluck Wein im Glase nicht zu trinken, sondern auf die Erde zu schütten. Man drückt damit zweierlei aus: Einmal gilt es als Dank an die Erde, die dem Menschen den Wein geschenkt hat, und zum anderen ist es die Bitte an sie, auch im kommenden Jahr die Früchte der Reben gedeihen zu lassen.

Wenn dieser Brauch auch bei uns nicht bekannt ist, so hat uns dieses Jahr Dionysos dennoch nicht im Stich gelassen. Der Gott des Weines und der weinseligen Freude ist, das glaube ich in Ihrer aller Namen sagen zu dürfen, für uns einer der sympathischsten unter den Göttern des Olymp. Welchem Gott hätte man je so viele Lieder gesungen? Wen hätte man jemals so oft gezeichnet, gemalt und in Stein gehauen? Seit mehr als 2000 Jahren vertrauen Weinbauern und Weintrinker in der ganzen Welt auf die Kunst des Gottes Dionysos. Sie schätzen ihn, dessen verschmitztes Lachen zu allen Zeiten etwas von der Freude verriet, die er zu geben vermag.

Freude, das bedeutet nicht Rausch und nicht bewußtloses Wanken und Schwanken durch eine sich drehende Welt. Freude heißt Abstand gewinnen von den Sorgen und Problemen des Alltags. Es heißt Loslösen von den Dingen, die uns den Tag über bedrängen, weiterhetzen und unruhig machen.

„Der Wein erfreut des Menschen Herz", dieser Satz aus dem 104. Psalm sagt uns ganz klar, was wir unter jener Freude zu verstehen haben, die uns der Wein vermitteln kann. Er wird sie uns aber nur dann schenken, wenn wir verstehen, ihn zu genießen. Wer ihn trinkt wie Wasser und Bier, dem wird er niemals seinen ganzen Zauber offenbaren. Es ist so, als ob sich Dionysos von diesen Menschen abwenden und sein köstliches Geschenk in ein Teufelsgetränk umwandeln würde, das den Frevlern einen dicken Kopf und Katzenjammer beschert.

Wer im Weine lediglich ein wohlschmeckendes Getränk sieht, mit dem er seinen Durst löschen kann, der verdient es nicht anders, als dafür bestraft zu werden. Und diese Strafe kann, wie gesagt, eine sehr harte und sehr eindrucksvolle sein.

Hier in unserer engeren Heimat, meine Damen und Herren, wird der Mensch eigentlich mit dem Saft der Reben großgezogen. Der Wein gehört zu uns wie zum Münchner das Bier und zum Norddeutschen der Schnaps. Ich glaube jedoch, wir haben von allen das beste Los gezogen. Das Bier wächst nirgends. Es wird in Fabriken hergestellt, ohne daß derjenige, der es einmal trinken wird, am Entstehungsprozeß beteiligt wäre. Es fehlt ihm also im Grunde die ganz persönliche Beziehung zu seinem Lieblingsgetränk. Nicht anders ist es mit dem Schnaps. Wir aber leben inmitten unserer Weinberge, von unserer frühesten Jugend an bis in unsere alten Tage. Jahr für Jahr erleben wir, wie an den Hängen die Trauben reifen und voll werden, wie wir selbst und unsere Nachbarn hinaufsteigen, um sie zu lesen, und wie sie heruntergebracht und gekeltert werden. Wir sind dabei, wenn man voll Erwartung die erste Probe nimmt. Unser Leben ist ein Leben mit dem Wein, für den Wein und von dem Wein. Er ist unser ständiger Begleiter und, wie viele Ärzte sagen, auch in vielen Fällen unser Beschützer. Der freundliche Gott mit dem Rebenkranz im Haar hat uns dazu ausersehen, sein Geschenk an die Menschheit zu verwalten, zu pflegen und weiterzureichen an all diejenigen, denen es gefällt. Dieser Tag, der dem Wein und den durch ihn hervorgerufenen Freuden geweiht ist, ist gleichzeitig der Ehrentag des Weingottes.

Lassen Sie uns ihm dafür dankbar sein, daß er auch in diesem Jahr unsere Reben wieder reif, voll und süß hat werden lassen.

Darum lassen Sie uns den Weingott nicht enttäuschen: Begehen wir diesen Tag, wie unsere Vorfahren ihn schon seit Jahrhunderten begingen, froh und dankbar, weil sie etwas hatten, das ihr Herz erfreute: den herrlichen Wein.

Eröffnung der Kirmes

Liebe Festgäste!

Der Bürgermeister spricht

Wieder einmal ist der Tag gekommen, an dem wir unsere Kirmes feiern. Und wieder einmal obliegt es mir als Ihrem Bürgermeister, dieses alljährliche Gemeindefest zu eröffnen. Sie dürfen mir glauben, daß es das ganze Jahr über kaum einen Anlaß gibt, zu dem ich so gerne zu Ihnen spreche, wie diesen. Es ist jedesmal ein schöner Augenblick, wenn man den Menschen auffordern darf, sich zu freuen. Leider bleibt es Ihrer Gemeindeverwaltung und damit auch mir nicht erspart, Ihnen öfter weniger angenehme Mitteilungen machen zu müssen. Darum freut es mich ganz besonders, hin und wieder die Gelegenheit zu bekommen, Ihnen etwas Erfreuliches sagen zu können. Solch eine Gelegenheit bietet unsere Kirmes.

Nicht ohne Grund erfreut sie sich in unserer Gegend großer Beliebtheit. Es scheint, als ob die Fröhlichkeit bei uns noch viel höhere Wellen schlagen würde als anderswo. Und es scheint auch, daß es Petrus gerade mit uns ganz besonders gut meint. Anscheinend ist auch im Himmel die Fröhlichkeit der Menschen eine gerngesehene Sache, denn anders kann ich mir dieses wunderbare Wetter kaum erklären. Jedenfalls haben wir allen Grund, dafür dankbar zu sein.

Es freut mich ganz besonders, daß sich auch in diesem Jahr der ...-Verein und der ...-Club wieder bereit erklärt haben, uns dieses Volksfest mit einigen besonderen Darbietungen zu verschönen. Ich finde, es ist ein sicheres Zeichen für den guten Geist innerhalb einer Gemeinde, wenn die einzelnen Vereine ihren Teil zum Gelingen eines solchen Festes beitragen. Sie erarbeiten sich an ihren Übungs- und Trainingsabenden auf ihrem Gebiet ein beachtliches Können, das selbstverständlich die ganze Gemeinde interessiert. Schließlich sind es Menschen aus unserer Mitte, die an der sportlichen und kulturellen Gestaltung des Gemeindelebens tatkräftig mitarbeiten. Dafür gebührt ihnen Dank und Anerkennung. Ich bitte Sie daher alle, den betreffenden Veranstaltungen aufmerksam zu folgen und nicht mit Ihrem Beifall zu sparen.

Doch wollen wir über all diesen Dingen nicht jenen Anlaß vergessen, dem wir dieses alljährliche Fest verdanken.

Unsere altehrwürdige ...-Kirche (Name des Schutzheiligen) wurde heute vor ... Jahren eingeweiht. Ihre Geschichte ist Ihnen sicherlich hinreichend bekannt, so daß ich nicht näher darauf einzugehen brauche. Der Tag der Kirchweih ist das alljährliche Erinnerungsfest an jene Einweihung. Allerdings hat er im Laufe der Jahre eine Wandlung erfahren und ist zu einem Volksfest geworden.

Wir haben uns bemüht, alles zu einem guten Gelingen unseres Volksfestes beizutragen. Alle Schätze aus Küche und

Keller stehen zu Ihrer Verfügung. Machen Sie regen Gebrauch davon. Das Orchester unseres bekannten Musikvereins wird zum Tanze aufspielen, wie gewohnt unter der bewährten Stabführung seines Dirigenten, Herrn ... Wie in jedem Jahr wird auch heute ein Hammel „ausgetanzt". Wir sind schon gespannt, wer diesmal der Gewinner des ...er (Name des Ortes) Hammeltanzes wird. Wir hoffen auf rege Beteiligung. Dieses Volksfest wollen wir heute beginnen. Die Voraussetzungen sind günstig, sowohl die notwendigen flüssigen als auch alle anderen. Der allgemeinen Fröhlichkeit steht also nichts mehr im Wege als eine winzige Kleinigkeit, die ich jedoch schnell beheben möchte: Ich eröffne hiermit unsere diesjährige Kirmes und wünsche ihr einen guten Verlauf. Ihnen wünsche ich von Herzen recht viel Freude und gute Laune!

Straßenfest

Liebe Nachbarn!

Einer der Initiatoren spricht

Eigentlich fing alles beim Bäcker an. Wir unterhielten uns mit den neuen Nachbarn, der Familie ..., die mit der Errichtung ihres Hauses die letzte Baulücke in unserer Straße geschlossen hat. Plötzlich kam einer – ich weiß gar nicht mehr, wer es war – auf die Idee, ob wir uns nicht einmal alle zusammen treffen sollten, und zwar da, wo wir alle wohnen, in unserer Straße. Ein richtiges Straßenfest mit Essen, Trinken und Tanzen, für Kind und Kegel, zum Kennenlernen, zum Unterhalten. Von der ersten Idee bis zum heutigen Fest sind noch keine zwei Wochen vergangen. Zwei Wochen, in denen alle mitgeholfen haben. Mancher Organisationschef in Betrieb und Verwaltung könnte vor Neid erblassen, so reibungslos hat alles geklappt. Auch viele ungeahnte Hobbys und Talente kamen zum Vorschein. Wußten Sie eigentlich, daß sich seit nunmehr fünf Jahren die ... und ... jede Woche mit ihren Kindern zur Folkloremusik treffen und daß sie schon auf mancher Veranstaltung außerhalb unserer Stadt tolle Erfolge erzielt haben? Oder wußten

Sie, daß Herr ... Sandsteintröge sammelt und daß der jetzt – aber leider nur heute abend – gefüllte und als Brunnen genutzte Trog die alte Futterkrippe des im 18. Jahrhundert ausgebrannten ...-Hofes ist? Oder daß Frau und Herr ... begeisterte Hobbyköche sind, wie sie uns gleich anschließend an unserer Grillstation beweisen wollen? Oder daß Frau ... als Hobbymalerin zusammen mit unseren Kindern in den vergangenen Tagen dieses wunderschöne Pflasterbild entworfen und heute morgen gemalt hat?

Diese Beispiele lassen sich beliebig fortsetzen. Wir haben festgestellt, wo es preiswerte Einkaufstips für uns alle gibt, weil jeder eine Quelle wußte, wo es besonders preiswert Bier, Wein, Wurst oder Brötchen gab, die wir heute abend hier servieren. Sie sehen, was wir in den letzten zwei Wochen alles Neues über uns und andere dazugelernt haben, obwohl wir immer meinten, den Nachbarn doch schon gut zu kennen. Wir haben uns in diesen wenigen Tagen des gemeinsamen Organisierens alle ein wenig besser kennengelernt. Dies soll auch in Zukunft so weitergehen. Ich kann Ihnen heute nämlich schon versprechen, daß es nicht bei diesem einen Fest in unserer Straße bleiben wird. Alle, die bei der Vorbereitung geholfen haben, haben die anderen so angesteckt, daß sie heute schon darauf brennen, beim nächsten Mal mitzuhelfen. Dies soll auch so sein. Nun bleibt mir eigentlich nur noch übrig, uns allen ein paar nette und unterhaltsame Stunden mit den Nachbarn in unserer Straße zu wünschen. Viel Spaß und auf gute Nachbarschaft.

Rede anläßlich der Eröffnung einer Landwirtschaftsausstellung

Sehr geehrter Herr Landrat!
Sehr geehrter Herr Bürgermeister!
Meine Damen und Herren!

Seit unserer letzten landwirtschaftlichen Ausstellung hier in ... sind beinahe vier Jahre vergangen. Wenn wir heute wiederum eine solche Ausstellung eröffnen, so aus zwei Gründen: einmal, um den Landwirt mit Neuheiten auf dem

Gebiet der Arbeitsmaschinen und -geräte vertraut zu machen und ihm die neuesten Forschungsergebnisse der Düngemittelindustrie vorzustellen. Zum anderen wollen wir der Bevölkerung einen Einblick in die landwirtschaftliche Produktionsweise geben und ihr auf diese Weise gleichzeitig deren Produkte näherbringen.

Während der vergangenen Jahre hat die technische Entwicklung nicht stillgestanden, und wir können daher heute feststellen, daß wiederum eine beachtliche Anzahl neuer oder verbesserter landwirtschaftlicher Maschinen und Geräte auf den Markt gekommen ist. Diese Neuheiten stellen eine spürbare Erleichterung der landwirtschaftlichen Arbeitsbedingungen dar, wenn sie richtig und sachgemäß angewandt werden. Die volle Ausnutzung dieser Möglichkeiten ist eine der Grundvoraussetzungen dafür, daß wir innerhalb der EU konkurrenzfähig sind. Es darf dabei nicht vergessen werden, daß solche Neuerungen nicht nur eine Vergrößerung des Ertrages bewirken können, sondern gleichzeitig eine Entlastung des immer noch hart arbeitenden Landwirts herbeiführen sollen. Diese Tatsache aber kann und wird wiederum dazu beitragen, daß der bedenklich angestiegene Mangel an landwirtschaftlichen Arbeitskräften wieder auf ein erträgliches Maß zurückgeht. Was die Erfolge auf dem Gebiet der Düngemittelforschung betrifft, so darf man auch hier mit einigem Recht davon sprechen, daß weitere Fortschritte erzielt wurden. Ich hoffe, daß unsere Besucher die Gelegenheit wahrnehmen werden, um sich auch auf diesem wichtigen Gebiet über den neuesten Stand zu informieren und beraten zu lassen.

Nun noch etwas zu der kleinen Sonderschau der pflanzlichen und tierischen Produkte unserer engeren Heimat. Wir verfolgen damit die Absicht, dem Besucher einen möglichst umfassenden Einblick in die beachtliche Güte und Qualität dieser Erzeugnisse zu vermitteln. Ich bin der festen Überzeugung, daß zu einer Zeit des ständig steigenden Angebotes aus dem Ausland auch der Nicht-Landwirt ein wachsendes Interesse daran hat, über die mögliche und tatsächliche Leistungsfähigkeit der deutschen Landwirtschaft orientiert zu werden. Wir alle wissen, daß gerade auf dem Gebiet der

Leistungsfähigkeit noch manches zu ändern und zu verbessern ist. Ich glaube jedoch, daß dies nur dann möglich sein wird, wenn die Bevölkerung auf Grund sachlicher Information bereit ist, sich voll und ganz hinter ihre heimische Landwirtschaft zu stellen, wenn sie begriffen hat, daß die Sache dieses wichtigen Wirtschaftszweiges auch heute noch, vielleicht sogar gerade heute, ihre eigene Sache ist.

Diesem Ziel ein Stück näherzukommen, das Gefühl für Probleme und Aufgaben auf breiter Ebene zu wecken, ist die wohl vornehmste Aufgabe dieser Ausstellung, die ich hiermit eröffne und der ich gleichzeitig einen vollen Erfolg wünsche.

Eröffnung einer Kunstausstellung

Meine sehr verehrten Damen und Herren!

Ein Vertreter der Stadt spricht

Diese Ausstellung hat einen doppelten Sinn: Wir haben es uns zur Aufgabe gemacht, jungen heimischen, zum Teil noch unbekannten Künstlern Gelegenheit zu geben, ihre Werke der breiten Öffentlichkeit vorzuführen. Gleichzeitig sollen die Besucher mit den Künstlern diskutieren und auch die Möglichkeit des Ankaufs der ausgestellten Werke nutzen können.

Die Mäzene vergangener Jahrhunderte sind in unserer Zeit selten geworden. Diejenigen, die in der Lage wären, größere Mittel für den Ankauf eines Kunstwerkes auszugeben, legen oft, aus falsch verstandener Repräsentation und Eitelkeit, Wert darauf, ihre Räume mit den Bildern und Plastiken auswärtiger Künstler zu schmücken oder sich in dem Glanz bekannter Namen zu sonnen. Wie aber steht es mit den Werken junger, unbekannter Künstler? Daß nicht jedes Werk eines zeitgenössischen Künstlers des hohen Ruhms der Unsterblichkeit teilhaftig werden kann, ist selbstverständlich, dennoch ist es ungerecht, den Werken noch unbekannter Künstler keine Beachtung schenken zu wollen. Es wäre sicherlich schon viel gewonnen, wenn sich der Betrachter von Kunstwerken lebender Künstler nicht nur von seinem legitimen Recht der Kritik leiten ließe, sondern sich beim Betrachten dieser Arbeiten bewußt würde, daß der Schöpfer dieser Werke häufig ein Zeitgenosse ist, der nicht nur des guten Zuspruchs, sondern auch der finanziellen Unterstützung bedarf. Dies sollte von allen Besuchern unserer Ausstellung nicht unbeachtet bleiben. Es herrscht in weiten Kreisen noch immer die Meinung vor, daß es an dem Künstler sei, sich zu Dank verpflichtet zu fühlen, wenn er durch eine kunstverständige Jury mit der Ausstellung seiner Werke gewürdigt wird. Daß auch er, wie alle anderen Mitglieder unserer Gesellschaft, einen Teil seiner Zeit damit verbringen muß, die zu seiner Existenz notwendige Beschaffung materieller Güter sicherzustellen, ist keineswegs allgemein bekannt. Man hält es oft für ausreichend, den Künstler allein mit der Ehre zu honorieren. Der wahre Kunstfreund wird sich immer wünschen, in einer Ausstellung wie dieser das Fest des primären Genießens erleben zu können. Aber sollen nun die Werke, die hier ihre eigentliche Geburtsstunde erleben, verurteilt sein, weiter dahinzudämmern? Der Erfolg, der einem jungen, noch unbekannten Künstler nicht nur durch die Betrachtung seiner Werke und der Zuneigung zu ihnen zuteil wird, sondern sich auch in materiellen Werten ausdrücken muß, kann die Grundlage sein für dessen spätere Reife und vollendete Meisterschaft.

Daher appelliere ich nicht nur an die Kunstfreunde unserer Stadt, sondern an alle Besucher unserer Ausstellung, unseren heimischen Künstlern nicht nur Beachtung, Kritik oder Wohlwollen zu schenken, sondern bei der Betrachtung dieser Werke auch der Überlegung Raum zu geben, ob nicht das eine oder andere Kunstwerk geeignet erscheint, zur Verschönerung der Wohnung und zur Erbauung daheim beizutragen.

Ich eröffne somit die heutige Ausstellung in der Hoffnung, daß die ausgestellten Werke nicht nur Beachtung finden, sondern daß sie auch zum weiteren wesentlichen Erfolg für unsere Kunstschaffenden führen mögen.

Eröffnung einer Kunstausstellung

Meine sehr verehrten Damen und Herren!

Ein junger Maler spricht

Die heutige Ausstellung soll uns heimischen Künstlern Gelegenheit geben, einem größeren Kreis Kunstsachverständiger und Laien Einblick in unser Schaffen zu geben und unsere Werke der breiten Öffentlichkeit bekannt zu machen.

Kunst ist eine schöpferische Tätigkeit, die Ausdruck ihrer Zeit und somit stetem Wechsel unterworfen ist. Es gab Zeiten, in denen Mäzene und Mächtige es sich angelegen sein ließen, ihr Kunstverständnis darin auszudrücken, die Künstler ihrer Zeit zu unterstützen und an die Höfe zu rufen; damals hatte das Wort von der „heiteren Kunst" vielleicht noch einige Berechtigung. In unserer modernen Gesellschaft jedoch haben sich die Stellung des Künstlers und sein Ansehen in der Öffentlichkeit grundlegend gewandelt. Statt sich wie ehedem verwöhnen zu lassen, tritt der Künstler heute als souveränes Mitglied der Gesellschaft auf und beansprucht für sein Schaffen die ihm gebührende Anerkennung.

Im Zuge dieser Veränderung ist ein anderer Typus in das Gebiet der Kunst eingedrungen, in der nicht mehr der träumende Idealist dominiert. Der Künstler ist nicht nur anspruchsvoller, er ist auch ausdrucksvoller geworden. Er verkörpert sich selbst, stellt seine eigene Kunst dar, statt den Erwartungen einflußreicher Mäzene zu entsprechen. Er will Kunde geben von einer Welt, wie er sie sieht. Es widerstrebt allerdings der Gesellschaft, Unwägbarkeiten als zur Wirklichkeit gehörende Fakten anzuerkennen; sie geht den vom Künstler an sie gestellten Forderungen nach Eindringen in die tieferen Wesensgebiete allzugerne aus dem Wege.

Das ist vielleicht auch der Grund dafür, daß unsere gesellschaftliche Existenz und unsere moderne Ausdrucksweise oft unter einer gewissen Ignoranz und ebensosehr unter einer unsachgemäßen Kritik zu leiden haben. Wenn heute die Grundtendenz unseres Schaffens als ernst zu bezeichnen ist, so kommt darin die in der Massengesellschaft herrschende Grundstimmung zum Ausdruck, ohne gleichzeitig ein

Konformgehen mit den allgemeinen Anschauungen sein zu wollen. Gerade der moderne Künstler zeigt wenig Neigung zu solchem Konformismus. Sein Werk ist heute wie zu allen Zeiten Offenlegung seines inneren Wesens und Erlebens und seines individuellen Denkens. Ist dies auch oft ein Ärgernis für die konventionelle Gesellschaft, so ist es trotzdem Ausdruck unserer Zeit und damit Wesensbestandteil unserer Generation. Der wahre Künstler wagt das Risiko, sich den gesellschaftlichen Konventionen zu widersetzen und sich der Kritik der Allgemeinheit zu stellen. Sein Bestreben ist darauf gerichtet, die Gesellschaft durch sein Werk zu überzeugen und die Zustimmung für sein Anderssein zu gewinnen. Nur wenigen ist es vergönnt, zu Lebzeiten zu Ruhm zu gelangen. Wir verlangen ein anspruchsvolleres Publikum, als es die „Ismen" vergangener Jahrhunderte erwarteten.

Der Künstler übernimmt heute mehr denn je die Funktion eines Dolmetschers. Es würde sicher dem Verständnis für den Wert und die Eigenart des Künstlers dienen, wenn sich jeder einzelne darüber klar wäre, was dazu gehört, ein Künstlerleben zu führen. Das menschliche Leben und Erleben müßten an Erstarrung zugrunde gehen, wenn es sich nicht der Künstler zur Aufgabe gemacht hätte, durch ein Ausloten seiner Gefühle und geistigen Bereiche das menschenmögliche Herabsteigen in noch nicht erfaßte Bezirke, in Räume, die der normalen Sicht nicht so ohne weiteres zugänglich sind, auszudrücken. Wir wissen, daß viele Menschen uns hier nicht folgen wollen. Aber der Versuch, sie aufzurütteln mit der gleichen Rücksichtslosigkeit, mit der der gestaltende Künstler gegen sich selbst vorgehen muß, ist Ziel unserer modernen Kunst.

Mit der heutigen Verleihung des städtischen Kunstpreises soll der Würdigste unter uns eine lokale Ehrung erfahren, die aber gleichzeitig für uns alle ein Ansporn sein soll, auf dem eingeschlagenen Weg weiterzuarbeiten.

Ich spreche hier im Namen aller jungen Künstlerinnen und Künstler unserer Stadt, wenn ich Ihnen, meine Damen und Herren, für das uns und unseren Werken entgegengebrachte Interesse von Herzen danke.

Trauerreden

Trauerrede bei einem größeren Unglück

Fassungslos stehen wir der Katastrophe gegenüber, die über uns hereingebrochen ist. Unsere Herzen sind aufs tiefste erschüttert durch dieses furchtbare Ereignis, dessen beklagenswerte Opfer wir heute zur letzten Ruhe begleiten wollen.

Wir beklagen den Verlust so vieler Menschen, die wir noch vor kurzem gesund und voller Kraft unter uns sahen und die nun (als Opfer der Pflichterfüllung – auf dem Wege zur Arbeit – in den Urlaub) den Tod fanden.

Gestützt auf die Forschungen der Wissenschaft und auf die Lehren der Erfahrung haben wir nach besten Kräften versucht, Einrichtungen zu schaffen, die einen Schutz gegen derartige Katastrophen gewähren. Allem menschlichen Bemühen zum Trotz ist diese Katastrophe passiert, und unsere Ohnmacht drückt uns zu Boden.

Von ganzem Herzen nehmen wir Anteil an dem tiefen Schmerz der Hinterbliebenen, denen das Liebste genommen wurde. Wir stehen erschüttert am Grabe so vieler Hoffnungen, die sich an diese teuren Toten knüpften. Wieviel menschliches Glück, wie viele Pläne und Erwartungen sind wieder einmal unerwartet zerstört worden. In das Dunkel unserer Trauer fällt aber auch ein freundlicher Lichtstrahl. Wir bewundern dankbar die Hilfsbereitschaft der Feuerwehrleute (Katastrophenschutz o.ä.), die alle bereit waren, um das Leben ihrer Nächsten zu kämpfen und ihr eigenes Leben dafür einzusetzen. Viele Menschenleben haben sie auch retten können. Wenn es nicht gelang, allen Hilfe zu bringen, so lag es nicht an ihnen – es war höhere Gewalt.

Vor diesen Särgen wollen wir geloben, das Andenken dieser Toten stets in Ehren zu halten und es ihnen gleichzutun an treuer Pflichterfüllung.

Wir geben das Versprechen ab, daß wir den Hinterbliebenen nach besten Kräften helfen wollen, wenigstens die materiellen Sorgen, in die das Unglück sie gebracht hat, zu lindern. Schließlich soll dieses Unglück uns Ansporn sein, darüber nachzudenken, wie man immer mehr und immer bessere Schutzmaßnahmen ergreifen kann.

Unsere Liebe, unsere Dankbarkeit und unsere Hochachtung währen über das Grab hinaus.

Begräbnis eines verunglückten Schülers

Verehrte Trauergemeinde, liebe Schülerinnen und Schüler! Liebe Eltern, sehr geehrtes Kollegium!

Es spricht der Elternbeirat

Sie alle fühlen, wie schwer es mir fällt, hier zu stehen und für ein so tragisches Geschehen Worte zu finden.

Unser aller Anteilnahme gilt den leidgeprüften Eltern, die ihr einziges Kind, einen Sohn im Alter von vierzehn Jahren, hergeben mußten. Es ist müßig, darüber zu grübeln, worin der Sinn eines solchen frühen Todes liegt, wie man es verstehen soll, daß ein Kind, das sich aus innerer Begeisterung vielleicht unbewußt um Gesundheit und Stärkung des Körpers bemüht, dabei den Tod findet.

Wir nehmen heute Abschied: ihr, die Schulkameraden, die ihr mit ihm jahrelang gemeinsam zur Schule gegangen seid, die Eltern und wir anderen Eltern, deren Kinder mit uns um dies offene Grab stehen. Wir können diesen Tod nicht begreifen, wir können nur ahnen, daß in all dem, was im menschlichen Leben geschieht, ein höherer Sinn waltet, der uns nicht zugänglich ist. Herrn Pfarrer … möchte ich danken, daß er so spontan unmittelbar nach dem schrecklichen Unglück den Eltern zur Seite stand. Auch danke ich Herrn Direktor … für die bewegenden Worte, die er gefunden hat. Uns allen, die wir hier versammelt sind, möge der Tod dieses jungen Menschen Mahnung und Verpflichtung sein, alles zu tun, um künftige Unfälle nach Möglichkeit vermeiden zu helfen.

Lieber …, dein sonniges Gemüt, die unvergeßlichen Spielstunden, die du mit deinen Freunden verbracht hast, werden deinen Freunden und uns immer in Erinnerung bleiben.

Grabrede für eine Elternbeiratsvorsitzende

Verehrte Damen und Herren!
Liebe Schülerinnen und Schüler!

Der Schulleiter spricht

Der Anfang unseres neuen Schuljahres wird von einem erschütternden Ereignis überschattet: Die Vorsitzende unseres Elternbeirates, Frau …, ist am … nach kurzer schwerer Krankheit im Alter von nur … Jahren verstorben. Wir alle wissen, wen wir verloren haben und was das bedeutet. Frau … hat sich mit allen ihren Kräften, trotz starker beruflicher Beanspruchung, für die Verwirklichung des pädagogischen Elternrechts eingesetzt. Sie hat alle Rechte wahrgenommen, die ihr ihre Funktion bot – aber auch alle Pflichten. Sie hat ihr Verantwortungsbewußtsein, das sie für ihre eigenen Kinder besaß, in ein besonderes Engagement für die Kinder an dieser Schule umgesetzt.

Sie war sicher eine jener vorbildlichen Idealistinnen und Idealisten unter den Eltern, ohne die eine Schule Gefahr läuft, als reine Lehranstalt mißverstanden zu werden. Durch ihren entschiedenen, aber stets freundlichen persönlichen Stil hat Frau … die Zusammenarbeit von Lehrern, Eltern und Schülern wesentlich gefördert. Sie hat nie überredet, sondern stets überzeugt. Das hat die Zusammenarbeit an unserer Schule wesentlich verbessert. Dadurch, daß Frau … niemals einseitig den Elternstandpunkt vertrat, sondern die Dinge auch aus der Perspektive von Lehrern und Schülern zu sehen verstand, wurden alle anstehenden Probleme im gegenseitigen Verständnis angegangen und gelöst. Am Ende gab es nie Verlierer, sondern nur Gewinner.

Frau … hat sich auch während einer für unsere Schule besonders kritischen Phase des Umbaus um unsere Schule verdient gemacht; sie hat die Schule ganz entscheidend in ihren Bemühungen unterstützt, ihr altes Gesicht wiederzugewinnen. Wir alle werden Frau … als stets verständnisvolle und engagierte Mitarbeiterin unserer Schule sehr vermissen. In tiefer Anteilnahme fühlen wir mit ihrer Familie.

Beerdigung eines Schulleiters

Hochverehrte Hinterbliebene!
Liebe Trauergemeinde!

Traueransprache des Bürgermeisters

Wieder einmal hat der Tod einen Mann aus unserer Mitte gerissen, dessen Tatkraft, Können und Wissen ihm überall zu Ansehen und Wertschätzung verholfen haben. Damit ist unsere Gemeinde (Stadt, Städtchen) um eine bedeutende Persönlichkeit ärmer geworden. Herr ... (Titel und Name des Verstorbenen) war ... Jahre Leiter des hiesigen Gymnasiums (der Mittelschule, der Grundschule) und verstand es, ihm übertragene Aufgaben während dieser Zeit in anerkennenswerter Weise zu erfüllen. Es war gewiß nicht immer leicht, einer großen Gemeinschaft vorzustehen und ihre Geschicke zu lenken und mitzubestimmen. Es war vor allem deshalb nicht einfach, weil sich diese Gemeinschaft aus zwei grundverschiedenen Personengruppen zusammensetzt: aus Lernenden und aus Lehrenden, aus Kindern und aus Erwachsenen. Für einen Schulleiter gibt es manche Schwierigkeiten zu meistern, von denen man sich normalerweise gar keine rechten Vorstellungen machen kann. Sowohl die Behörden als auch die Eltern- und Schülerschaft legen ihm nicht selten Steine in den Weg. Dies ist gewiß keine böse Absicht, es ist ganz einfach mangelndes Verständnis und mangelndes Einfühlungsvermögen, aber nichtsdestoweniger bedeutet es eine erhebliche zusätzliche Belastung für den Schulleiter.

Dieser Mann hat es, trotz all der tausend großen und kleinen Schwierigkeiten, verstanden, seinen Weg zu gehen, und der Erfolg und das Ansehen, das diese Schule zumindest in den Fachkreisen genießt, haben ihm recht gegeben. Er konnte die ihm auferlegte Verantwortung jedoch nur tragen, weil ihn mit seinem Beruf als Pädagoge eine tiefe Liebe verband. Diese Liebe übertrug sich ganz selbstverständlich auf die, deren Erziehung und Bildung er übernommen hatte. Er ließ es sich nicht nehmen, nach wie vor selbst zu unterrichten und seine erzieherischen Fähigkeiten immer wieder unmittelbar zu beweisen. Bildung war sein Ziel, nicht Wissen. Für ihn bedeutete Wissen lediglich eine notwendige Voraussetzung für Bildung, keineswegs aber einen Selbstzweck, wie das auch heute noch die Auffassung vieler Leute, nicht zuletzt auch mancher Pädagogen, zu sein scheint. Die hohen Anforderungen, die er an sich, sein Kollegium und seine Schülerschaft stellte, brachten ihm den Ruf ein, ein strenger Pädagoge zu sein. Seine herzliche und warme Menschlichkeit jedoch festigten in all denjenigen, die ihn kannten, die Überzeugung, daß sie einem außerordentlich klugen und reifen Menschen gegenüberstanden, dessen Verantwortungsbewußtsein es ihm nicht gestattete, seine persönlichen Empfindungen über die Sache zu stellen, der er diente.

Dieser Mann hat nun für immer von seiner Schule und von uns Abschied genommen. Er hat es so unauffällig getan, wie er zu seinen Lebzeiten gewirkt hat. Auffällig aber ist die Lücke, die er hinterlassen hat. Sie zu füllen wird die Aufgabe seines Nachfolgers sein. Darüber zu wachen, daß dies im Sinne seiner Arbeit geschieht, wird uns eine ernste Verpflichtung sein.

Trauerrede für ein verdienstvolles Gemeindemitglied

Hochverehrte Hinterbliebene!
Liebe Trauergemeinde!

Der Bürgermeister spricht

Von allen Grenzen, die dem Menschen gesetzt sind, ist der Tod die endgültige. Wenn unser Verstand auch in der Lage ist, die größten und die kleinsten Dinge zu durchdringen, diese Grenze vermag er nicht zu überschreiten. Wenn menschliches Wünschen und Wollen auch unser Leben, unsere Zeit, den Gang der Geschichte und das Gesicht dieser Erde verändern können, der Tod setzt hinter alles sein großes Fragezeichen. Und es ist unsere Aufgabe, eine Antwort zu finden, eine Antwort auf die Frage: „Worin bestand der Wert dieses Lebens?“

Der Verstorbene hat uns die Beantwortung dieser Frage leicht gemacht. In den … Jahren seines Wirkens und Schaffens als … hat er uns so oft und so eindringlich vor Augen geführt, wie ein reiches Leben aussieht, daß es heute, an seinem Grabe, müßig wäre, Einzelheiten herauszugreifen und zu würdigen. Wir wissen, daß hinter all seiner Arbeit, über all seinen großen und kleinen Diensten, die er unserer Gemeinde geleistet hat, der eine Wunsch stand, die ihm zur Verfügung stehende Kraft zum Wohle aller anzuwenden, zum Nutzen derer, mit denen er sich verbunden fühlte. Ich glaube, wir dürfen ehrlichen Herzens von Glück sprechen, daß wir solch einen Menschen kennenlernen durften. Und ich glaube, wir dürfen daher auch von einer aufrichtigen Trauer darüber sprechen, daß er uns jetzt allein gelassen hat.

Gewiß, das Leben in unserer Gemeinde wird weitergehen. Die Lücke, die er hinterläßt, wird sich eines Tages wieder schließen. Aber zurück bleibt die Erinnerung an einen Menschen, dem wir mehr verdanken, als Worte hier ausdrücken können. Zurück bleibt seine unbestreitbare Leistung für uns und alle, die nach uns kommen. Auch hinter dieses Leben hat der Tod sein Fragezeichen gesetzt, und bei uns wird es einmal nicht anders sein. Auch wir werden einmal der Kritik derer standhalten müssen, die an unserem Grabe stehen. Ich wünsche Ihnen und mir, daß wir dann würdig sein werden, neben diesem Toten zu ruhen.

Beerdigung eines Bürgermeisters

Liebe Trauergemeinde!

Rede des Stadtverordneten-(Gemeinderats-)vorsitzenden

Alt und jung, jung und alt,
Das sind wohl verschiedene Zeichen:
Unausdeutbare Gewalt
Hält die Waage stets im gleichen.

Schmerz und Freude, Freud und Schmerz
Wollen nicht das gleiche sagen:
Doch aus beiden schöpft das Herz
Neue Kraft, um fortzuschlagen.

Und so hat es keine Not,
Ob ich's trag, und ob mich's trage,
Weil das Leben, weil der Tod
Schalen sind an Gottes Waage.

Die eine dieser beiden Schalen, liebe Trauergemeinde, hat sich vor wenigen Tagen geneigt. Der Dichter Rudolf Alexander Schröder hat es in seinem Gedicht klar und für jedermann verständlich ausgedrückt: Weil das Leben, weil der Tod Schalen sind an Gottes Waage, darum ist es letztlich ohne Bedeutung, in welche dieser Schalen unser Schicksal sein ganzes Gewicht wirft. Nicht für diejenigen, die hier zurückbleiben, aber für den, der von der Bühne des Lebens abtritt. Das Leben ist eine Daseinsform und der Tod eine andere, in beiden aber zeigt sich die Allmacht Gottes, der sowohl unser Leben als auch unseren Tod in seinen Händen hält und darüber bestimmt.

Der Mann, dessen Tod wir alle betrauern, lenkte über viele Jahre hinaus die Geschicke unserer Gemeinde (Stadt, Städtchen). Sein Amt als Bürgermeister verlangte, daß auch er dafür Sorge trug, daß eine Waage nicht aus dem Gleichgewicht kam. Und ich glaube, wir dürfen heute an seinem Grab bestätigen, daß es ihm gelungen ist, diese Aufgabe immer zu unserem Besten zu lösen.

Jeder, der um die Verantwortung weiß, die ein Bürgermeister für die ihm anvertraute Gemeinde (Stadt, Städtchen) trägt, wird mir darin zustimmen, daß es einer großen Geschicklichkeit, eines ununterbrochenen Fleißes, eines umfangreichen Wissens und nicht zuletzt einer steten Bereitschaft bedarf, um zu verhindern, daß die Schicksalswaage der anvertrauten Gemeinschaft in irgendeiner Richtung mehr ausschlägt, als es gut ist. Hier hat der Mensch die Möglichkeit, das Gewicht der Schalen auszugleichen. Hier vermag er zu lenken, zu fördern oder zu hindern.

Und das ist es, was dieser Mann immer und immer wieder verstanden hat: den Erfordernissen unserer Gemeinde (Stadt, Städtchen) in jedem Falle Rechnung zu tragen. Dafür schulden wir ihm Dank und Anerkennung. Wir wollen jedoch auch nicht versäumen, ihn nachträglich für all die Fälle um Entschuldigung zu bitten, in denen wir ihm die Erfüllung seiner Aufgabe vielleicht schwerer gemacht haben, als es erforderlich gewesen wäre. Dies geschah nicht aus irgendwelchen persönlichen Gründen, sondern weil wir gelegentlich sachlich eine andere Auffassung hatten in Dingen dieser Gemeinde (Stadt, Städtchen).

Seine Waage hat sich nach einer Richtung geneigt. Er ist von uns gegangen und hat eine Lücke hinterlassen, die zu schließen die Aufgabe von uns Lebenden ist. Hoffen wir, daß es uns gelingt; hoffen wir, daß wir in seinem Geiste weiterarbeiten können. Ich bin fest davon überzeugt, daß wir ihm damit unseren Dank am besten ausdrücken können, und bin sicher: Immer wird er in unser aller Gedächtnis bleiben.

Zitate und Sprichwörter

Warum das Rad immer neu erfinden? Es gab und gibt Menschen, die einen Gedanken, eine Idee einmal so treffend und prägnant formuliert haben, daß es eine Schande wäre, wollte man dies noch einmal in eigene Worte fassen. Manchmal braucht man für den Anfang einer Rede nur ein gutes Zitat, das einem oder einer aus der Seele spricht, und der Aufhänger für die Rede, der Einstieg für den Vortrag sind gefunden. Von einem solchen Zitat aus kann man die eigenen Gedanken weiterspinnen, die Verbindung zwischen der Lebensweisheit und dem zu feiernden Ereignis erklären. Bitte bedenken Sie: Zitate in einer Rede sind wie das Salz in der Suppe. Auf die richtige Dosierung kommt es an!

Kindheit und Jugend

Ein Kind ist eine sichtbar gewordene Liebe.
NOVALIS (eigentl. FRIEDRICH LEOPOLD FREIHERR VON HARDENBERG), deutscher Schriftsteller

Dies Kind, kein Engel ist so rein.
FRIEDRICH VON SCHILLER, deutscher Schriftsteller, „Der Gang zum Eisenhammer“

Beim Himmel, dieses Kind ist schön!
JOHANN WOLFGANG VON GOETHE, deutscher Schriftsteller, „Faust I“

Da ich ein Kind war, nicht wußte, wo aus noch ein.
JOHANN WOLFGANG VON GOETHE, deutscher Schriftsteller, „Prometheus“

Kinder sind Kinder, und kindische Spiele treiben die Kinder.
Nach I. KORINTHER, Kapitel 13, Vers 2

Ich stehe immer auf der Seite der Kinder.
ASTRID LINDGREN, schwedische Kinderbuchautorin

Nur Kinder, Narren und sehr alte Leute können es sich leisten, immer die Wahrheit zu sagen.
WINSTON CHURCHILL, britischer Staatsmann und Schriftsteller

Selbstverständlich ist, daß Kinder auch Männersache sind.

ALICE SCHWARZER, deutsche Feministin und Journalistin

❧

Ein Vater ernährt eher zehn Kinder als zehn Kinder einen Vater.

DEUTSCHES SPRICHWORT

❧

Sind Kinder still, so haben sie etwas angerichtet.

ENGLISCHES SPRICHWORT

❧

Die Kinder, sie hören es gerne.

JOHANN WOLFGANG VON GOETHE, deutscher Schriftsteller

❧

Was sogar die Frauen an uns ungebildet zurücklassen, das bilden die Kinder aus, wenn wir uns mit ihnen abgeben.

JOHANN WOLFGANG VON GOETHE, deutscher Schriftsteller, „Wilhelm Meisters Lehrjahre"

❧

Hoher Sinn liegt oft in kind'schem Spiel.

FRIEDRICH VON SCHILLER, deutscher Schriftsteller, „Thekla"

❧

Ich glaube, die Kinder sehen die Dinge so, wie sie immer gewesen sind, mit oder ohne Strumpfbänder – die Seele der Kinder und ihre Bedürfnisse haben sich nicht verändert.

ASTRID LINDGREN, schwedische Kinderbuchautorin

❧

Ich träum' als Kind mich zurücke,
Und schüttle mein greises Haupt.

ADELBERT VON CHAMISSO, deutscher Schriftsteller und Naturforscher

❧

Kinder sind die lebenden Botschaften, die wir einer Zeit übermitteln, an der wir selbst nicht mehr teilhaben werden.

NEIL POSTMAN, amerikanischer Schriftsteller

❧

Wer in Gegenwart von Kindern spottet oder lügt, begeht ein Verbrechen.

MARIE FREIFRAU VON EBNER-ESCHENBACH, österreichische Schriftstellerin

❧

Zwei Dinge sollen Kinder von ihren Eltern bekommen: Wurzeln und Flügel.

JOHANN WOLFGANG VON GOETHE, deutscher Schriftsteller

❧

Wenn wir ganz und gar aufgehört haben, Kinder zu sein, dann sind wir schon tot.

MICHAEL ENDE, deutscher Schriftsteller

❧

Erwachsene sind sehr auf die Nachsicht der Kinder angewiesen.

ALICE MILLER, Schweizer Schriftstellerin

❧

Je mehr wir unsere Kinder lieben, desto weniger kann uns das genügen, daß sie nur in unsere Fußstapfen treten; sondern die Kinder sollen besser werden als die Eltern waren, und so ein jedes heranwachsende Geschlecht sein erziehendes überragen zu seiner Zeit.

FRIEDRICH DANIEL SCHLEIERMACHER, deutscher Theologe

❧

Ehre die Eigentümlichkeit und die Willkür deiner Kinder, auf daß es ihnen wohlergehe und sie kräftig leben auf Erden.

Friedrich Daniel Schleiermacher, deutscher Theologe

❧

Kinder müssen die Dummheiten der Erwachsenen ertragen, bis sie groß genug sind, sie selbst zu machen.

Jean Anouilh, französischer Schriftsteller

❧

Die Jugend ist um ihretwillen hier;
Es wäre töricht zu verlangen:
Komm', ältle du mit mir!

Johann Wolfgang von Goethe, deutscher Schriftsteller, „Zahme Xenien"

❧

Schnell fertig ist die Jugend mit dem Wort.

Friedrich von Schiller, deutscher Schriftsteller, „Wallensteins Tod"

❧

Kluge Menschen verstehen es, den Abschied von der Jugend auf mehrere Jahrzehnte zu verteilen.

Françoise Rosay, französische Schauspielerin

❧

Wenn man in der Jugend nicht tolle Streiche machte und mitunter einen Buckel voll Schläge mit hier wegnähme, was wollte man denn im Alter für Betrachtungsstoff haben?

Johann Wolfgang von Goethe, deutscher Schriftsteller

❧

Das einzige, wovor Jugendliche geschützt werden müssen, sind die Erwachsenen.

Heinrich Böll, deutscher Schriftsteller

❧

Warum bekommt der Mensch die Jugend in einem Alter, in dem er nichts davon hat?

George Bernard Shaw, irischer Schriftsteller

❧

Jugend und verlorene Zeit
kommt nicht wieder in Ewigkeit.

Deutsches Sprichwort

❧

Ich wollt', es gäb' kein Alter zwischen 16 und 23, oder die jungen Leute würden's überschlafen; denn dazwischen gibt's nichts als Jungfern Kinder machen, dem Alter Schabernack antun, stehlen und raufen.

William Shakespeare, englischer Schriftsteller

❧

Auch ich war ein Jüngling mit lockigem Haar.

Albert Lortzing, deutscher Komponist, „Der Waffenschmied“

❧

Jugend will, daß man ihr befiehlt, damit sie nicht gehorchen muß.

Jean Paul Sartre, französischer Philosoph und Schriftsteller

❧

Liebe ist ein Glas, das zerbricht, wenn man es zu unsicher oder zu fest anfaßt.

Russisches Sprichwort

❧

Früh übt sich, was ein Meister werden will.

Friedrich von Schiller, deutscher Schriftsteller, „Wilhelm Tell"

❧

Was man jung lernt, das bleibt.

Deutsches Sprichwort

❧

Die Heiterkeit und der Lebensmut unserer Jugend beruht zum Teil darauf, daß wir, bergauf gehend, den Tod nicht sehen; weil er am Fuß der anderen Seite des Berges liegt.

Arthur Schopenhauer, deutscher Philosoph, „Aphorismen zur Lebensweisheit"

❧

Wer in der Jugend spart,
der darbt im Alter nicht.

Christian Fürchtegott Gellert, deutscher Schriftsteller

❧

Vom Standpunkt der Jugend aus gesehen, ist das Leben eine unendlich lange Zukunft.

Arthur Schopenhauer, deutscher Philosoph, „Aphorismen zur Lebensweisheit"

❧

Die Jugend hat Heimweh nach der Zukunft.

Jean Paul Sartre, französischer Philosoph und Schriftsteller

❧

Liebe

Man ist eigentlich nur lebendig, wenn man sich des Wohlwollens anderer erfreut.

JOHANN WOLFGANG VON GOETHE, deutscher Schriftsteller

❧

Dem Glücklichen schlägt keine Stunde.

nach FRIEDRICH VON SCHILLER, deutscher Schriftsteller, „Die Piccolomini"

❧

Mein Herz, ich will dich fragen:
Was ist denn Liebe? Sag!
„Zwei Seelen und ein Gedanke,
Zwei Herzen und ein Schlag!"

FRIEDRICH HALM (eigentl. ELIGIUS FRANZ-JOSEPH FREIHERR VON MÜNCH-BELLINGHAUSEN), österreichischer Dichter, „Der Sohn der Wildnis"

❧

Das große Glück in der Liebe besteht darin, Ruhe in einem anderen Herzen zu finden.

JULIE DE LESPINASSE, französische Schriftstellerin

❧

Die größte Liebe ist immer die, die unerfüllt bleibt.

PETER USTINOV, englischer Schauspieler, Schriftsteller und Regisseur

❧

Liebe ward von Gott der Welt verliehen,
Um zu Gott die Seele zu erziehen.

FRIEDRICH RÜCKERT, deutscher Schriftsteller, „Liebesfrühling"

❧

Liebe hat nichts damit zu tun, was man bekommen möchte – sondern nur mit dem, was man selbst geben will.

KATHERINE HEPBURN, amerikanische Schauspielerin

❧

Die meisten Menschen benötigen mehr Liebe, als sie verdienen.

MARIE FREIFRAU VON EBNER-ESCHENBACH, österreichische Schriftstellerin

❧

Im Traum und in der Liebe erscheint einem alles möglich.

UNGARISCHES SPRICHWORT

❧

... wenn ich dich liebhabe, was geht's dich an!

JOHANN WOLFGANG VON GOETHE, deutscher Schriftsteller, „Wilhelm Meisters Lehrjahre"

❧

Raum ist in der kleinsten Hütte
Für ein glücklich liebend Paar.

FRIEDRICH VON SCHILLER, deutscher Schriftsteller, „Der Jüngling am Bache"

❧

Liebe ist das einzige, was wächst, wenn wir es verschwenden.

RICARDA HUCH, deutsche Schriftstellerin

❧

Der liebt nicht, der die Fehler des Geliebten nicht für Tugenden hält.

JOHANN WOLFGANG VON GOETHE, deutscher Schriftsteller

❧

Wenn der Mensch verliebt ist, zeigt er sich so, wie er immer sein sollte.

SIMONE DE BEAUVOIR, französische Schriftstellerin

❧

Liebe ist kein Solo. Liebe ist ein Duett. Schwindet sie beim einen, verstummt das Lied.

ADELBERT VON CHAMISSO, deutscher Schriftsteller und Naturforscher

❧

Die Liebe beginnt mit den Augen.

RUSSISCHES SPRICHWORT

❧

Das ist die wahre Liebe, die immer und immer sich gleichbleibt, wenn man ihr alles gewährt, wenn man ihr alles versagt.

JOHANN WOLFGANG VON GOETHE, deutscher Schriftsteller

❧

Liebe kennt kein Alter. Nur beim Wein kommt es auf den Jahrgang an.

JOAN COLLINS, amerikanische Schauspielerin

❧

Die Liebe lebt von liebenswürdigen Kleinigkeiten, und wer sich eines Frauenherzens dauernd versichern will, der muß immer neu darum werben, der muß die Reihe der Aufmerksamkeiten allstündlich wie einen Rosenkranz abbeten. Und ist er fertig damit, so muß er von neuem anfangen.

THEODOR FONTANE, deutscher Schriftsteller, „Cécile“

❧

Denn Liebe ist stark wie der Tod.

HOHELIED SALOMOS, Kapitel 8, Vers 6

❧

Schande dem, der schlecht davon denkt.

Inschrift des englischen Hosenbandordens

❧

Nicht mitzuhassen -
mitzulieben bin ich da.

Sophokles, griechischer Tragiker

❧

Hat man die Liebe durchgeliebt,
Fängt man die Freundschaft an.

Heinrich Heine, deutscher Schriftsteller

❧

Trennung ist der Liebe Tod.

Deutsches Sprichwort

❧

Die Liebe und das Mitgefühl sind die Grundlage für den Weltfrieden – auf allen Ebenen.

Dalai-Lama, geistliches und politisches Oberhaupt der Tibeter

❧

Ehe und Familie

Gezwungene Ehe – des Herzens Wehe!

DEUTSCHES SPRICHWORT

Liebe besteht nicht darin, in den anderen hineinzustarren, sondern darin, gemeinsam nach vorn zu blicken.

ANTOINE DE SAINT-EXUPÉRY, französischer Schriftsteller

Vergiß nicht, daß erst das Weib den Mann zum Manne macht; deshalb soll er sein Weib auswählen nicht bloß nach dem Gefühl der Liebe, sondern mit Ernst und Furcht.

PAUL ERNST, deutscher Schriftsteller

Wenn wir in den notwendigen Dingen die Einheit, in den nicht notwendigen die Freiheit, in beiden die Liebe bewahren würden, stünde es um unsere Angelegenheiten sicherlich zum besten.

PETER MEIDERLIN, 17. Jahrhundert, Ephorus in Augsburg

Es gibt kein Rezept für eine glückliche, funktionierende Ehe. Nur einfach Liebe.

MARIO ADORF, deutscher Schauspieler

Die zweite Ehe ist der Triumph der Hoffnung über die Erfahrung.

SAMUEL JOHNSON, englischer Schriftsteller

Die Liebe ist etwas Ideelles und die Ehe etwas Reelles, und nie verwechselt man ungestraft das Ideelle mit dem Reellen.

Johann Wolfgang von Goethe, deutscher Schriftsteller

❧

Die Ehe folgt auf die Liebe wie der Rauch der Flamme.

Chamfort (eigentl. Sébastien Roch Nicolas), französischer Schriftsteller, „Maximen und Gedanken“

❧

Die Ehe ist der Anfang und der Gipfel aller Kultur. Sie macht den Rohen mild, und der Gebildete hat keine bessere Gelegenheit, seine Milde zu beweisen.

Johann Wolfgang von Goethe, deutscher Schriftsteller, „Die Wahlverwandtschaften“

❧

Wenn man Ehe und Karriere vereinen will, braucht man einen sehr toleranten Partner.

Helene von Damm, amerikanische Botschafterin in Wien

❧

Soweit die Erde Himmel sein kann, so weit ist sie es in einer glücklichen Ehe.

Marie Freifrau von Ebner-Eschenbach, österreichische Schriftstellerin

❧

Im Ehestand muß man sich manchmal streiten, denn dadurch erfährt man was voneinander.

Johann Wolfgang von Goethe, deutscher Schriftsteller, „Die Wahlverwandtschaften“

❧

Gefragt, ob es besser sei zu heiraten oder nicht, antwortete Sokrates: Welches davon du tust – wirst du bereuen.

Diogenes Laertios, griechischer Schriftsteller

❧

Der erste Monat in der Ehe ist der Monat des Honigs, und der zweite der Monat des Absinths.

Voltaire, französischer Schriftsteller und Philosoph

❧

Heute ist eine Ehe schon glücklich, wenn man dreimal die Scheidung verschiebt.

Danny Kaye, amerikanischer Schauspieler

❧

Die Liebe hat ihre eigene Sprache; die Ehe kehrt zur Landessprache zurück.

Russisches Sprichwort

❧

Daran gehen so viele Ehen in die Brüche, daß einer den andern drängen und zwingen will, zu denken und zu tun wie er selbst. Ich meine im Gegenteil, man muß den andern in seinem Eigenen, wenn es nicht gar zu unklug ist, bestärken, damit man doch einen ganzen Menschen neben sich habe.

Gustav Frenssen, deutscher Schriftsteller

❧

Das einzig Rebellische in der zerfallenden Gesellschaft ist es, eine Familie zu gründen. Nur dort findet einer zu sich selbst.

Pete Townshend, englischer Rockmusiker

❧

Vater werden ist nicht schwer,
Vater sein dagegen sehr.

Wilhelm Busch, deutscher Schriftsteller und Zeichner, „Julchen"

❧

Was du ererbt von deinen Vätern hast,
Erwirb es, um es zu besitzen.

Johann Wolfgang von Goethe, deutscher Schriftsteller, „Faust I"

❧

Eine Familie ist in Ordnung, wenn man den Papagei unbesorgt verkaufen kann.

Will Rogers, amerikanischer Humorist

❧

Und die Mutter blickte stumm
Auf dem ganzen Tisch herum.

Heinrich Hoffmann, deutscher Schriftsteller und Arzt, „Struwwelpeter"

❧

Die Familie ist die Quelle des Segens und Unsegens der Völker.

Martin Luther, deutscher Reformator, „Tischreden"

❧

Freundschaft

Es gibt wenig aufrichtige Freunde; – die Nachfrage ist auch gering.

Marie Freifrau von Ebner-Eschenbach, österreichische Schriftstellerin, „Aphorismen"

Heim kommt man nie, aber wo befreundete Wege zusammenlaufen, da sieht die ganze Welt für eine Stunde wie Heimat aus.

Hermann Hesse, deutscher Schriftsteller

Freundschaft hält stand in allen Dingen, nur in der Liebe Dienst und Werbung nicht.

William Shakespeare, englischer Schriftsteller, „Viel Lärm um nichts"

Die Freunde nennen sich aufrichtig. Die Feinde sind es.

Arthur Schopenhauer, deutscher Philosoph

Ein wahrer Freund trägt mehr zu unserem Glücke bei als tausend Feinde zu unserem Unglück.

Marie Freifrau von Ebner-Eschenbach, österreichische Schriftstellerin, „Aphorismen"

Mitfreude, nicht Mitleiden macht den Freund.

Friedrich Nietzsche, deutscher Philosoph

Es gibt keine Freunde, die man nicht verlieren, und keine Feinde, die man sich nicht zuziehen könnte.

Winston Churchill, britischer Staatsmann und Schriftsteller

❧

Laß deinen Freund nicht zweimal bitten. Aber, wenn's not ist oder helfen kann, so nimm auch du kein Blatt vors Maul, sondern gehe und fordere frisch heraus, als ob's sein müßte und gar nicht anders sein könnte.

Matthias Claudius, deutscher Schriftsteller

❧

Freundschaft – das ist wie Heimat.

Kurt Tucholsky, deutscher Schriftsteller

Es ist schlimm, erst dann zu merken, daß man keine Freunde hat, wenn man Freunde nötig hat.

Plutarch, griechischer Philosoph und Historiker

❧

Ich hatt' einen Kameraden,
Einen bessern findst du nit.

Ludwig Uhland, deutscher Schriftsteller, „Der gute Kamerad"

❧

Drei halten gut Freundschaft, wenn zwei nicht daheim sind.

Mittelhochdeutsche Volksweisheit

❧

Kann dir die Hand nicht geben;
Bleib du im ew'gen Leben
Mein guter Kamerad.

Ludwig Uhland, deutscher Schriftsteller, „Der gute Kamerad"

❧

Alter

Das Alte stürzt, es ändert sich die Zeit,
Und neues Leben blüht aus den Ruinen.

FRIEDRICH VON SCHILLER, deutscher Schriftsteller, „Wilhelm Tell“

❧

Man wird alt, wenn die Leute anfangen zu sagen, daß man jung aussieht.

KARL DALL, deutscher Komiker

❧

Gebraucht die Zeit, sie geht so schnell von hinnen!

JOHANN WOLFGANG VON GOETHE, deutscher Schriftsteller, „Faust I“

❧

Wer nicht den Sinn seines Alters begreift, hat alles Unglück seines Alters.

VOLTAIRE, französischer Schriftsteller und Philosoph

❧

Der zweite Frühling kommt mit den dritten Zähnen.

WALTER MATTHAU, amerikanischer Schriftsteller

❧

Alt ist man dann, wenn man an der Vergangenheit mehr Freude hat als an der Zukunft.

JOHN KNITTEL, Schweizer Schriftsteller

❧

Jung zu bleiben und alt zu werden ist das höchste Gut.

DEUTSCHES SPRICHWORT

Älter werde ich stets, niemals jedoch lerne ich aus.

SOLON, griechischer Schriftsteller und Staatsmann

Die Zeiten ändern sich und wir uns in ihnen.

Wahlspruch LOTHARS I.

Alter schützt vor Liebe nicht, aber Liebe schützt bis zu einem gewissen Grade vor Alter.

JEANNE MOREAU, französische Schauspielerin und Regisseurin

Es ist ein Vorteil des Altwerdens, daß man gegen Haß, Beleidigungen und Verleumdungen gleichgültig wird, während die Empfänglichkeit für Liebe und Wohlwollen wächst.

OTTO VON BISMARCK in einer Rede 1897

Der Vorteil des Alters ist, daß man die Dinge nicht mehr begehrt, die man sich früher nicht leisten konnte.

WALTER MATTHAU, amerikanischer Schauspieler

Je älter man wird, desto mehr Freunde verwandeln sich in Straßenschilder.

GILBERT BÉCAUD, französischer Sänger und Pianist

Je älter ich werde, desto absurder kommt mir das Leben vor, und diese Absurditäten lassen sich nur mit Humor ertragen.

WILLIAM GOLDING, englischer Schriftsteller

Alt wird man wohl, wer aber klug?

JOHANN WOLFGANG VON GOETHE, deutscher Schriftsteller, „Faust I“

❧

Das Unvermeidliche mit Würde tragen.

KARL STRECKFUSS, deutscher Schriftsteller, Denkspruch

❧

Wenn das Ende nicht glücklich sein kann, dann soll es wenigstens zum Kichern sein.

GEORGE TABORI, englischer Schauspieler und Regisseur

❧

Du sprichst von Zeiten, die vergangen sind.

FRIEDRICH VON SCHILLER, deutscher Schriftsteller, „Don Carlos“

❧

Tod

Nicht nur einen Tod gibt es. Der uns dahinrafft, ist nur der letzte.

Lucius Annaeus Seneca, römischer Philosoph

Der Tod ist der Beginn der Unsterblichkeit.

Maximilian de Robespierre, französischer Revolutionär

Rasch tritt der Tod den Menschen an;
Es ist ihm keine Frist gegeben.

Friedrich von Schiller, deutscher Schriftsteller, „Wilhelm Tell"

Abschiedsworte müssen kurz sein wie Liebeserklärungen.

Theodor Fontane, deutscher Schriftsteller

Dem Tod kann niemand entgehen.

Cicero, römischer Schriftsteller und Staatsmann

Üb' immer Treu und Redlichkeit,
bis an dein kühles Grab.

Ludwig Hölty, deutscher Schriftsteller, „Der alte Landmann"

Der Tod ist ein stiller Mann,
aber er bezwingt jeden.

Deutsches Sprichwort

Wenn uns etwas fortgenommen wird, womit wir tief und wunderbar zusammenhängen, so ist viel von uns selbst mit fortgenommen worden.

Rainer Maria Rilke, österreichischer Schriftsteller

❧

Wer im Gedächtnis seiner Lieben lebt, der ist nicht tot, der ist nur fern. Tot ist nur, wer vergessen wird.

Immanuel Kant, deutscher Philosoph

❧

Der Tod, auch der eigene, ist eine sehr ernste Sache. Für mich ist der Tod aber kein drohendes Nichts. Er gehört nun mal zum Leben wie die Geburt. Anders ist es mit dem Sterben. Da wünscht man sich schon ein friedliches Ende, das auch den anderen möglichst wenig Umstände macht …

Victor von Bülow (Loriot), deutscher Schriftsteller und Kabarettist

❧

Öffentlichkeit

Ich hab' hier bloß ein Amt und keine Meinung.

Friedrich von Schiller, deutscher Schriftsteller, „Wallensteins Tod“

❧

So viel Leute, so viel Ansichten.

Terenz, römischer Schriftsteller

❧

Wer in die Öffentlichkeit tritt, hat keine Nachsicht zu erwarten und keine zu fordern.

Marie Freifrau von Ebner-Eschenbach, österreichische Schriftstellerin

❧

Es ist leichter, der Ämter würdig zu erscheinen, die man nicht besitzt, als derer, die man bekleidet.

La Rochefoucauld, französischer Schriftsteller

❧

Man soll die Ämter mit Leuten, nicht die Leute mit Ämtern versehen.

Deutsches Sprichwort

❧

Wenn Arbeit so leicht wäre,
so tät's der Bürgermeister selbst.

Deutsches Sprichwort

❧

Schule und Erziehung

Unser Wissen ist Stückwerk.

Nach I. Korinther, Kapitel 13, Vers 9

❧

Alles, was uns begegnet, läßt Spuren zurück, alles trägt unmerklich zu unserer Bildung bei; doch ist es gefährlich, sich davon Rechenschaft ablegen zu wollen.

Johann Wolfgang von Goethe, deutscher Schriftsteller, „Wilhelm Meisters Lehrjahre"

❧

Eines recht wissen und ausüben, gibt höhere Bildung als Halbheit im Hundertfältigen.

Johann Wolfgang von Goethe, deutscher Schriftsteller, „Wilhelm Meisters Wanderjahre"

❧

Die beste Bildung findet ein gescheiter Mensch auf Reisen.

Johann Wolfgang von Goethe, deutscher Schriftsteller, „Wilhelm Meisters Lehrjahre"

❧

Die Gelehrten sind die, welche in den Büchern gelesen haben: Die Denker, die Genies, die Wetterleuchter und Förderer des Menschengeschlechtes sind aber die, welche unmittelbar in dem Buche der Welt gelesen haben.

Arthur Schopenhauer, deutscher Philosoph, „Parerga"

❧

Der aus den Büchern erworbene Reichtum fremder Erfahrung heißt Gelehrsamkeit. Eigene Erfahrung ist Weisheit. Das kleinste Kapitel von dieser ist mehr wert als Millionen von jener.

Gotthold Ephraim Lessing, deutscher Schriftsteller

*Es gibt mehr Ding' im Himmel und auf Erden,
als eure Schulweisheit sich träumt, Horatio!*

William Shakespeare, englischer Schriftsteller, „Hamlet"

Es ist besser, eine Sache gar nicht studiert zu haben als oberflächlich. Denn der bloße gesunde Menschenverstand, wenn er eine Sache beurteilen will, schließt nicht so sehr fehl als eine halbe Gelehrsamkeit.

Georg Christoph Lichtenberg, deutscher Physiker und Schriftsteller

*Ich sehe, daß wir nichts wissen können!
Das will mir schier das Herz verbrennen.*

Johann Wolfgang von Goethe, deutscher Schriftsteller, „Faust I"

*Denn was man schwarz auf weiß besitzt,
Kann man getrost nach Hause tragen.*

Johann Wolfgang von Goethe, deutscher Schriftsteller, „Faust I"

Über rauhe Pfade zu den Sternen.

Seneca, römischer Schriftsteller

Wer vieles bringt,
wird manchem etwas bringen.

Johann Wolfgang von Goethe, deutscher Schriftsteller, „Faust I“

❧

Es ist noch keiner geboren, der nichts dazugelernt hätte.

Russisches Sprichwort

❧

Kinder müssen auch kritisch denken lernen.

Ulrich Wickert, deutscher Fernsehmoderator

❧

Leben entzündet sich am Leben, mithin das Höchste im Kinde nur durch Beispiel.

Jean Paul (eigentl. Johann Paul Friedrich Richter), deutscher Schriftsteller

❧

Vaters Selbstbeherrschung ist für die Kinder die wirksamste Ermahnung.

Demokrit, griechischer Philosoph

❧

Man erlaube dem Kinde nie, sich seiner eigenen Verantwortlichkeit und damit dem Tragen der Folgen für seine Taten zu entziehen. Man nehme ihm daher nicht die Entscheidung ab, die es selber zu treffen imstande ist. Man lasse es auf eigene Faust seine Spiele auswählen, Forschungen anstellen und Erfahrungen machen.

Fritz Künkel, deutscher Mediziner und Psychotherapeut

❧

Arbeit und Beruf

Arbeit ist des Bürgers Zierde,
Segen ist der Mühe Preis:
Ehrt den König seine Würde,
Ehret uns der Hände Fleiß.

Friedrich von Schiller, deutscher Schriftsteller, „Das Lied von der Glocke“

❧

Arbeit macht das Leben süß.

Gottlob W. Burmann, „Kleine Lieder für kleine Jünglinge“

❧

Eine kleine Stelle, die du ganz erfüllst, ist ein Ehrenplatz, die größte, der du nicht genügst, ein Pranger.

Otto von Leixner, deutscher Schriftsteller

❧

Alle Berufe sind Verschwörungen gegen die Laien.

George Bernard Shaw, irischer Schriftsteller

❧

Wer in der wirklichen Welt arbeiten kann und in der idealen leben, der hat das Höchste erreicht.

Ludwig Börne, deutscher Schriftsteller

❧

Das Wichtigste im Leben ist die Wahl des Berufes. Der Zufall entscheidet darüber.

Blaise Pascal, französischer Philosoph und Mathematiker

❧

Erfolg besteht darin, daß man genau die Fähigkeiten hat, die im Moment gefragt sind.

Henry Ford, amerikanischer Automobilhersteller

Der Langsamste, der sein Ziel nur nicht aus den Augen verliert, geht immer noch geschwinder als der, der ohne Ziel herumirrt.

Gotthold Ephraim Lessing, deutscher Schriftsteller

Will man Schweres bewältigen, muß man es leicht angehen.

Bertolt Brecht, deutscher Schriftsteller

Wenn A für Erfolg steht, lautet die Formel: A = x + y + z. x steht für Arbeit, y ist Muße und z heißt Mund halten.

Albert Einstein, deutsch-amerikanischer Physiker

Der Druck der Geschäfte ist sehr schön der Seele; wenn sie entladen ist, spielt sie freier und genießt des Lebens. Elender ist nichts als der behagliche Mensch ohne Arbeit, das Schönste der Gaben wird ihm Ekel.

Johann Wolfgang von Goethe, deutscher Schriftsteller

Unzufriedenheit ist der erste Schritt zum Erfolg.

Oscar Wilde, irischer Schriftsteller

Feste feiern

Wundervoll ist Bacchus' Gabe,
Balsam fürs zeriss'ne Herz.

Friedrich von Schiller, deutscher Schriftsteller, „Das Siegesfest"

❧

Das Leben läßt sich ohne Heiterkeit nicht denken.

Johann Wolfgang von Goethe, deutscher Schriftsteller, „Italienische Reise"

❧

Wohlauf noch getrunken
den funkelnden Wein.

Justinus Kerner, deutscher Schriftsteller, „Wanderlied"

❧

Es ist ein Brauch von alters her,
Wer Sorgen hat, hat auch Likör.

Wilhelm Busch, deutscher Schriftsteller und Zeichner, „Die fromme Helene"

❧

Das Vergnügen ist so nötig wie die Arbeit.

Gotthold Ephraim Lessing, deutscher Schriftsteller, „Der junge Gelehrte"

❧

Und sie erhoben die Hände zum lecker bereiteten Mahle.

Homer, griechischer Epiker, „Ilias"

❧

Rotwein ist für alte Knaben
eine von den besten Gaben.

Wilhelm Busch, deutscher Schriftsteller und Zeichner

❧

Register